铸牢中华民族共同体意识学术演化研究

基于科学知识图谱视角

阳广元　陈璐　刘鸿坤　著

光明日报出版社

图书在版编目（CIP）数据

铸牢中华民族共同体意识学术演化研究：基于科学知识图谱视角 / 阳广元，陈璐，刘鸿坤著．-- 北京：光明日报出版社，2023.11

ISBN 978-7-5194-7495-9

Ⅰ．①铸… Ⅱ．①阳… ②陈… ③刘… Ⅲ．①中华民族－民族意识－研究 Ⅳ．① C955.2

中国国家版本馆 CIP 数据核字（2023）第 185718 号

铸牢中华民族共同体意识学术演化研究：基于科学知识图谱视角

ZHULAO ZHONGHUA MINZU GONGTONGTI YISHI XUESHU YANHUA YANJIU: JIYU KEXUE ZHISHI TUPU SHIJIAO

著　　者：阳广元　陈璐　刘鸿坤

责任编辑：杨　茹　　责任印制：曹　净
封面设计：李彦生　　责任校对：杨　娜

出版发行：光明日报出版社
地　　址：北京市西城区永安路 106 号，100050
电　　话：010-63169890（咨询），010-63131930（邮购）
传　　真：010-63131930
网　　址：http://book.gmw.cn
E － mail：gmrbcbs@gmw.cn
法律顾问：北京市兰台律师事务所龚柳方律师

印　　刷：武汉鑫競诚印刷有限公司
装　　订：武汉鑫競诚印刷有限公司
本书如有破损、缺页、装订错误，请与本社联系调换，电话：010-63131930

开　　本：170mm × 240mm
字　　数：300 千字　　印　　张：16.5
版　　次：2023 年 11 月第 1 版　　印　　次：2023 年 11 月第 1 次印刷
书　　号：ISBN 978-7-5194-7495-9

定　　价：88.00 元

前　言

铸牢中华民族共同体意识是习近平新时代中国特色社会主义思想的重要组成部分，是新时代党和国家推动中华民族共同体建设的重大理论与实践创新命题，自从习近平总书记提出“中华民族共同体意识”这一重大论断以来，就受到了社会各界（包括政界、学术界、产业界等）的大力关注和高度重视，并成为学术界深入研究与实践的重要领域。随着对铸牢中华民族共同体意识理论研究与实践运用的不断深入与拓展，产出了越来越多的高质量学术成果。本书立足于党的十八大以来铸牢中华民族共同体意识研究领域的“元研究”，以党的二十大精神为指引，以铸牢中华民族共同体意识研究的发展历程为主线，以中文社会科学引文索引（Chinese Social Sciences Citation Index，CSSCI）数据库为主要来源数据库，以中国知网（China National Knowledge Infrastructure，CNKI）数据库为辅助来源数据库，综合运用文献资料法、科学知识图谱法、内容分析法、文献计量法、统计分析法、总结归纳法等方法的相关理论与技术，从“元研究”角度考察党的十八大以来铸牢中华民族共同体意识研究在这一时期内的学术演化特点，揭示这一时期铸牢中华民族共同体意识领域的研究现状，梳理出这一时期铸牢中华民族共同体意识研究领域的发展历史和逻辑结构，形成对这一时期铸牢中华民族共同体意识研究的理论结构和演化过程的全面深入的剖析和认识，提出铸牢中华民族共同体意识研究的未来发展建议，以科学知识图谱视角为铸牢中华民族共同体意识研究领域及其相关研究领域快速深入地了解该领域的发展现状提供有力的理论知识、资料支撑和信息参考，促进新时代铸牢中华民族共同体意识研究得更深更实，进一步推进铸牢中华民族共同体意识研究的纵向发展。

全书共分为六章：第一章主要介绍了本书的研究背景、研究意义、研究思路、研究方法、分析工具、前期准备、研究内容与创新之处，为本书的后续梳理分析打好基础；第二章主要是从学术关注度、学术传播度和用户关注度三方面进行深度剖析，以揭示党的十八大以来铸牢中华民族共同体意识研究领域的总体走势、研究热度和学术影响力等；第三章主要是从发文作者、被引作者、发文机构三方面对党的十八大以来铸牢中华民族共同体意识研究领域的合作现状进行全面剖析，以揭示党的十八大以来铸牢中华民族共同体意识研究领域的作者分布情况、作者合作情况、机构分布情况、机构合作情况、高被引作者分布情况等；第四章主要从以载文为标准、以被引为标准两方面对党的十八大以来铸牢中华民族共同体意识研究领域的情报源进行深度剖析，以全面揭示支撑党的十八大以来铸牢中华民族共同体意识研究领域向前发展的情报源整体情况；第五章主要从关键词共现角度出发对党的十八大以来铸牢中华民族共同体意识领域的研究热点和研究前沿进行深度梳理剖析，为后续铸牢中华民族共同体意识研究领域及其相关研究领域提供一定的参考借鉴；第六章主要从全书总结和未来展望两方面进行阐述，为新时代铸牢中华民族共同体意识研究领域的纵向发展提供有一定价值的参考建议。

该成果为西南民族大学铸牢中华民族共同体意识研究中心资助项目（23ZLZX0202）。

另外，本书的研究还得到了西南民族大学计算机科学与工程学院汪睿麒的支持帮助，在此表示感谢。

承蒙光明日报出版社将此书付梓。囿于作者见闻和水平，书中难免有不妥或疏漏之处，请各位专家、同行和读者补充和教正书中的不足及错谬之处。

全体著者

癸卯年春于四川成都杜甫草堂

目 录

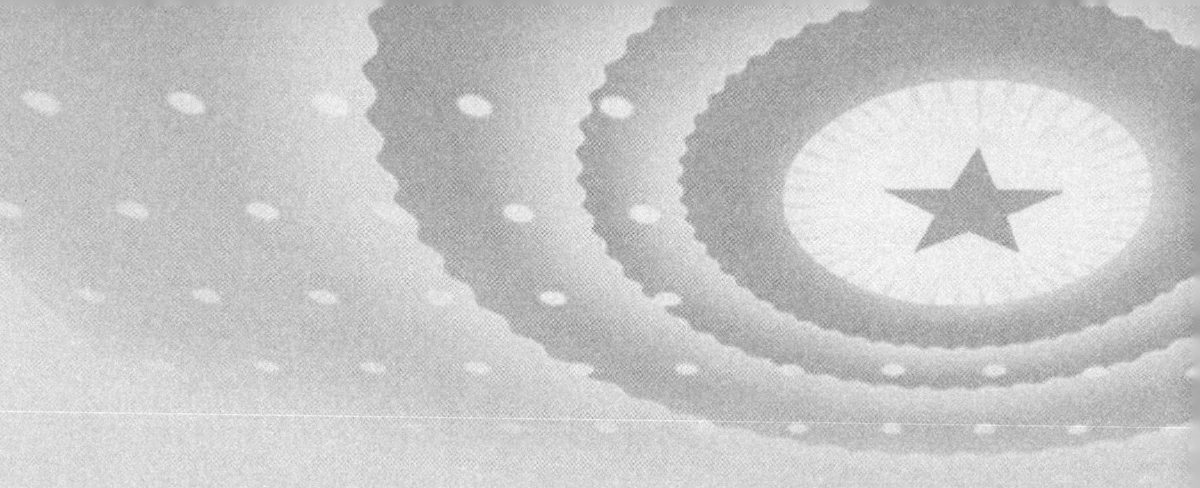

第一章

绪论

本研究的主要目的是综合运用科学知识图谱法、文献资料法、内容分析法、文献计量法、统计分析法、总结归纳法等相关理论与技术，以科学知识图谱的方式对党的十八大以来铸牢中华民族共同体意识研究领域的整个研究态势做全景式扫描分析，并在此基础上提出铸牢中华民族共同体意识研究领域的未来发展建议或策略，以期为新时代铸牢中华民族共同体意识研究领域及其相关研究领域快速地把握当前铸牢中华民族共同体意识研究领域的知识结构、知识特征和热点前沿等提供强有力的理论知识、资料支撑和信息参考，促进铸牢中华民族共同体意识研究领域的新突破，推进铸牢中华民族共同体意识研究领域的纵向发展。

第一节　研究背景与意义

一、研究背景

2014 年 5 月 28 日，习近平总书记在第二次中央新疆工作座谈会中首次鲜明提出“中华民族共同体意识”这一重大论断，并指出“要高举各民族大团结的旗帜，在各民族中牢固树立国家意识、公民意识、中华民族共同体意识”①。2014 年 9 月 28 日至 29 日，习近平总书记在中央民族工作会议暨国务院第六次全国民族团结进步表彰大会上提出：“加强中华民族大团结，长远和根本的是增强文化认同，建设各民族共有精神家园，积极培养中华民族共同体意识。”②2014 年 12 月，中共中央、国务院印发了《关于加强和改进新形势下民族工作的意见》，该文件为“坚持打牢中华民族共同体的思想基础”“积极培育中华民族共同体意识”提出了明确意见和要求。③2017 年 10 月 18 日，习近平

① 坚持依法治疆团结稳疆长期建疆　团结各族人民建设社会主义新疆 [N]. 人民日报，2014-05-30.

② 中央民族工作会议暨国务院第六次全国民族团结进步表彰大会在京举行　习近平作重要讲话 [EB/OL]. [2021-12-10]. http://cpc.people.com.cn/n/2014/0929/c64094-25762843.html.

③ 中共中央、国务院印发《关于加强和改进新形势下民族工作的意见》[EB/OL]. [2021-12-14]. http://www.gov.cn/xinwen/2014-12/22/content_2795155.htm.

总书记在中国共产党第十九次全国代表大会上的报告中正式提出“铸牢中华民族共同体意识”这一重大原创性论断，要求：“全面贯彻党的民族政策，深化民族团结进步教育，铸牢中华民族共同体意识，加强各民族交往交流交融，促进各民族像石榴籽一样紧紧抱在一起，共同团结奋斗、共同繁荣发展。”① 同时此次全国代表大会上还将“铸牢中华民族共同体意识”正式写入党章。②2019 年 7 月 15 日至 16 日，习近平总书记在内蒙古考察并指导开展“不忘初心、牢记使命”主题教育时指出：“要高举各民族大团结旗帜，全面贯彻党的民族政策，深化民族团结进步教育，践行守望相助理念，铸牢中华民族共同体意识，把各族人民紧紧团结在党的周围，共同守卫祖国边疆，共同创造美好生活，在新时代继续保持模范自治区的崇高荣誉。”③2019 年 8 月 19 日，习近平总书记在敦煌研究院座谈时的讲话强调：“要加强对国粹传承和非物质文化遗产保护的支持和扶持，加强对少数民族历史文化的研究，铸牢中华民族共同体意识。”④2019 年 9 月 27 日，习近平总书记在全国民族团结进步表彰大会上的讲话中强调：“高举中华民族大团结的旗帜，坚持促进各民族交往交流交融，不断铸牢中华民族共同体意识。”⑤2020 年 8 月 28 日至 29 日，习近平总书记在中央第七次西藏工作座谈会上强调：“坚持稳中求进工作总基调，铸牢中华民族共同体意识。”⑥2020 年 10 月 29 日，《中共中央关于制

---

① 习近平：决胜全面建成小康社会　夺取新时代中国特色社会主义伟大胜利——在中国共产党第十九次全国代表大会上的报告 [EB/OL]. [2017-10-29]. http://www.xinhuanet.com/politics/19cpcnc/2017-10/27/c_1121867529.htm.

② 中国共产党章程（全文）[EB/OL]. [2018-10-1]. http://www.china.com.cn/19da/2017-10/28/content_41809100.htm.

③ 习近平在内蒙古考察并指导开展“不忘初心、牢记使命”主题教育时强调：牢记初心使命贯彻以人民为中心发展思想　把祖国北部边疆风景线打造得更加亮丽 [EB/OL]. [2021-10-21]. http://www.gov.cn/xinwen/2019-07/16/content_5410342.htm.

④ 习近平：在敦煌研究院座谈时的讲话 [EB/OL]. [2020-9-10]. http://www.gov.cn/xinwen/2020-01/31/content_5473371.htm.

⑤ 习近平：在全国民族团结进步表彰大会上的讲话 [EB/OL]. [2022-10-10].https://www.neac.gov.cn/seac/xwzx/201909/1136990.shtml

⑥ 习近平在中央第七次西藏工作座谈会上强调　全面贯彻新时代党的治藏方略　建设团结富裕文明和谐美丽的社会主义现代化新西藏 [EB/OL]. [2022-1-7]. https://theory.gmw.cn/2020-09/10/content_34174885.htm

定国民经济和社会发展第十四个五年规划和二〇三五年远景目标的建议》明确提出将“中华文化影响力进一步提升，中华民族凝聚力进一步增强”纳入“‘十四五’时期经济社会发展主要目标”[①]，并在《中华人民共和国国民经济和社会发展第十四个五年规划和2035年远景目标纲要》中明确提出：“聚焦铸牢中华民族共同体意识，加大对民族地区发展支持力度，全面深入持久开展民族团结进步宣传教育和创建，促进各民族交往交流交融。”“全面贯彻党的民族政策，坚持和完善民族区域自治制度，铸牢中华民族共同体意识，促进各民族共同团结奋斗、共同繁荣发展。”[②]2021年3月5日，习近平总书记在参加内蒙古代表团审议时强调：“完整准确全面贯彻新发展理念，铸牢中华民族共同体意识”“要在坚持走中国特色解决民族问题正确道路、维护各民族大团结、铸牢中华民族共同体意识等重大问题上不断提高思想认识和工作水平”[③]。2021年8月27日至28日，习近平总书记在中央民族工作会议上强调“以铸牢中华民族共同体意识为主线，推动新时代党的民族工作高质量发展”[④]。2022年3月，首个面向国内外公开发行的以中华民族共同体为研究对象的期刊《中华民族共同体研究》正式创刊，该期刊由国家民委主管、中央民族大学主办。[⑤]2022年10月16日，习近平总书记在党的二十大报告中指出：“以铸牢中华民族共同体意识为主线，坚定不移走中国特色解决民族问题的正确道路，坚持和完善民族区域自治制度，加强和改进党的民族工作，全

---

①中共中央关于制定国民经济和社会发展第十四个五年规划和二〇三五年远景目标的建议[EB/OL]. [2022-8-10]. http://www.moe.gov.cn/jyb_xwfb/s6052/moe_838/202011/t20201104_498130.html.

②中华人民共和国国民经济和社会发展第十四个五年规划和2035年远景目标纲要[EB/OL]. [2022-9-20]. http://www.moe.gov.cn/jyb_xwfb/s6052/moe_838/202103/t20210315_519738.html.

③习近平参加内蒙古代表团审议[EB/OL]. [2022-10-15]. http://www.ncha.gov.cn/art/2021/3/5/art_722_166222.html.

④习近平出席中央民族工作会议并发表重要讲话[EB/OL]. [2022-11-1]. http://www.gov.cn/xinwen/2021-08/28/content_5633940.htm.

⑤《中华民族共同体研究》正式创刊！[EB/OL]. [2022-12-23]. https://www.muc.edu.cn/info/1052/9708.htm.

面推进民族团结进步事业。”① 铸牢中华民族共同体意识是习近平新时代中国特色社会主义思想的重要组成部分，是新时代党和国家推动中华民族共同体建设的重大理论与实践创新命题②，自从习近平总书记提出“中华民族共同体意识”这一重大论断以来，就受到了社会各界（包括政界、学术界、产业界等）的大力关注和高度重视，并从政策、资金、项目等方面给予了大力支持，以让社会各界投入更多人力、物力和财力对其进行深入的理论研究与实践运用。随着对铸牢中华民族共同体意识理论研究和实践运用的不断深入与拓展，越来越多的高质量学术成果也不断地产出，为了避免铸牢中华民族共同体意识研究领域的重复性投入，并从科学知识图谱角度为铸牢中华民族共同体意识研究领域的纵向研究提供强有力的理论知识、资料支撑和信息参考，有必要从“元数据”层面对党的十八大以来铸牢中华民族共同体意识研究领域的整个研究态势进行梳理、分析及归纳总结，勾勒出铸牢中华民族共同体意识研究领域的知识结构、知识特征和热点前沿等整体认知风貌，以全面绘制铸牢中华民族共同体意识研究领域的认知图谱，促进铸牢中华民族共同体意识研究得更深更实，加快铸牢中华民族共同体意识研究的纵向发展。

二、研究意义

1. 以党的二十大精神为指引，促进新时代铸牢中华民族共同体意识研究得更深更实

党的二十大报告强调“以铸牢中华民族共同体意识为主线，坚定不移走中国特色解决民族问题的正确道路，不断增强中华民族凝聚力，以中国式现代化全面推进中华民族伟大复兴”，这为新时代铸牢中华

① 高举中国特色社会主义伟大旗帜 为全面建设社会主义现代化国家而团结奋斗——在中国共产党第二十次全国代表大会上的报 [EB/OL]. [2022-11-20].https://www.gov.cn/gongbao/content/2022/content_5722378.htm?eqid=8ff72b140000764600000005645db353.

② 李健．铸牢中华民族共同体意识的马克思主义阐释：基础性问题与当代价值 [J]. 西北民族大学学报（哲学社会科学版），2022(6)：17-23.

民族共同体意识的研究实践提出了新的要求和新的方向。选题以党的二十大精神为指引，以促进新时代铸牢中华民族共同体意识研究更深更实为方向，以全面把握党的十八大以来铸牢中华民族共同体意识研究领域的知识结构、知识特征等，以及为后续铸牢中华民族共同体意识领域的纵向研究提供强有力的资料支撑和信息参考，运用多种信息可视化分析技术、信息计量学方法及内容分析法等从“元数据”层面对党的十八大以来铸牢中华民族共同体意识研究领域的整个研究态势进行梳理、分析及归纳。

2. 紧扣新时代国民经济和社会发展方向，从科学知识图谱角度为铸牢中华民族共同体意识研究领域的发展提供有力的理论知识和资料支撑

选题紧扣新时代国民经济和社会发展方向，以《中华人民共和国国民经济和社会发展第十四个五年规划和2035年远景目标纲要》中“聚焦铸牢中华民族共同体意识，进一步增强中华民族凝聚力，促进各民族共同团结奋斗、共同繁荣发展”为选题标准，系统梳理党的十八大以来铸牢中华民族共同体意识研究领域的研究态势，厘清党的十八大以来铸牢中华民族共同体意识研究领域中哪些主题得到了深入研究，哪些主题是该研究领域的研究前沿，该研究领域的研究力量分布情况如何，该研究领域的研究者间及研究机构间的合作强度如何，该研究领域的关注度与传播度如何，以及对未来铸牢中华民族共同体意识研究领域有哪些参考价值和促进作用等问题，以及从科学知识图谱角度为后续铸牢中华民族共同体意识领域的纵深研究提供有力的理论知识、资料支撑和信息参考，实现铸牢中华民族共同体意识研究领域的新突破，进一步促进铸牢中华民族共同体意识研究领域的深层次发展。

3. 揭示党的十八大以来铸牢中华民族共同体意识研究的学术渊源

综合运用科学知识图谱法、文献资料法、内容分析法、文献计量法、统计分析法、总结归纳法等相关理论与技术，以科学知识图谱的方式展示并厘清每个对党的十八大以来铸牢中华民族共同体意识研究有重要支撑和促进作用的学术成果的具体来源，包括支撑当前铸牢中华民族共同体意识研究的重要研究者、研究机构及情报源等，以便于铸牢中华民族共同体意识研究领域及其相关领域的研究者快速把握这些学术渊源，从而为加快铸牢中华民族共同体意识领域的研究步伐提供有益的科学依据和有力的理论基础。

4. 发现党的十八大以来铸牢中华民族共同体意识研究领域的特点，为铸牢中华民族共同体意识未来研究提供理论基础和实践指导

在对党的十八大以来铸牢中华民族共同体意识领域研究态势的梳理分析基础上，发掘党的十八大以来铸牢中华民族共同体意识研究领域的特点，提出未来铸牢中华民族共同体意识研究领域的可能发展方向或策略，从而为铸牢中华民族共同体意识的未来研究提供有力的理论基础和实践指导。

第二节 研究思路与方法

一、研究思路

选题以党的二十大精神为指引，以铸牢中华民族共同体意识研究的发展历程为主线，以中文社会科学引文索引（Chinese Social Sciences Citation Index，CSSCI）[①]数据库为主要来源数据库、中国知网（China National Knowledge Infrastructure，CNKI）[②]数据库为辅助来源数据库，以党的十八大以来两个来源数据库中收录的所有与铸牢中华民族共同体意识有关的学术成果的文献特征及研究内容为研究对象，综合运用文献资料法、科学知识图谱法、内容分析法、文献计量

① 中文社会科学引文索引(CSSCI)简介[EB/OL]. [2022-12-1]. https://cssrac.nju.edu.cn/cpzx/zwshkxywsy/sjkjj/20191231/i63997.html.

② CNKI 工程[EB/OL]. [2023-1-8]. https://www.cnki.net/gycnki/gycnki.htm.

法、统计分析法、总结归纳法等方法的原理与技术，从“元研究”角度考察党的十八大以来铸牢中华民族共同体意识研究在这一时期内的学术演化特点，揭示这一时期铸牢中华民族共同体意识领域的关注度、传播度、合作网络、情报源、研究热点和研究前沿，梳理出这一时期铸牢中华民族共同体意识研究领域的发展历史和逻辑结构，形成对这一时期铸牢中华民族共同体意识研究的理论结构和演化过程的全面深入的剖析和认识，提出铸牢中华民族共同体意识研究的未来发展建议或策略，以便从科学知识图谱角度为铸牢中华民族共同体意识研究领域及其相关研究领域快速深入地了解该研究领域提供强有力的理论知识、资料支撑和信息参考，促进新时代铸牢中华民族共同体意识研究得更深更实，进一步推进铸牢中华民族共同体意识研究的纵向发展，见图 1-1。

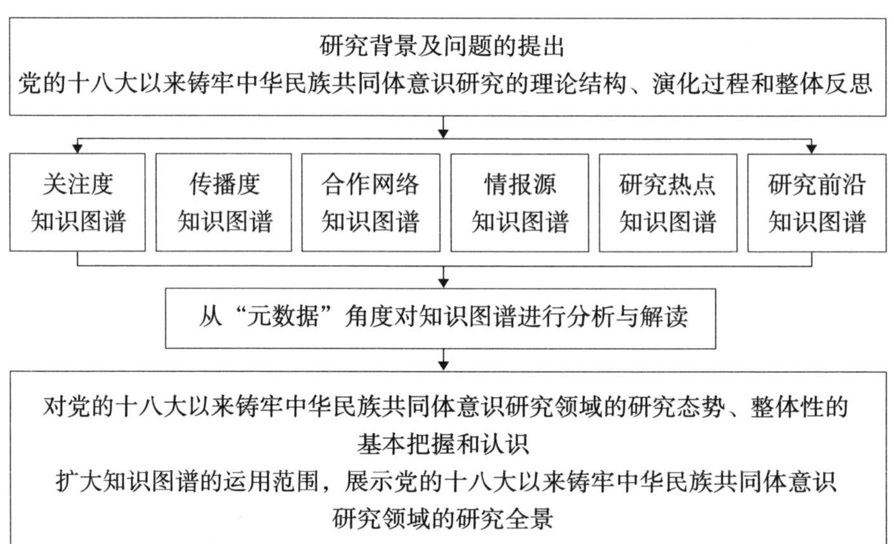

图 1-1　研究思路

二、研究方法

1. 文献资料法

文献资料法又被称为“历史文献法”，是以过去已有的文献资料为基础进行梳理、分析与归纳总结。[①] 根据研究目的和 CSSCI 在人文社会科学学术界研究成果的重要性[②③④⑤]，以 CSSCI 收录的全部期刊为检索来源，分别以“中华民族共同体”“中华民族共同体意识”“铸牢中华民族共同体意识”为检索式在“所有字段”中进行样本文献的检索（其中发文年代限制为 2013 年至 2022 年，年代卷期、文献类型、学科类别、学位分类、基金类别、每页显示及排序方式均采用默认方式，检索时间为 2023 年 2 月 7 日，不考虑 CSSCI 对期刊论文收录延滞的影响），共检索到 2500 条样本文献题录数据，然后对检索到的所有样本文献题录数据进行查重及剔除非相关文献（如《2021 年中国少数民族经济研究会年会综述》[⑥]《第四届全国藏文古籍文献整理与研究高层论坛综述》[⑦] 等）。最终，筛选出发表在 2013—2022 年 CSSCI 来源期刊上的与铸牢中华民族共同体意识研究有关的文献题录数据 962 条，结合中国知网（CNKI）对这些相关文献进行梳理、下载及内容分析的基础上，归纳出与铸牢中华民族共同体意识研究有关的文献资料，

---

① 文献资料法 [J]. 上海体育学院学报，1994(4)：21.

② 陈升，唐云，何增华 . 基于 CiteSpace 的精准扶贫研究文献计量学分析 [J]. 西南民族大学学报（人文社科版），2018，39(7)：226-233.

③ 杨阳，谢逸琪 . 我国电视剧研究的新时代图景——基于 2012—2021 年 CSSCI 文献的计量与可视化 [J]. 中国电视，2022(11)：6-16.

④ 庞震，王凯 . 党的十八大以来我国思想政治教育研究的热点、演进及趋势 [J]. 未来与发展，2021，45(8)：40-45.

⑤ 教育部关于印发《普通高等学校人文社会科学重点研究基地管理办法（2006 年修订）》的通知 [EB/OL]. [2022-10-12]. http://www.moe.gov.cn/s78/A13/sks_left/moe_2557/s3103/201006/t20100602_88604.html.

⑥ 白钰，吴本健，马潇骁 . 2021 年中国少数民族经济研究会年会综述 [J]. 民族研究，2021(6)：128-130.

⑦ 黄晓敏 . 第四届全国藏文古籍文献整理与研究高层论坛综述 [J]. 中国藏学，2021(2)：210-212.

同时查阅《科学知识图谱方法与应用》[①]《CiteSpace：科技文本挖掘及可视化》[②]《科学计量学》[③]《文献计量学（第2版）》[④]《文献计量内容分析法》[⑤]《信息计量学概论》[⑥]《中国数字图书馆新技术运用研究的知识图谱：2004—2017》[⑦]等图书资料，为最终研究提供尽可能完整、准确、有效的文献资料支撑和理论依据。

2. 科学知识图谱法

科学知识图谱法是以科学文献知识为对象，以可视化的方式显示学科发展进程与结构关系的一种兼具“图”和“谱”的图形，该方法能较为直观、定量、简单与客观地显示出科学知识及其间的关系[⑧]，CiteSpace是当前科学知识图谱法中运用得比较广泛的一种科学知识图谱构建工具。根据研究目的和实际需求，以CiteSpace 6.1.R6 Advanced构建党的十八大以来铸牢中华民族共同体意识研究领域的合作作者知识图谱、研究力量知识图谱、情报来源知识图谱、知识基础知识图谱及研究热点与前沿知识图谱，并对这些知识图谱进行深度剖析，以厘清党的十八大以来铸牢中华民族共同体意识研究领域的整体研究态势及未来研究趋势的预测，从而为铸牢中华民族共同体意识的未来研究提供有力的理论基础和实践指导。

3. 内容分析法

内容分析法是通过对文献资料包含内容的分析，认识现象之间联

---

① 刘则渊，陈悦，侯海燕，等．科学知识图谱方法与应用[M]．北京：人民出版社，2008.
② 李杰，陈超美．CiteSpace：科技文本挖掘及可视化[M]．3版．北京：首都经济贸易大学出版社，2022.
③ 邱均平，赵蓉英，董克，等，编．科学计量学[M]．北京：科学出版社，2016.
④ 邱均平．文献计量学[M].2版．北京：科学出版社，2019.
⑤ 邱均平，王月芬．文献计量内容分析法[M]．北京：国家图书馆出版社，2008.
⑥ 邱均平，主编．信息计量学概论[M]．武汉：武汉大学出版社，2019.
⑦ 阳广元．中国数字图书馆新技术运用研究的知识图谱：2004—2017[M]．北京：科学出版社，2018.
⑧ 杨思洛，等．中外图书情报学科知识图谱比较研究[M]．北京：科学出版社，2015.

系的分析方法①，本研究通过对与党的十八大以来铸牢中华民族共同体意识研究领域有关的文献的研究内容进行研读和剖析，从语义的角度梳理出对党的十八大以来铸牢中华民族共同体意识研究领域起重要支撑和推动作用的文献的具体研究内容，以及这些文献对党的十八大以来铸牢中华民族共同体意识研究领域的哪些主题或方向产生了重要的影响，实现对这些文献中信息数据的深度挖掘②，为未来铸牢中华民族共同体意识研究提供这些文献所涉及主题或方向在这一时期及未来一定时期内的变化趋势，促进相关研究主题或方向的深入拓展。

4. 文献计量法

文献计量法是以某领域的文献的外部特征为研究对象，借助数学与统计学方法来描述、评价和预测该领域的现状与发展趋势的一种量化分析法。③④本研究运用文献计量法对党的十八大以来铸牢中华民族共同体意识研究领域的文献分布、载文量、作者发文量、文献增长规律、研究机构分布、情报来源分布、研究热点分布等情况进行梳理，并运用Excel对梳理的结果进行深度整理分析，最终利用Excel可视化技术将深度整理分析后的数据生成一个更直观的科学知识图谱及数据分析结果表，从而从定性和定量两方面梳理出党的十八大以来铸牢中华民族共同体意识研究领域的文献特征、研究现状及未来发展趋势。

5. 统计分析法

统计分析法是指在搜集、整理、统计有关数据之后，通过绘制图表、汇总相关数据、交叉分析和均值运算等方式来对数据做一个清晰

① 林崇德，何本方，主编.中国成人教育百科全书（社会·历史）[M].海口：南海出版公司，1994.

② 解学梅，王若怡，霍佳阁.政府财政激励下的绿色工艺创新与企业绩效：基于内容分析法的实证研究 [J]. 管理评论，2020，32(5)：109-124.

③ 郑文晖.文献计量法与内容分析法的比较研究 [J]. 情报杂志，2006(5)：31-33.

④ 张可心.组织行为学热门研究领域的识别与分析——基于 CSSCI 核心期刊的 OB 文献统计 [C]// 第十二届（2017）中国管理学年会论文集.2017：730-738.

的描述与分析，认识和揭示事物间的相互关系、变化规律和发展趋势，借以达到对事物的正确解释和预测的一种研究方法。[①②③] 本研究通过在 CSSCI 和 CNKI 中检索、阅读及下载与党的十八大以来铸牢中华民族共同体意识研究有关的文献，整理出党的十八大以来铸牢中华民族共同体意识研究领域文献的研究者信息、合作者信息、情报来源信息、研究机构信息、参考文献信息、关键词信息等，运用 Excel、SPSS 等软件系统及统计分析法将这些信息进行绘图和统计分析，以实现对党的十八大以来铸牢中华民族共同体意识领域研究现状的正确阐释和对铸牢中华民族共同体意识领域的未来预测。

6. **总结归纳法**

总结归纳法是依据特殊的前提推出普遍性结论的一种方法，是对知识的高度概括，有助于进一步地思考，以发现问题、解决问题。[④⑤] 本研究运用总结归纳法将党的十八大以来铸牢中华民族共同体意识研究领域的文献根据实际分析需求进行归纳分类，并对其关注度、传播度、合作情况、研究力量、情报来源等进行总结分析，以发现党的十八大以来铸牢中华民族共同体意识领域存在的问题、具有的研究特点和未来需要解决或加强研究的问题，促进未来铸牢中华民族共同体意识领域的研究更广泛、深入和全面。

① 陈忠海，董一超 . 统计分析法与文献计量法在档案学研究中的应用分析 [J]. 北京档案，2017(3)：12-15.
② 姜楠 . QD 奥帆中心场馆资源整合及开发策略研究 [D]. 淄博： 山东理工大学，2016.
③ 卫华 . 反腐败工作视角下我国纪检监察网站建设问题研究 [D]. 北京： 北京邮电大学，2017.
④ 刘娟 . 我国公司发起人的民事责任研究 [D]. 大连：大连理工大学，2016.
⑤ 李连梦 . 基于大数据的商业银行智慧型风险管理研究 [D]. 天津：天津商业大学，2016.

第三节　分析工具与前期准备

一、分析工具

1. CiteSpace

CiteSpace 是 Chaomei Chen（陈超美）教授研发的一款用于对科技文献进行可视化和趋势分析的科学知识图谱软件[①]，其运行界面如图 1–2 所示。该软件目前分为三个版本：（1）免费版（Basic）；（2）标准版（Standard）；（3）高级版（Advanced）（下载地址：https://citespace.podia.com/），目前三个版本都可以进行合作作者、被引文献、被引作者、被引期刊、机构、关键词等节点类型的知识图谱构建。三个版本的主要差异是功能上的差异，如高级版可以进行名词、来源等节点类型的科学知识图谱构建。本书主要利用 CiteSpace 进行合作作者、被引作者、机构（合作机构）、被引情报源和关键词等节点类型的科学知识图谱构建，并导出对应的 Pajek（.net with time intervals）格式的数据以用于 NetDraw 的进一步分析，本书所用 CiteSpace 的版本和运行环境如图 1–3 所示。

图 1–2　CiteSpace 运行界面

① Chen C. CiteSpace: visualizing patterns and trends in scientific literature[EB/OL]. [2023-9-19]. http://citespace.podia.com/.

CiteSpace 6.1.R6 (64-bit) Advanced (Chinese Edition)	Windows 11 (CN/zh)	Java 17.0.2+8-LTS-86 (64-bit)
Built: December 22, 2022	Processors: 8	Java HotSpot(TM) 64-Bit Server VM
Expire: December 31, 2023	Host: DESKTOP-B4D44RG 183.221.94.102	Java Home: C:\Program Files\CiteSpace\runtime

图 1-3　CiteSpace 版本和运行环境

2. Excel 2019①②

Excel 2019 是微软公司针对 Excel 软件发行的一个新版本，该版本的生命周期为 2018 年 9 月 24 日至 2025 年 10 月 14 日。Excel 2019 相对于以前的 Excel 版本来说，主要的区别是新增了 CONCAT、IFS、SWITCH、TEXTJOIN 等函数；新增地图、漏斗图等图表；增强了可缩放的向量图形（SVG）、将 SVG 图标转换为形状等视觉对象；改进了墨迹、精准选择、自动完成、数据透视表增强等功能，这又为 Excel 软件的深度运用新增了活力，而且该软件在市场营销③、会计与财务④、统计⑤、信息资源管理⑥等领域得到了广泛的运用。本书主要利用 Excel 2019 的数据统计分析、数据透视表等功能构建党的十八大以来铸牢中华民族共同体意识研究领域的学术关注度、学术传播度、作者发文分布、机构发文分布及关键词分布等类型的知识图谱。

3. NetDraw

NetDraw 是美国肯塔基州立大学 Steve Borgatti 教授开发的一款社会网络分析软件，因其简单易学的操作和形象直观化的图形化显示功

---

① Microsoft. What's new in Excel 2019 for Windows[EB/OL]. [2023-1-8]. https://support.microsoft.com/en-us/office/what-s-new-in-excel-2019-for-windows-5a201203-1155-4055-82a5-82bf0994631f.
② Microsoft. Excel 2019 [EB/OL]. [2023-1-8]. https://learn.microsoft.com/en-us/lifecycle/products/excel-2019.
③ 赛贝尔资讯，编著 . Excel 2019 在市场营销工作中的典型应用 [M]. 北京：清华大学出版社有限公司，2022.
④ 张明真，编著 . Excel 2019 会计与财务应用大全（新编 2019 实战精华版）[M]. 北京：机械工业出版社，2019.
⑤ 薛亚宏，主编 . Excel 2019 统计数据处理与分析 [M]. 北京：机械工业出版社，2020.
⑥ 常兰会 . Excel VBA 档案编目生成方式探究 [J]. 中文科技期刊数据库（全文版）图书情报，2021(2)：137-140.

能而被广泛运用于社会网络分析研究[①②]，如体育学领域[③]、信息资源管理领域[④]、医学领域[⑤]等。本书主要利用 NetDraw 构建党的十八大以来铸牢中华民族共同体意识研究领域的发文作者合作共现知识图谱、被引作者合作共现知识图谱和机构合作共现知识图谱，所采用的 NetDraw 版本如图 1-4 所示。

图 1-4　NetDraw 版本信息

二、前期准备

1. 数据准备

根据研究目的、期刊价值（特别是对某学科或研究领域起重要作用的核心期刊）及其刊载文献的重要价值和 CSSCI 在人文社会科学学

① 阳广元 . 中国数字图书馆新技术运用研究的知识图谱：2004—2017[M]. 北京 : 科学出版社, 2018.

② 王运锋，夏德宏，颜尧妹 . 社会网络分析与可视化工具 NetDraw 的应用案例分析 [J]. 现代教育技术, 2008(4): 85-89.

③ 龚靖雄，明宇 . 基于 Netdraw 的国内外体育赛事研究对比分析及启示——以 2016—2020 年为期 [J]. 当代体育科技, 2022, 12(19): 161-165.

④ 尹怀琼，刘晓英，周良文，等 . 我国图书馆联盟研究的文献计量和可视化分析——基于 Netdraw 和 CiteSpace 软件的比较研究 [J]. 图书馆, 2018, 281(2): 43-49.

⑤ 周芳，蔡威，李旭成，等 . 基于 Ucinet 和 Netdraw 的国内新型冠状病毒中医药研究热点的可视化分析 [J]. 中华中医药学刊, 2020, 38(8): 5-11.

术界的重要性[①~⑥]，本研究以CSSCI为分析样本的主要来源数据库，以CNKI为分析的辅助来源数据库，分别以“中华民族共同体”“中华民族共同体意识”“铸牢中华民族共同体意识”[⑦~⑫]为检索式在CSSCI的“所有字段”中进行分析样本文献的检索（其中发文年代限制为2013年至2022年，年代卷期、文献类型、学科类别、学位分类、基金类别、每页显示及排序方式均采用默认方式，检索时间为2023年2月7日，不考虑CSSCI对期刊论文收录延滞的影响），然后对检索到的所有样本文献进行查重及剔除非相关文献（如表1-1所示）。最终，筛选出发表在2013—2022年CSSCI来源期刊上的与铸牢中华民族共同体意识研究有关的文献962篇，结合中国知网（CNKI）对这些相关文献进行梳理、下载及内容的初步分析。

---

① 中文社会科学引文索引 (CSSCI) 简介 [EB/OL]. [2022-12-1]. https://cssrac.nju.edu.cn/cpzx/zwshkxywsy/sjkjj/20191231/i63997.html.

② 陈升，唐云，何增华 . 基于 CiteSpace 的精准扶贫研究文献计量学分析 [J]. 西南民族大学学报 (人文社科版)，2018，39(7)：226-233.

③ 杨阳，谢逸琪 . 我国电视剧研究的新时代图景——基于 2012—2021 年 CSSCI 文献的计量与可视化 [J]. 中国电视，2022(11)：6-16.

④ 庞震，王凯 . 党的十八大以来我国思想政治教育研究的热点、演进及趋势 [J]. 未来与发展，2021，45(8)：40-45.

⑤ 教育部关于印发《普通高等学校人文社会科学重点研究基地管理办法 (2006 年修订)》的通知 [EB/OL]. [2022-10-12]. http://www.moe.gov.cn/s78/A13/sks_left/moe_2557/s3103/201006/t20100602_88604.html.

⑥ 阳广元 . 中国数字图书馆新技术运用研究的知识图谱 :2004—2017[M]. 北京 ：科学出版社，2018.

⑦《中华民族共同体研究》正式创刊！ [EB/OL]. [2022-12-23]. https://www.muc.edu.cn/info/1052/9708.htm.

⑧ 蒋旭 . 边疆民族地区铸牢中华民族共同体意识热点与前沿趋势 [J]. 民族学论丛，2022，2(2)：21-30.

⑨ 孔令先，董瑞，赵慧 . 铸牢中华民族共同体意识研究的知识图谱分析 [J]. 西藏民族大学学报 (哲学社会科学版)，2022，43(5)：42-49.

⑩ 张哲宇，廉潘红，师兴华 . 铸牢中华民族共同体意识研究现状及趋势——基于 CiteSpace 的知识图谱可视化分析 [J]. 普洱学院学报，2022，38(4)：4-8.

⑪ 赵薇 . 铸牢中华民族共同体意识研究概况、热点及趋势——基于 CSSCI 的知识图谱分析 [J]. 民族学刊，2022，13(8)：61-71.

⑫ 张红，吴月刚 . 铸牢中华民族共同体意识研究的现状、特点与展望——基于 2014—2020 年中国知网的文献分析 [J]. 西北民族大学学报 (哲学社会科学版)，2021(5)：27-34.

表 1-1　剔除的非相关文献详细信息（部分）

题名	来源	年份
周人尚赤中国红	社会科学战线	2022
中哈边境口岸新冠肺炎疫情风险防控问题探究	贵州民族研究	2021
中古于阗玉石的西传	西域研究	2020
中俄边境口岸的特点及发展优劣势反思	贵州民族研究	2021
贞观二十二年昆丘道行军路线新考——兼论天山腹地的战略意义	新疆大学学报（哲学·人文社会科学版）	2022
依托西藏边境口岸建设中国与南亚通道的路径探析	西藏大学学报（社会科学版）	2020
延续寿命法：《尊胜陀罗尼》吐蕃译本与流传	敦煌研究	2021
推普助力农村劳动力转移就业的机理及效应	中南民族大学学报（人文社会科学版）	2021
11—15 世纪佛教艺术中的神系重构（三）——以星曜佛母为中心	故宫博物院院刊	2020
11—15 世纪佛教艺术中的神系重构（三续）—— 星曜佛母与周边神祇	故宫博物院院刊	2021
2021 年中国少数民族经济研究会年会综述	民族研究	2021
“专注的养成”：量化自我与时间的媒介化管理实践	国际新闻界	2022

2. 数据处理

为了尽可能地保证后续对党的十八大以来铸牢中华民族共同体意识研究领域的知识图谱构建及分析的一致性和准确性，特做以下处理。

（1）尽可能补全参考文献的相关信息，详见表 1-2。

表 1-2 补全参考文献的相关信息（部分）

<table>
<tr><th>原题录</th><th>处理后的题录</th></tr>
<tr><td>[Anon], 1000, 习近平谈治国理政（第 3 卷）, V0, P0</td><td rowspan="2">习近平，习近平谈治国理政（第 3 卷）, 2020, V0, P0①</td></tr>
<tr><td>习近平 , 1000, 习近平谈治国理政（第 3 卷）, V0, P0</td></tr>
<tr><td>[Anon], 1000, 习近平谈治国理政（第 2 卷）, V0, P0</td><td rowspan="2">习近平，习近平谈治国理政（第 2 卷）, 2017, V0, P0②</td></tr>
<tr><td>习近平 , 1000, 习近平谈治国理政（第 2 卷）, V0, P0</td></tr>
<tr><td>[Anon], 1000, 习近平谈治国理政（第 1 卷）, V0, P0</td><td rowspan="5">习近平，习近平谈治国理政（第 1 卷）, 2018, V0, P0③④</td></tr>
<tr><td>习近平 , 1000, 习近平谈治国理政（第 1 卷）, V0, P0</td></tr>
<tr><td>习近平 , 1000, 习近平谈治国理政 , V0, P0</td></tr>
<tr><td>[Anon], 1000, 习近平谈治国理政 , V0, P0</td></tr>
<tr><td>习近平 , 2018, 2013：在全国宣传思想工作会议上讲话，2013 年 8 月 19 日至 20 日：习近平谈治国理政 , V0, P0</td></tr>
<tr><td>[Anon], 1000, 张岱年全集（第 3 卷）, V0, P0</td><td>张岱年 , 张岱年全集（第 3 卷）, 1996, V0, P0⑤</td></tr>
<tr><td>[Anon], 1000, 淮南子全译（译注本）（上）, V0, P0</td><td>（西汉）刘安等著，许匡一译注 , 淮南子全译（译注本）（上）, 1993, V0, P0⑥</td></tr>
</table>

① 习近平 . 习近平谈治国理政（第 3 卷）[M]. 北京：外文出版社，2020.
② 习近平 . 习近平谈治国理政（第 2 卷）[M]. 北京：外文出版社，2017.
③ 习近平谈治国理政　第 1 卷 _ 超星发现系统 [EB/OL]. [2023-2-13]. https://www.zhizhen.com/detail_38502727e7500f26aa3f91637eb6b7ee9ccd98582a1d3a191921b0a3ea25510134114c969f2eae5cb13a4f2565f18101d6995588a0cf6bea8d5503d381d6dc6aac278a324a5704053ffeccadc504ae0a?.
④ 习近平 . 习近平谈治国理政（第 1 卷）[M]. 北京：外文出版社，2018.
⑤ 张岱年 . 张岱年全集（第 3 卷）[M]. 石家庄：河北人民出版社，1996.
⑥ 刘安，等著 . 淮南子全译（上）[M]. 许匡一，译注 . 贵阳：贵州人民出版社，1993.

续表

原题录	处理后的题录
老子 , 1000, 道德经（译注本）, V0, P0	（春秋）老子著，范文章译，道德经（译注本），2017, V0, P0[①]
黄淑贞 , 1000,《淮南子》天道观之研究 , V0, P0	黄淑贞 ,《淮南子》天道观之研究 , 2008, V0, P0[②]

（2）因期刊会根据未来发展而动态调整期刊的名称。为了避免因同一期刊不同时期的期刊名称对分析结果的影响，因此将同一期刊不同时期的期刊名称统一调整为当前最新的期刊名称，详见表 1–3。

表 1–3　归一化处理期刊名称的列表（部分）

期刊名称的不同表达	归一化后的期刊名称
西南民族学院学报（哲学社会科学版）	西南民族大学学报（人文社会科学版）[③]
西南民族大学学报（人文社科版）	
西南民族大学学报（人文社会科学版）	
西北第二民族学院学报（哲学社会科学版）	北方民族大学学报[④]
西北第二民族学院学报	
北方民族大学学报（哲社版）	
北方民族大学学报（哲学社会科学版）	
北方民族大学学报	

① 老子，著 . 道德经 [M]. 范文章，译 . 成都：四川人民出版社，2017.
② 黄淑贞 .《淮南子》天道观之研究 [M]. 台北县：花木兰文化出版社，2008.
③ 西南民族大学学报（人文社会科学版）[EB/OL]. [2023–2–15]. https://navi.cnki.net/knavi/journals/XNZS/detail?uniplatform=NZKPT.
④ 北方民族大学学报 [EB/OL]. [2023–2–14]. https://navi.cnki.net/knavi/journals/XBDR/detail?uniplatform=NZKPT.

续表

期刊名称的不同表达	归一化后的期刊名称
中共中央党校学报	中共中央党校（国家行政学院）学报①
国家行政学院学报	
中共中央党校（国家行政学院）学报	
中南民族学院学报（哲学社会科学版）	中南民族大学学报（人文社会科学版）②
中南民族学院学报（人文社会科学版）	
中南民族大学学报	
中南民族学院学报	
中南民族学院学报（社会科学版）	
中央民族大学学报（哲学社会科学版）	中央民族大学学报（哲学社会科学版）③
中央民族大学学报（社会科学版）	
中央民族大学学报	
中山大学学报（社会科学版）	中山大学学报（社会科学版）④
中山大学学报	
云南民族大学学报（哲学社会科学版）	云南民族大学学报（哲学社会科学版）⑤
云南民族大学学报	

① 中共中央党校（国家行政学院）学报 [EB/OL]. [2023-2-15]. https://navi.cnki.net/knavi/journals/ZGXB/detail?uniplatform=NZKPT.
② 中南民族大学学报（人文社会科学版）[EB/OL]. [2023-2-15]. https://navi.cnki.net/knavi/journals/ZNZX/detail?uniplatform=NZKPT.
③ 中央民族大学学报（哲学社会科学版）[EB/OL]. [2023-2-15]. https://navi.cnki.net/knavi/journals/ZYMD/detail?uniplatform=NZKPT.
④ 中山大学学报（社会科学版）[EB/OL]. [2023-2-15]. https://navi.cnki.net/knavi/journals/ZSDS/detail?uniplatform=NZKPT.
⑤ 云南民族大学学报（哲学社会科学版）[EB/OL]. [2023-2-15]. https://navi.cnki.net/knavi/journals/YNZZ/detail?uniplatform=NZKPT.

续表

期刊名称的不同表达	归一化后的期刊名称
内蒙古社会科学（汉文版）	内蒙古社会科学①
内蒙古社会科学	
内蒙古社会科学（文史哲版）	
北京大学学报（哲学社会科学版）	北京大学学报（哲学社会科学版）②
北京大学学报	
广西民族学院学报（哲学社会科学版）	广西民族大学学报（哲学社会科学版）③
广西民族学院学报	
广西民族大学学报（哲社版）	
广西民族大学学报（哲学社会科学版）	
湖北民族大学学报（哲学社会科学版）	湖北民族大学学报（哲学社会科学版）④
湖北民族学院学报（哲学社会科学版）	
湖北民族大学学报（哲社版）	
湖北民族大学学报	
湖北民族学院学报	
西北师大学报（社会科学版）	西北师大学报（社会科学版）⑤
西北师大学报	

① 内蒙古社会科学 [EB/OL]. [2023-2-15]. https://navi.cnki.net/knavi/journals/NMGR/detail?uniplatform=NZKPT.

② 北京大学学报（哲学社会科学版）[EB/OL]. [2023-2-15]. https://navi.cnki.net/knavi/journals/BDZK/detail?uniplatform=NZKPT.

③ 广西民族大学学报（哲学社会科学版）[EB/OL]. [2023-2-15]. https://navi.cnki.net/knavi/journals/GXZS/detail?uniplatform=NZKPT.

④ 湖北民族大学学报（哲学社会科学版）[EB/OL]. [2023-2-14]. https://navi.cnki.net/knavi/journals/HBZA/detail?uniplatform=NZKPT.

⑤ 西北师大学报（社会科学版）[EB/OL]. [2023-2-14]. https://navi.cnki.net/knavi/journals/XBSD/detail?uniplatform=NZKPT.

续表

期刊名称的不同表达	归一化后的期刊名称
西北民族大学学报（哲学社会科学版）	西北民族大学学报（哲学社会科学版）①
西北民族大学学报	
西北民族学院学报（哲学社会科学版）	
西北民族学院学报	

（3）因作者所在单位或机构的子单位名称或子机构名称不同而导致学术成果发表时所标注的作者单位名称有所差异，因此为了更好地梳理各个单位或机构的相关学术状况，合并归属于同一单位或机构的各分支单位名称或子机构名称为统一的单位名称或机构名称，详见表 1-4。

表 1-4　单位名称或机构名称归一后处理列表（部分）

归一化处理前（子）单位名称或（子）机构名称	归一后的单位名称或机构名称
中国社会科学院	中国社会科学院
中国社会科学院世界宗教研究所	
中国社会科学院中国边疆研究所	
中国社会科学院古代史研究所	
中国社会科学院哲学研究所	
中国社会科学院大学	
中国社会科学院马克思主义研究院	
中国社会科学院学部	

① 西北民族大学学报（哲学社会科学版）[EB/OL]. [2023-2-15]. https://navi.cnki.net/knavi/journals/XBMZ/detail?uniplatform=NZKPT.

续表

归一化处理前（子）单位名称或（子）机构名称	归一后的单位名称或机构名称
中国社会科学院当代中国研究所	中国社会科学院
中国社会科学院民族学与人类学研究所民族理论室	
中国社会科学院文学研究所	
中国社会科学院民族学与人类学研究所	
中国社会科学院民族文学研究所	
中国社会科学院法学研究所	
中国社会科学院民族学与人类学研究所《民族研究》编辑部	
中国社会科学院民族学与人类学研究所铸牢中华民族共同体意识研究基地	
中国社会科学院研究生院	
南开大学－太和智库边疆发展研究中心	南开大学
南开大学周恩来政府管理学院	
南开大学周恩来政府管理学院社会学系	
南开大学民族事务研究中心	
南开大学周恩来政府管理学院社会心理学系	
南开大学民族研究中心	
南开大学社会学系	
教育部语言文字应用研究所	教育部
教育部民族教育发展中心	
教育部民族教育发展中心民族教育质量监测处	
湖北民族学院	湖北民族大学
湖北民族大学	

续表

归一化处理前（子）单位名称或（子）机构名称	归一后的单位名称或机构名称
甘肃政法学院	甘肃政法大学
甘肃政法大学	
甘肃政法大学马克思主义学院	
甘肃政法学院法学院	
云南大学民族政治研究院	云南大学
云南大学“边疆与地缘”数据库中心	
云南大学民族学与社会学学院	
云南大学政府管理学院	
云南大学铸牢中华民族共同体意识研究基地	
云南大学历史与档案学院	
云南大学教育部人文社会科学重点研究基地西南边疆少数民族研究中心	
云南大学中央四部委铸牢中华民族共同体意识研究基地	
云南大学马克思主义学院	
云南大学西南边疆少数民族研究中心	
云南大学文学院	
云南大学政府管理学院政治学系	
云南大学《思想战线》编辑部	

续表

归一化处理前（子）单位名称或（子）机构名称	归一后的单位名称或机构名称
西南民族大学西南民族研究院	西南民族大学
西南民族大学中国语言文学学院	
西南民族大学经济学院	
西南民族大学旅游与历史文化学院	
西南民族大学法学院	
西南民族大学教育学与心理学学院	
西南民族大学哲学学院	
中国人民大学心理学系	中国人民大学
中国人民大学社会与人口学院	
中国人民大学马克思主义学院	
中国人民大学历史学院清史研究所	
中国人民大学人类学研究所	
中国人民大学公共管理学院	
中国人民大学教育部人文社科重点研究基地新闻与社会发展研究中心	
中国人民大学新闻学院	
中国人民大学哲学院	
中央民族大学文学院	中央民族大学
中央民族大学国家安全研究院	
中央民族大学历史文化学院	
中央民族大学期刊社《中央民族大学学报（哲学社会科学版）》编辑部	
中央民族大学藏学研究院	
中央民族大学法学院	
中央民族大学党委	

续表

归一化处理前（子）单位名称或（子）机构名称	归一后的单位名称或机构名称
中央民族大学研究生院	中央民族大学
中央民族大学哲学与宗教学学院	
中央民族大学铸牢中华民族共同体意识研究院	

3. 参数设置

在开展本书后续相关知识图谱构建及分析研究之前，先要对科学知识图谱分析软件 CiteSpace 进行基本参数的设置，以确保后续相关科学知识图谱构建及分析所采用的基本参数一致，如图 1-5 所示。其中：Time Slicing（时间区间）设定为 2015 年 1 月至 2022 年 12 月（因样本数据显示 2013 年、2014 年未发表 CSSCI 收录的期刊文献），Term Source（术语来源）选择 Title（学术成果的标题）、Abstract（学术成果的摘要）、Author Keywords（DE）（学术成果中发文作者给的关键词）和 Keyword Plus（ID）（数据库根据学术成果中参考文献题目而自动提取的关键词）①②，其他参数暂不设置，后续根据具体构建要求按需动态设置。

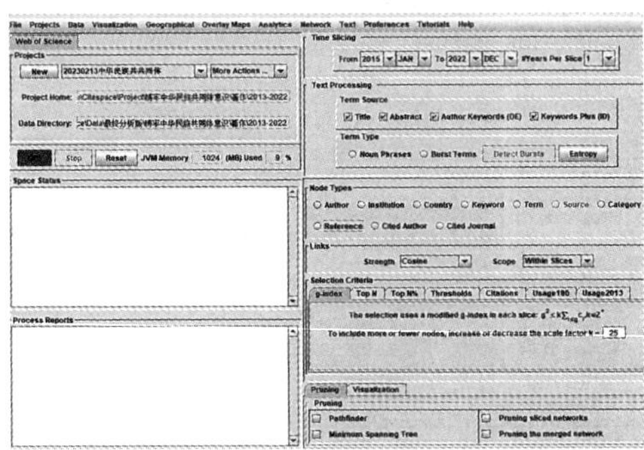

图 1-5　CiteSpace 基本参数配置

① 阳广元 . 中国数字图书馆新技术运用研究的知识图谱：2004—2017[M]. 北京 : 科学出版社，2018.
② 科技之光｜我校段志光教授团队论文入选 ESI 高被引论文 [EB/OL]. [2023-2-18]. http://www.sxmu.edu.cn/kjc/info/1081/2462.htm.

第四节 研究内容与创新之处

一、研究内容

本书共分为六章，分别从关注度与传播度、合作网络、情报源、研究热点与前沿四方面对党的十八大以来铸牢中华民族共同体意识研究进行可视化分析，以全面梳理党的十八大以来铸牢中华民族共同体意识研究领域的学术演化特点，揭示这一时期铸牢中华民族共同体意识研究领域的研究现状，梳理出这一时期铸牢中华民族共同体意识研究领域的发展历史和逻辑结构，形成对这一时期铸牢中华民族共同体意识研究的理论结构和演化过程的全面深入的剖析和认识，提出铸牢中华民族共同体意识研究的未来发展建议，从科学知识图谱角度为铸牢中华民族共同体意识研究领域及其相关研究领域快速深入地了解该研究领域的发展现状提供有力的理论知识、资料支撑和信息参考，促进新时代铸牢中华民族共同体意识研究得更深更实，进一步推进铸牢中华民族共同体意识研究领域的纵向发展，具体研究框架如图 1–6 所示。

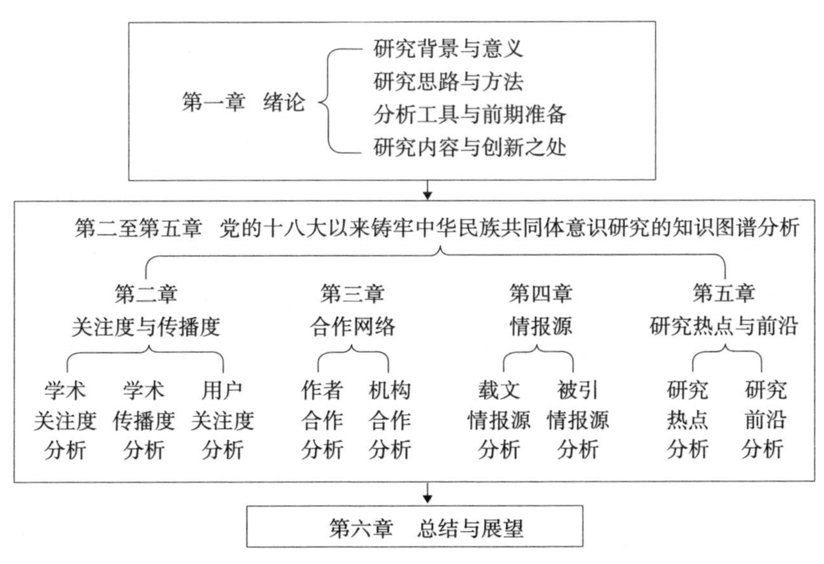

图 1–6 本书研究框架

二、创新之处

1. 研究对象

本书以党的二十大精神为指引，以铸牢中华民族共同体意识研究的发展历程为主线，以中文社会科学引文索引（CSSCI）数据库为主要来源数据库、中国知网（CNKI）数据库为辅助来源数据库，以2013—2022年以来两个来源数据库中收录的所有与铸牢中华民族共同体意识有关的学术成果的文献特征及研究内容为研究对象，尝试运用知识图谱理论、方法与技术对党的十八大以来铸牢中华民族共同体意识领域的整个研究态势做全景式扫描分析，以较全面地、可视化地展现党的十八大以来铸牢中华民族共同体意识研究领域的演化历史认知图谱，为揭示党的十八大以来铸牢中华民族共同体意识研究领域的演化规律与发展态势提供独特的视角。

2. 研究方法

本书综合运用文献资料法、科学知识图谱法、内容分析法、文献计量法、统计分析法、总结归纳法等方法的相关理论与技术，对与党的十八大以来铸牢中华民族共同体意识研究相关的文献进行收集、整理和知识图谱构建，勾勒出党的十八大以来铸牢中华民族共同体意识研究领域的知识结构、知识特征和热点前沿等整体认知风貌，从“元数据”层面对党的十八大以来铸牢中华民族共同体意识研究领域的整个研究态势进行梳理、分析及归纳，展现党的十八大以来铸牢中华民族共同体意识研究领域的总体状态和演化历程，为把握党的十八大以来铸牢中华民族共同体意识研究领域的重点研究方向、关注热点及前沿趋势等奠定坚实的理论基础，提供有力的资料支撑。

3. 研究视角

本书以科学知识图谱视角下铸牢中华民族共同体意识研究为切入

点，对党的十八大以来铸牢中华民族共同体意识研究领域的研究态势做全景式扫描分析，以勾勒出党的十八大以来铸牢中华民族共同体意识研究领域的研究规模、演化图景和发展脉络，从前沿趋势、关注度、传播度、合作网络、情报源等视角对党的十八大以来铸牢中华民族共同体意识研究领域的发展历程及前沿趋势等进行多方面的深入剖析研究，为铸牢中华民族共同体意识研究领域的新突破和创新提供基础文献资料，促进铸牢中华民族共同体意识研究领域的纵向发展。

第二章

关注度与传播度的知识图谱

对某一个学科或研究领域的关注度与传播度进行知识图谱分析有利于把握该学科或研究领域的总体走势、研究热度、学术影响力和发展变化情况等。[①②]例如，哈尔滨师范大学管理学院刘岩芳等《我国图书馆职业研究热点及主题演化研究》[③]一文通过对1982—2019年间国内图书馆职业研究领域的学术关注度的可视化分析，认为国内图书馆职业研究领域整体呈现先增长后减少的态势，并将这段时间该领域的研究分为初步发展阶段（1982—1999）、快速发展阶段（2000—2013）和负增长阶段（2014—2019）三个发展阶段；重庆科技学院外国语学院赵应吉等《外语课程思政研究的文献计量可视化分析（2015—2021）》[④]一文通过对国内“外语课程思政”研究领域的学术关注度的可视化分析，认为国内“外语课程思政”在2015—2021年间的研究呈现明显的整体向上增长态势；平顶山学院、武汉大学文学院岳上铧等《近十年元明清戏曲研究的动态与方向——基于CNKI核心期刊的可视化分析》[⑤]一文通过对2011—2020年间国内元明清戏剧研究领域的学术关注度的可视化分析，认为国内2011—2020年间元明清戏剧研究一直保持着稳步的发展势头，也是学术界关注的热点问题；桂林航天工业学院航空服务与旅游管理学院肖利斌等《国际旅游效率研究概况、热点及趋势——基于Web of Science核心合集的知识图谱分析》[⑥]一文通过对国际旅游效率研究领域的学术传播度的可视化分析，认为2000—2020年国际旅游效率研究领域主要关注旅游生态效率、旅游目的地产业效率和旅游企业经营效率三方面的研讨；河南师范大

① 王秋菊，陈彦宇.多维视角下智能传播研究的学术图景与发展脉络——基于CiteSpace科学知识图谱的可视化分析[J].传媒观察，2022(9)：73-81.

② 阳广元.国内机构知识库研究文献计量统计分析[J].图书馆理论与实践，2015，192(10)：49-53.

③ 刘岩芳，王欣欣，袁永久.我国图书馆职业研究热点及主题演化研究[J].图书馆工作与研究，2021(4):67-74，99.

④ 赵应吉，董保华.外语课程思政研究的文献计量可视化分析(2015—2021)[J].外国语文，2022，38(6)：129-139.

⑤ 岳上铧，程芸.近十年元明清戏曲研究的动态与方向——基于CNKI核心期刊的可视化分析[J].戏曲艺术，2021，42(4)：93-100.

⑥ 肖利斌，郑向敏，黄文胜.国际旅游效率研究概况、热点及趋势——基于Web of Science核心合集的知识图谱分析[J].西南民族大学学报（人文社会科学版），2022(1)：36-45.

学教育学部张英丽等《2006—2020 年国内学术不端研究进展与文献述评》① 一文通过对 2006—2020 年间国内学术不端研究领域的用户关注度和学术传播度的可视化分析，认为国内学界不仅仅关注学术不端的内涵、影响因素、防范与治理及国外防治经验借鉴等理论方面，而且十分关注学术不端检测平台的有效性、对比实证等实践方面；南京大学信息管理学院王贵海等《我国阅读推广研究演进路径、热点与趋势分析——基于 CiteSpace 的可视化分析》② 一文通过对 2004—2018 年国内阅读推广研究领域的学术关注度、学术传播度和用户关注度三方面的可视化分析，认为国内阅读推广研究起源于 2004 年，在 2017 年学术关注度达到顶峰，2016 年以前学术传播度和用户关注度一直处于上扬状态，2007—2016 年是该研究领域的高速发展期，总体上看阅读推广研究仍然处于黄金时期；等等。本节主要从学术关注度、学术传播度和用户关注度三方面对党的十八大以来铸牢中华民族共同体意识研究领域进行可视化梳理分析，以全面揭示党的十八大以来铸牢中华民族共同体意识研究领域的总体走势、影响力、发展变化情况及成果分布情况等。

第一节　学术关注度的知识图谱分析

学术关注度的知识图谱分析是以党的十八大以来铸牢中华民族共同体意识研究领域的年发文量（篇数）为依据进行可视化梳理分析，以厘清党的十八大以来铸牢中华民族共同体意识研究领域的总体走势、成果年度分布及发展变化情况等。据统计，党的十八大以来铸牢中华民族共同体意识研究领域的发文总量为962篇，年平均发文篇数为96.2篇，

① 张英丽，戎华刚 . 2006—2020 年国内学术不端研究进展与文献述评 [J]. 中国科技期刊研究，2021，32(7)：917-926.

② 王贵海，孙鹏 . 我国阅读推广研究演进路径、热点与趋势分析——基于 CiteSpace 的可视化分析 [J]. 图书馆工作与研究，2020(3)：49-54.

具体年发文篇数及年发文趋势图分别如表2–1、图2–1所示。结合表2–1、图2–1、年发文指数线和来源数据库可以发现：（1）党的十八大以来铸牢中华民族共同体意识研究领域第一篇发表于CSSCI来源期刊的学术成果是西南民族大学管理学院张立辉等于2015年发表在《西南民族大学学报（人文社会科学版）》第5期的《积极培育中华民族共同体意识路径探析——以西南民族大学民族团结教育为例》[①]一文。（2）年发文篇数大于年均发文篇数（96.2篇）的年份只有2020年、2021年和2022年三年，而2013—2014年累计发文为0篇，2015年发文为1篇，2016年发文为2篇，2017年发文为7篇，2018年发文为28篇，2019年发文为86篇，这一定程度上表明了虽从2018年开始研究成果的产出就出现了井喷式爆发，但直到2020年年发文篇数才超过年均发文篇数。（3）党的十八大以来铸牢中华民族共同体意识研究领域主要分为两个发展阶段：①引入期（2013—2017），学界开始意识到铸牢中华民族共同体意识研究的重要性，逐步加大了对铸牢中华民族共同体意识研究领域的投入，并取得了一定的学术成果，但此阶段取得的学术成果整体偏少（2013年为0篇、2014年为0篇、2015年为1篇、2016年为2篇、2017年为7篇）；②快速发展期（2018年至今），学界在引入期的基础上进一步加大了对铸牢中华民族共同体意识研究领域的投入，取得了大量价值不菲的学术成果［2018年为28篇、2019年为86篇、2020年为164篇、2021年为406篇、2022年为268篇（因CSSCI对期刊论文收录存在延滞，本书不考虑此问题）］。2017年10月，“铸牢中华民族共同体意识”被写入党的十九大报告和党章为学界提供了新的理论养分，促使铸牢中华民族共同体意识研究领域的学术成果从2018年开始呈现井喷式增长。（4）从年发文指数线来看，未来铸牢中华民族共同体意识研究领域的研究成果还将继续增长，并且党的二十大相关精神又为未来铸牢中华民族共同体意识研究领域注入了新鲜血液。

---

① 张立辉，许华峰．积极培育中华民族共同体意识路径探析——以西南民族大学民族团结教育为例 [J]. 西南民族大学学报（人文社科版），2015，36(5)：214–217.

表 2-1 年发文量（篇数）分布情况

年份	发文篇数	占总发文篇数的百分比	累计占总发文篇数的百分比
2015	1	0.10%	0.10%
2016	2	0.21%	0.31%
2017	7	0.73%	1.04%
2018	28	2.91%	3.95%
2019	86	8.94%	12.89%
2020	164	17.05%	29.94%
2021	406	42.20%	72.14%
2022	268	27.86%	100.00%

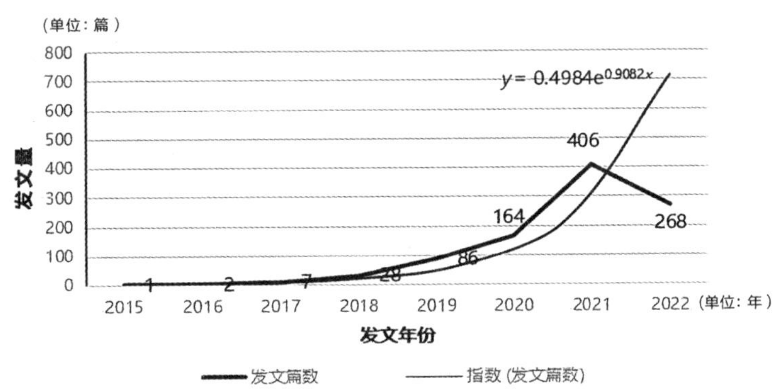

图 2-1 年发文量（篇数）分布情况及趋势图

第二节 学术传播度的知识图谱分析

学术传播度的知识图谱分析是以党的十八大以来铸牢中华民族共同体意识研究领域学术成果的累计被引次数为依据进行可视化梳理分析，以厘清党的十八大以来铸牢中华民族共同体意识研究领域哪些学术成果的学术传播度高，这些学术传播度高的学术成果主要刊载于哪些期刊，其作者来自哪些研究机构等相关情况。据统计，党的十八大以来铸牢中华民族共同体意识研究领域单篇学术成果的被引次数最高达到了335次，高被引频次学术成果的列表如表2-2所示。结合表2-2和来源数据库可以发现：（1）党的十八大以来铸牢中华民族共同体意识研究领域单篇被引频次最高的学术成果是中央民族大学中国民族理论与民族政策研究院青觉和徐欣顺合作的《中华民族共同体意识：概念内涵、要素分析与实践逻辑》一文，该文于2018年发表在《民族研究》第6期，被引次数达到了335次。其次依次是中国社会科学院民族学与人类学研究所王延中于2018年发表在《民族研究》第1期的《铸牢中华民族共同体意识建设中华民族共同体》（被引224次）一文、西北师范大学西北少数民族教育发展研究中心高承海于2019年发表在《西南民族大学学报（人文社会科学版）》第40卷第12期的《中华民族共同体意识：内涵、意义与铸牢策略》（被引157次）一文、中央民族大学中国民族理论与民族政策研究院严庆和平维彬合作并于2018年发表于《西南民族大学学报（人文社会科学版）》第39卷第5期的《“大一统”与中华民族共同体意识的形成》（被引135次）一文、中央民族大学麻国庆在2017年发表于《中央民族大学学报（哲学社会科学版）》第44卷第6期的《民族研究的新时代与铸牢中华民族共同体意识》（被引125次）一文、云南大学西南边疆少数民族研究中心王文光和徐媛媛合作并在2018年发表于《思想战线》第44卷第2期的《中华民族共同体意识形成与发展的历史过程研究论纲》（被引119次）一文等，这些学术传播度高的学术成果为党的十八大以来铸牢中华民族共同体意识研究领域的发展起到了十分重要的支撑和推动作用。（2）从发文作者来看，这些学术传播度高的学术成果的发文作者按发文篇数从大到小排序，依次为南开大学周恩来政府管理学院郝亚明（2篇）、中央民族大学中国民族理论与民族政策研究院青觉和徐欣顺（1篇）、中国社会科学院民族学与人类学研究所王延中（1篇），等等。（3）从来源来看，这些学术传播度高的学术成果主要刊载于《西南民族大学学报（人文社会科学版）》

（4 篇）、《民族研究》（2 篇）、《中南民族大学学报（人文社会科学版）》（2 篇）、《中央民族大学学报（哲学社会科学版）》（1 篇）、《思想战线》（1 篇）和《湖湘论坛》（1 篇），这些期刊既是 CSSCI 来源期刊，也是中文核心期刊，这一定程度上表明了这些学术传播度

表 2-2　被引频次≥ 100 次的学术成果列表①

题名	作者	来源	被引频次
中华民族共同体意识：概念内涵、要素分析与实践逻辑	青觉；徐欣顺	民族研究，2018（6）	335
铸牢中华民族共同体意识建设中华民族共同体	王延中	民族研究，2018（1）	224
中华民族共同体意识：内涵、意义与铸牢策略	高承海	西南民族大学学报（人文社科版），2019，40（12）	157
“大一统”与中华民族共同体意识的形成	严庆；平维彬	西南民族大学学报（人文社科版），2018，39（5）	135
民族研究的新时代与铸牢中华民族共同体意识	麻国庆	中央民族大学学报（哲学社会科学版），2017，44（6）	125
中华民族共同体意识形成与发展的历史过程研究论纲	王文光；徐媛媛	思想战线，2018，44（2）	119
构筑各民族共有精神家园　培养中华民族共同体意识	刘吉昌；金炳镐	西南民族大学学报（人文社科版），2017，38（11）	114
中华民族共同体意识视角下的民族交往交流交融研究	郝亚明	西南民族大学学报（人文社科版），2019，40（3）	113
民族互嵌与民族交往交流交融的内在逻辑	郝亚明	中南民族大学学报（人文社会科学版），2019，39（3）	111
中华民族共同体意识的政治属性解读	赵刚；王丽丽	湖湘论坛，2017，30（1）	104
文化自信、文化认同与铸牢中华民族共同体意识	郝时远	中南民族大学学报（人文社会科学版），2020，40（6）	102

① 数据来源：CNKI（检索时间为 2023 年 2 月 5 日）。

高的学术成果的学术质量较高且学术影响力较大，并且这些来源期刊为党的十八大以来铸牢中华民族共同体意识研究领域学术成果的发表和传播起到了十分重要的支撑作用。（4）从发文作者机构来看，发表这些学术传播度高的学术成果的研究机构按发文篇次从大到小排序（统计时，按研究机构在学术成果中每出现一次就计 1 篇次），依次为中央民族大学（6 篇次）、中国社会科学院（2 篇次）、南开大学（2 篇次）、延边大学（2 篇次）、云南大学（2 篇次）、贵州民族大学 （1 篇次）和西北师范大学（1 篇次）。（5）从研究成果发文年份来看，这些学术传播度高的学术成果主要分布在 2017 年（3 篇）、2018 年（4 篇）、2019 年（3 篇）和 2020 年（1 篇）。（6）从研究内容来看，这些学术传播度高的学术成果主要关注中华民族共同体意识的内涵、意义、形成、建设、政治属性和铸牢策略等，以及中华民族共同体意识视角下的民族研究、民族交往交流交融研究及文化认同等方面。

第三节　用户关注度的知识图谱分析

用户关注度的知识图谱分析是以党的十八大以来铸牢中华民族共同体意识研究领域学术成果的累计被下载次数为依据进行可视化梳理分析，以厘清党的十八大以来铸牢中华民族共同体意识研究领域哪些学术成果的用户关注高，这些用户关注度高的学术成果主要刊载于哪些期刊，其作者来自哪些研究机构，以及主要关注的是哪些研究内容等相关情况。据统计，党的十八大以来铸牢中华民族共同体意识研究领域单篇学术成果的被下载次数最高达到了 21171 次，高被下载频次学术成果的列表如表 2-3 所示。结合表 2-3 和来源数据库可以发现：（1）党的十八大以来铸牢中华民族共同体意识研究领域单篇被下载频次最高的学术成果是中国社会科学院民族学与人类学研究所王延中于 2018 年发表在《民族研究》第 1 期的《铸牢中华民族共同体意识建设中华民族共同体》一文，被下载频次高达 21171 次，此后，依次是中央民族大学中国民族理论与民族政策研究院青觉和徐欣顺合作并于 2018 年发表在《民族研究》第 6 期的《中华民族共同体意识：概念内涵、要素分析与实践逻辑》（被下载 19539 次）、西北师范大学西北少数民族教育发展研究中心高承海于 2019 年发表在《西南民族大学学报（人文社会科学版）》第 40 卷第 12 期的《中华民族共同体意识：内涵、意义与铸牢策略》（被下载 13417 次）、中国社会科学院郝时远于 2020 年发表在《中南民族大学学报（人文社会科学版）》第 40 卷第 6 期的《文化自信、文化认同与铸牢中华民族共同体意识》（被下载 11225 次）、中央民族大学麻国庆于 2017 年发表在《中央民族大学学报（哲学社会科学版）》第 44 卷第 6 期的《民族研究的新时代与铸牢中华民族共同体意识》（被下载 8666 次）、南开大学周恩来政府管理学院郝亚明于 2019 年发表在《西南民族大学学报（人文社会科学版）》第 40 卷第 3 期的《中华民族共同体意识视角下的民族交往交流交融研究》（被下载 7558 次），等等。结合第二章第二节可知，《铸牢中华民族共同体意识建设中华民族共同体》《中华民族共同体意识：内涵、意义与铸牢策略》《民族研究的新时代与铸牢中华民族共同体意识》《中华民族共同体意识形成与发展的历史过程研究论纲》《中华民族共同体意识视角下的民族交往交流交融研究》和《文化自信、文化认同与铸牢中华民族共同体意识》等既是党的十八大以来铸牢中华民族共同体意识研究领域学术传播度高的学术成果，又是该研究领域用户关注度高的学术成果，这些用户关注度高的学术成果为党的十八大以来铸牢中华民族共同体意识研究领域的发展起到了十分重要的宣传和推动作用。（2）从发文作者来看，发表这些用户关注度高的学术成果的作者主要包括中国社会科学院王延中、郝时远，中央民族大学青觉、徐欣顺、麻国庆、严庆、平维彬，西北师范大学高承海，南开大学郝亚明，等等。（3）从来源来看，这些用户关注度高的学术成果主要刊载于《西南民族大学学报（人文社会科学版）》（3 篇）、《民族研究》（2 篇）、《中央民族大学学报（哲学社会科学版）》（1 篇）、《中南民族大学学报（人文社

表 2-3　被下载频次≥ 6000 次的研究文献①

题名	作者	来源	被下载频次
铸牢中华民族共同体意识建设中华民族共同体	王延中	民族研究，2018（1）	21171
中华民族共同体意识：概念内涵、要素分析与实践逻辑	青觉；徐欣顺	民族研究，2018（6）	19539
中华民族共同体意识：内涵、意义与铸牢策略	高承海	西南民族大学学报（人文社会科学版），2019，40（12）	13417
文化自信、文化认同与铸牢中华民族共同体意识	郝时远	中南民族大学学报（人文社会科学版），2020，40（6）	11225
民族研究的新时代与铸牢中华民族共同体意识	麻国庆	中央民族大学学报（哲学社会科学版），2017，44（6）	8666
中华民族共同体意识视角下的民族交往交流交融研究	郝亚明	西南民族大学学报（人文社会科学版），2019，40（3）	7558
“大一统”与中华民族共同体意识的形成	严庆；平维彬	西南民族大学学报（人文社会科学版），2018，39（5）	6838
中华民族共同体意识研究述评	刘吉昌；徐润	贵州民族研究，2021，42（1）	6811
铸牢中华民族共同体意识：理论逻辑、现实基础和实践路径	张伦阳；王伟	民族学刊，2021，12（1）	6700
习近平铸牢中华民族共同体意识理路探析	邓磊；罗欣	社会主义研究，2018（6）	6147
中华民族共同体意识形成与发展的历史过程研究论纲	王文光；徐媛媛	思想战线，2018，44（2）	6063

①数据来源：CNKI（检索时间为 2023 年 2 月 6 日）。

会科学版）》（1篇）、《思想战线》（1篇）、《社会主义研究》（1篇）、《民族学刊》（1篇）和《贵州民族研究》（1篇），这些来源期刊也为党的十八大以来铸牢中华民族共同体意识研究领域学术成果的发表和传播起到了十分重要的支撑作用。（4）从发文作者机构来看，发表这些用户关注度高的学术成果的研究机构按发文篇次从大到小排序（统计时，按研究机构在学术成果中每出现一次就计1篇次），依次为中央民族大学（4篇次）、中国社会科学院（2篇次）、北京理工大学（1篇次）、贵州民族大学（1篇次）、湖北民族学院（1篇次）、华中师范大学（1篇次）、南开大学（1篇次）、西北师范大学（1篇次）、西南民族大学（1篇次）和云南大学（1篇次）。（5）从研究成果发文年份来看，这些用户关注度高的学术成果主要分布在2018年（5篇）、2019年（2篇）、2021年（2篇）、2020年（1篇）和2017年（1篇）。（6）从研究内容来看，这些用户关注度高的学术成果主要关注中华民族共同体意识的内涵、意义、理路、建设、实践逻辑和铸牢路径等，以及中华民族共同体意识视角下的民族研究及文化认同等方面。

本章小结

本章从学术关注度、学术传播度和用户关注度三方面对党的十八大以来铸牢中华民族共同体意识研究领域的总体走势、影响力、发展变化情况及成果分布情况等进行了梳理分析，发现：（1）党的十八大相关精神、党的十九大相关精神都为党的十八大以来铸牢中华民族共同体意识研究领域的发展注入了充足的理论养分和新要求，而且党的二十大相关精神又为铸牢中华民族共同体意识研究领域的深入发展注入了新鲜血液，又将引领铸牢中华民族共同体意识研究领域的新发展和新突破；（2）党的十八大以来铸牢中华民族共同体意识研究领域的学术关注度、学术传播度和用户关注度都十分高，特别是党的十九大以来该研究领域的相关关注度和传播度更是出现了爆发式增长，因此有理由相信铸牢中华民族共同体意识研究领域必将在党的二十大相关精神的引领下再创新辉煌；（3）无论是从高学术传播度角度看，还是从高用户关注度角度看，当前铸牢中华民族共同体意识研究领域主要关注的是中华民族共同体意识的内涵、意义、形成、建设、政治属性和铸牢策略等，以及中华民族共同体意识视角下的民族研究、民族交往交流交融研究及文化认同等方面。

第三章

合作网络的知识图谱

第一节 以作者为标准的合作网络知识图谱分析

以作者为标准的合作网络知识图谱分析是以党的十八大以来铸牢中华民族共同体意识研究领域的学术成果的发文作者和学术成果中的参考文献的作者（被引作者）为标准进行可视化梳理分析，以厘清党的十八大以来铸牢中华民族共同体意识研究领域的发文作者分布情况、被引作者分布情况、发文作者所在机构、被引作者所在机构及其之间合作情况、高产发文作者分布情况、高被引作者分布情况等，从而为铸牢中华民族共同体意识研究领域的未来研究提供有力的资料参考对象。如河北经贸大学巴茜的《近 20 年来我国高校党政领导干部队伍建设研究可视化分析》[①]一文通过对 2000—2020 年高校领导干部研究领域学术成果的发文作者的可视化梳理分析，发现 2000—2020 年我国高校领导干部研究领域尚未形成核心作者群，但形成了曲雁、夏秀芹团队，周庆西、刘连芳团队等有较强合作关系的学术团队对我国高校领导干部领域进行持续性的深入研究；安徽工业大学马克思主义学院赵太平等的《近十年中国式现代化的研究述评与展望——基于 CiteSpace 的可视化分析》[②]一文通过对 2012—2022 年中国式现代化研究领域学术成果的发文作者的可视化梳理分析，发现 2012—2022 年中国式现代化研究领域形成了以董慧、田鹏颖等为代表的高产作者；中山大学附属第一医院王禹尧等的《基于 CiteSpace 的互联网医疗研究可视化分析》[③]一文通过对 2012—2021 年我国互联网医疗研究领域学术成果的发文作者的可视化梳理分析，发现 2012—2021 年我国互

① 巴茜 . 近 20 年来我国高校党政领导干部队伍建设研究可视化分析 [J]. 河北经贸大学学报（综合版），2022，22(4)：61-67.

② 赵太平，陆书建，倪松根 . 近十年中国式现代化的研究述评与展望——基于 CiteSpace 的可视化分析 [J]. 河北工程大学学报（社会科学版），2002，39(4)：63-70.

③ 王禹尧，缪家清，李礼安，等 . 基于 CiteSpace 的互联网医疗研究可视化分析 [J]. 现代医院，2022，22(12)：1925-1928.

联网医疗研究领域形成了以于广军、孟群、崔文斌、郑雪倩和刘洋等为代表的高产作者，以及以于广军、孟群、郑雪倩、谢洪彬和孙东旭等为中心的学术合作团体；天津中医药大学第一附属医院张静娴等的《基于 CiteSpace 中医药治疗放射性肺损伤的可视化分析》[①]一文通过对 2011 年 8 月至 2021 年 8 月我国中医药治疗放射性肺损伤研究领域学术成果的发文作者的可视化梳理分析，发现我国中医药治疗放射性肺损伤研究领域已形成了以严然、周晓娜、侯伟和孔庆志等为代表的高产作者，也初步形成了以雷章、董广通和严然等为中心的学术合作团体；等等。本小节主要通过发文作者合作网络的知识图谱分析和被引作者合作网络知识图谱分析两方面对党的十八大以来铸牢中华民族共同体意识研究领域的作者等进行可视化梳理分析。

一、发文作者合作网络的知识图谱分析

1. 发文作者合作网络结构的整体性分析

据统计，与党的十八大以来铸牢中华民族共同体意识研究有关的 962 篇样本文献共涉及 1042 位作者（统计时，按作者在样本文献的发文作者栏出现一次即计发文 1 篇次），累计发文 1475 篇次，人均发文约 1.42 篇次，其中发文篇数大于人均发文篇数（1.42 篇次）的发文作者有 213 位（占总发文作者的 20.44%），累计发文篇数为 646 篇（占总发文篇数的 43.8%）（远小于 50%[②]），这一定程度上表明了党的十八大以来铸牢中华民族共同体意识研究领域还未形成核心作者群对其进行持续性深入研究，因此未来应该继续扩大铸牢中华民族共同体意识研究领域的影响力，在保持现有研究者的基础上，继续吸引更多研究者的加入，以尽快形成一支具有一定影响力的核心作者队伍，从而为核心作者群的构建打下坚实的基础。

---

① 张静娴，易丹，李小江 . 基于 CiteSpace 中医药治疗放射性肺损伤的可视化分析 [J]. 中国民族民间医药，2022，31(23)：107-112.
② 李文以 .《档案管理》1995—2005 年核心作者群分析 [J]. 档案管理，2006(4)：48-50.

为了进一步展示和厘清党的十八大以来铸牢中华民族共同体意识研究领域发文作者之间的合作强度，利用 CiteSpace 构建党的十八大以来铸牢中华民族共同体意识研究领域发文作者共现知识图谱。按照第一章第三节的内容对 CiteSpace 软件进行基本参数设置，然后分别将 Node Types（节点类型）设为 Author（学术成果的发文作者）、Pruning（视图裁剪）设为 Pathfinder（关键路径算法），其他参数默认，如图 3-1 所示。然后点击软件界面的“GO!”按钮构建党的十八大以来铸牢中华民族共同体意识研究领域的发文作者共现知识图谱，如图 3-2 所示。依据普赖斯定律可知[①]，党的十八大以来铸牢中华民族共同体意识研究领域的高产作者的最低发文篇数约为 3 篇（$0.749\times\sqrt{16}\approx 3$），如表 3-1（部分）所示。

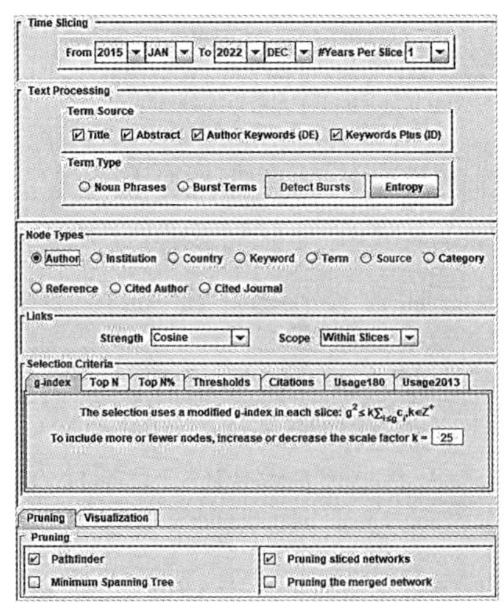

图 3-1 构建发文作者共现知识图谱时的 CiteSpace 参数设置情况

① 陈新艳，郭玉强 . 信息共享空间研究文献的定量分析 [J]. 情报杂志，2009，28(7)：21-23.

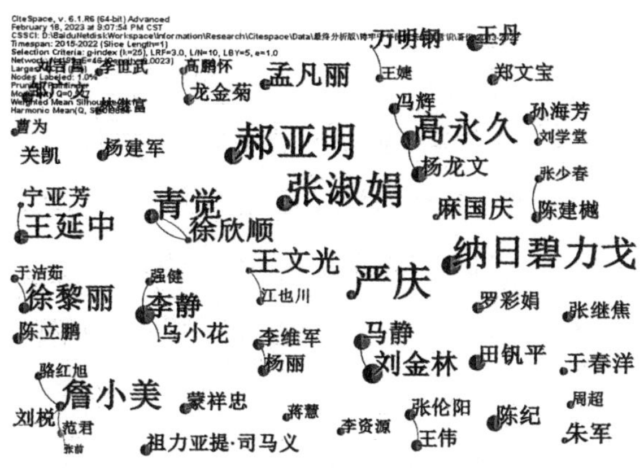

图 3-2　发文作者共现知识图谱

表 3-1　高产作者列表（发文篇数≥ 4）

作者	学术成果标注的研究机构	发文数
郝亚明	南开大学周恩来政府管理学院、贵州民族大学中华民族共同体研究基地、贵州民族大学中华民族共同体研究院	16
严庆	中央民族大学中国民族理论与民族政策研究院、中央民族大学民族学与社会学学院	14
张淑娟	辽宁工程技术大学马克思主义学院、中国矿业大学马克思主义学院、中国矿业大学马克思主义学院中华民族共同体意识研究中心、大连理工大学马克思主义学院、暨南大学铸牢中华民族共同体意识研究基地	14
纳日碧力戈	内蒙古师范大学民族学人类学学院、复旦大学民族研究中心、国家民委民族研究重点研究基地复旦大学民族研究中心、云南大学民族学与社会学学院、复旦大学社会发展与公共政策学院	13
高永久	南开大学周恩来政府管理学院、南开大学太和智库边疆发展研究中心、南开大学民族事务研究中心	12
青觉	中央民族大学中国民族理论与民族政策研究院	12
王延中	中国社会科学院民族学与人类学研究所、中国社会科学院铸牢中华民族共同体意识研究基地、中国社会科学院大学、中国社会科学院民族学与人类学研究所铸牢中华民族共同体意识研究基地	10

续表

作者	学术成果标注的研究机构	发文数
詹小美	中山大学马克思主义学院、中山大学广州市青年马克思主义理论人才培养研究重点基地、中山大学传播与设计学院	9
王文光	云南大学西南边疆少数民族研究中心	8
麻国庆	中央民族大学民族学与社会学学院	7
徐黎丽	兰州大学铸牢中华民族共同体意识研究培育基地、兰州大学中国边疆安全与发展研究中心、兰州大学西北少数民族研究中心	7
徐欣顺	中央民族大学中国民族理论与民族政策研究院、中央民族大学中国民族理论与民族政策研究院民族政治学专业、清华大学社会科学学院博士后流动站、清华大学社会科学学院	7
李静	兰州大学铸牢中华民族共同体意识研究培育基地、兰州大学西北少数民族研究中心	6
孟凡丽	新疆大学马克思主义学院、新疆大学铸牢中华民族共同体意识研究基地、新疆大学党委	6
陈纪	南开大学周恩来政府管理学院	6
田钒平	湖北民族大学、西南民族大学法学院、西南民族大学铸牢中华民族共同体意识研究基地	6
刘金林	广西民族大学广西中华民族共同体意识研究院、广西民族大学社科处	6
雷振扬	中南民族大学法学院	5
马静	广西社会科学院哲学研究所、广西民族大学民族学与社会学学院	5
陈建樾	中国社会科学院民族学与人类学研究所民族理论研究室、中国社会科学院民族学与人类学研究所铸牢中华民族共同体意识研究基地、中国社会科学院民族学与人类学研究所、中国音乐学院	5
陈立鹏	中国人民大学心理学系	5
石硕	四川大学历史文化学院、四川大学中国藏学研究所、四川大学铸牢中华民族共同体意识研究基地	4
蒙祥忠	贵州大学历史与民族文化学院、贵州基层社会治理的创新高端智库	4

续表

作者	学术成果标注的研究机构	发文数
于春洋	燕山大学、燕山大学文法学院	4
王军	中央民族大学中国民族理论与民族政策研究院	4
袁剑	四川师范大学历史文化与旅游学院、中央民族大学民族学与社会学学院、中央民族大学国家安全研究院、中国少数民族研究中心边疆民族研究所	4
宁亚芳	中国社会科学院民族学与人类学研究所、中国社会科学院民族学与人类学研究所铸牢中华民族共同体意识研究基地	4
马俊毅	中国社会科学院民族学与人类学研究所铸牢中华民族共同体意识研究基地、中国社会科学院民族学与人类学研究所	4
杨龙文	南开大学民族事务研究中心	4
杨丽	新疆大学马克思主义学院	4
周平	云南大学民族政治研究院、中央四部委铸牢中华民族共同体意识研究云南大学基地、北京大学国家治理研究院、云南大学铸牢中华民族共同体意识研究基地	4
罗彩娟	广西民族大学民族学与社会学学院	4
祖力亚提·司马义	新疆大学马克思主义学院西北少数民族研究中心、新疆大学马克思主义学院铸牢中华民族共同体意识研究基地、新疆大学马克思主义学院、新疆大学铸牢中华民族共同体意识研究基地	4
李维军	新疆大学马克思主义学院、新疆大学铸牢中华民族共同体意识研究基地	4
李良品	长江师范学院、长江师范学院重庆民族研究院	4
李赞	北京政法职业学院、西南大学西南民族教育与心理研究中心	4
乌小花	中央民族大学研究生院、中央民族大学	4
朱军	云南大学、云南大学民族政治研究院、中央四部委铸牢中华民族共同体意识研究基地	4
张继焦	中国社会科学院民族学与人类学研究所、中国社会科学院民族学与人类学研究所社会研究室、中国民族研究团体联合会、国际人类学与民族学联合会	4

续表

作者	学术成果标注的研究机构	发文数
张京泽	中央民族大学党委、国家民族事务委员会、中央民族大学、北京市习近平新时代中国特色社会主义思想研究中心	4
万明钢	教育部人文社会科学重点研究基地西北师范大学西北少数民族教育发展研究中心	4

通过图 3–2 和表 3–1 可以发现：（1）党的十八大以来铸牢中华民族共同体意识研究领域发表学术成果最多的是贵州民族大学特聘教授、博士生导师、民族学学科首席专家、中华民族共同体研究院院长郝亚明教授（累计发文 16 篇），这一定程度上表明了郝亚明教授对党的十八大以来铸牢中华民族共同体意识研究领域的发展不仅做出了非常大的贡献，也起到了十分大的推动作用。因此未来研究者在开展铸牢中华民族共同体意识研究的时候，应该多多关注郝亚明教授的最新研究学术成果，以尽快了解其研究成果的内容，从而把握其带来的最新研究热点和发展趋势，以促进研究者最新研究成果的高质量产出。（2）党的十八大以来铸牢中华民族共同体意识研究领域发表学术成果从多到少依次是贵州民族大学特聘教授、博士生导师、民族学学科首席专家、中华民族共同体研究院院长郝亚明教授（累计发文 16 篇），中央民族大学二级教授、中国民族理论与民族政策研究院院长、博士生导师严庆教授（累计发文 14 篇），大连理工大学马克思主义学院博士生导师张淑娟教授（累计发文 14 篇），内蒙古师范大学民族学人类学学院教授、内蒙古师范大学中华民族共同体研究基地首席专家纳日碧力戈教授（累计发文 13 篇），南开大学周恩来政府管理学院教授、博士生导师高永久教授（累计发文 12 篇），中央民族大学中国民族理论与民族政策研究院教授、博士生导师青觉教授（累计发文 12 篇），中国社会科学院大学社会与民族学院副院长、中国社会科学院民族学与人类学研究所所长、博士生导师王延中教授（累计发文 10 篇），中山大学马克思主义学院教授、博士生导师詹小美教授（累计发文 9 篇），等等。这些研究者不仅为党的十八大以来铸牢中华民

族共同体意识研究领域做出了非常重要的贡献，也有力地推动了党的十八大以来铸牢中华民族共同体意识研究领域的发展，为未来铸牢中华民族共同体意识的研究提供了十分重要的理论支撑。（3）党的十八大以来铸牢中华民族共同体意识研究领域的高产作者包括郝亚明（累计发文 16 篇）、严庆（累计发文 14 篇）、张淑娟（累计发文 14 篇）、纳日碧力戈（累计发文 13 篇）、高永久（累计发文 12 篇）、青觉（累计发文 12 篇）、王延中（累计发文 10 篇）、詹小美（累计发文 9 篇）、王文光（累计发文 8 篇）、麻国庆（累计发文 7 篇）、徐黎丽（累计发文 7 篇）、徐欣顺（累计发文 7 篇）、李静（累计发文 6 篇）、孟凡丽（累计发文 6 篇）、陈纪（累计发文 6 篇）、田钒平（累计发文 6 篇）、刘金林（累计发文 6 篇）、雷振扬（累计发文 5 篇）、马静（累计发文 5 篇）、陈建樾（累计发文 5 篇）和陈立鹏（累计发文 5 篇）等 84 位研究者（占总研究者的 8.06%），这些研究者的累计发文篇数为 388 篇，占总发文篇数的 26.31%（远小于 50%[①]），这一定程度上说明了党的十八大以来铸牢中华民族共同体意识研究领域高产作者比较集中，而其他绝大部分研究者的累计发文篇数较少（有 958 位研究者累计发文篇数小于 3 篇），这些又一次说明了党的十八大以来铸牢中华民族共同体意识研究领域还未形成具有较高影响力的核心作者群，不利于铸牢中华民族共同体意识研究领域的纵向发展。因此未来铸牢中华民族共同体意识研究领域应该在现有研究的基础上，大力吸引更多的相关（特别是跨学科）研究者加入铸牢中华民族共同体意识研究领域，以促进铸牢中华民族共同体意识研究得更深更实，从而产出更多高质量有影响力的学术成果，为铸牢中华民族共同体意识研究领域的核心作者和核心作者群的形成提供有力的支撑。（4）通过对党的十八大以来铸牢中华民族共同体意识研究领域的高产作者的学术成果被资助的情况进行梳理分析发现，这些学术成果得到了国家社会科学基金重大项目“中国特色社会主义民族区域自治制

① 李文以.《档案管理》1995—2005 年核心作者群分析 [J]. 档案管理，2006(4)：48-50.

度自信研究”（20ZDA011）、北京市社会科学院智库重点项目“北京在中华民族共同体构建中的地位和作用研究”（BZK—2020ZDB—03）、国家社会科学基金项目“铸牢中华民族共同体意识视角下的各民族交往交流交融研究”（18BMZ007）、国家社会科学基金重大项目“新中国成立后各民族人口流动及深度交融的动力机制研究”（21 & ZD212）、国家社会科学基金重点项目“打牢中华民族共同体思想基础制度安排与路径设计研究”（20AZD026）、国家社会科学基金重大委托项目“新时代增强各族人民中华民族认同的法制保障机制研究”（19@ZH020）、2017 年度国家哲学社会科学基金项目“中南亚地区民族宗教问题对‘一带一路’建设的影响与对策”（17CMZ049）、教育部哲学社会科学研究重大课题攻关项目“健全民族团结进步教育常态化机制研究”（18JZD054）、中央民族大学“铸牢中华民族共同体意识”研究专项“铸牢中华民族共同体意识的全面教育实践研究”（2021MDZL07）、2021 年度国家民委民族研究基地重大项目“中华民族共同体理念‘四个与共’研究”（2021—GMG—005）、教育部哲学社会科学研究重大课题攻关项目“健全民族团结进步教育常态化机制研究”（18JZD054）、国家民委铸牢中华民族共同体意识研究专项“各级各类学校铸牢中华民族共同体意识教育研究”（2020—GMZ—004）、中央民族大学“铸牢中华民族共同体意识”教改项目“新时代铸牢中华民族共同体意识的公共课路径研究”（JG2003）、中央民族大学十九大精神研究专项课题“新时代中国特色民族理论中的几个关键概念研究”、2018 年辽宁省创新人才项目、2019 年国家民委“民族院校大学生思想政治教育研究基地开放课题”（A2019JD02）、国家民委民族院校大学生思想政治教育研究基地项目“狭隘民族主义对中华民族共同体意识的影响及对策研究”（B2020JD02）、国家社会科学基金项目“少数民族大学生中华民族共同体意识培育研究”（17CMZ028）、国家社会科学基金一般项目“民族主义与中华民族共同体意识在近代中国的互动研究”（16BMZ003）、暨南大学铸牢中华民族共同体意识研究基地资助项目“习近平总书记关于铸牢中华民族共同体意识的重要论述研究”（JDGTT202107）、2021 年国家社会科学基金重点项目“中国共产党培育中华民族共同体意识的百年历程与基本经验研究”（21AMZ002）、国家社会科学基金重大项目“构建中华各民族共有精神家园的少数民族视域研究”（17ZDA152）、甘肃省民委委托河西学院项目“河西走廊民族团结和历史文化研究”（H2020027）、国家社会科学基金重点项目“中国各民族的国家认同研究”（10AMZ003）、国家社会科学基金专项项目“边境牧区治理与可持续发展问题研究”（17VZL022）、国家民族事务委员会民族研究项目“马克思主义民族学原理”（2018—GMF—005）、天津市 2022 年度哲学社会科学规划项目统一战线理论研究专项项目“天津市推进各民族交往交流交融的实践路径研究”（TJTZ22—02）、2019 年度国家社会科学基金重大项目“中华民族伟大复兴视域下民族事务治理法治化研究”（19ZDA171）、研究阐释党的十九大精神国家社会科学基金专项课题“中华民族共同体意识研究”（18VSJ092）、2021 年度国家社会科学基金重大项目“中国共产党推进中华民族共同体建设的理论与实践研究”（21 & ZD044）、中央民族大学 2021 年度博士研究生自主科研项目“构建中国边疆地区新发展格局：生成逻辑、面临挑战与路径选择”（BZKY2021009）等国家级、省部级、厅局级各类项目的资助，这说明了各级资助项目也十分关注和重视铸牢中华民族共同体意识研究领域的发展，并为党的十八大以来铸牢中华民族共同体意识研究领域的深入研究与实践提供了重要的支撑，有力地促进了党的十八大以来铸牢中华民族共同体意识研究领域的发展。

为了进一步厘清党的十八大以来铸牢中华民族共同体意识研究领域发文作者的具体合作情况，利用 CiteSpace 导出 NetDraw 软件可处理的数据格式，然后将导出的数据再导入 NetDraw 软件以构建党的十八大以来铸牢中华民族共同体意识研究领域的发文作者合作共现知识图谱，并利用 NetDraw 软件提供的“Delete Isolates”功能剔除无合作关系的节点（独立节点），如图 3-3 所示。为了更好地梳理分析该研究领域学术成果发文作者之间的合作强度，再次利用 NetDraw 软件提供的“Delete Pendants”功能和“Delete Isolates”功能进行二次处理，经二次调整处理后的最终发文作者合作共现知识图谱如图 3-4 所示。

从图 3-3 可知，党的十八大以来铸牢中华民族共同体意识研究领域发文作者之间的合作强度高，发文作者之间有着比较广泛的交流合作，并取得了大量价值不菲的合作成果。从图 3-4 可知，党的十八大以来铸牢中华民族共同体意识研究领域主要形成了以祖力亚提・司马义、周超、李蕾、郝亚明、吕超、詹小美、谭洁、李静、张继焦等为代表的学术合作团体，具体包括由祖力亚提・司马义、郝亚明、吕超、杨昌儒、牟蕾等构成的学术合作团体，由李静、乌小花、刘宝明、丁赛等构成的学术合作团队，由谭洁、刘金林、周金衢、胡佳等构成的学术合作团体，由杨桃、冯泽亚、张积家等构成的学术合作团体，由方涵、冯梦杰、马胜春等构成的学术合作团体，由詹小美、范君、张前、张晓红等构成的学术合作团体，由周月、尤功胜、沈向兴等构成的学术合作团体，由周海明、焦松明、宋旭东等构成的学术合作团体，等等。

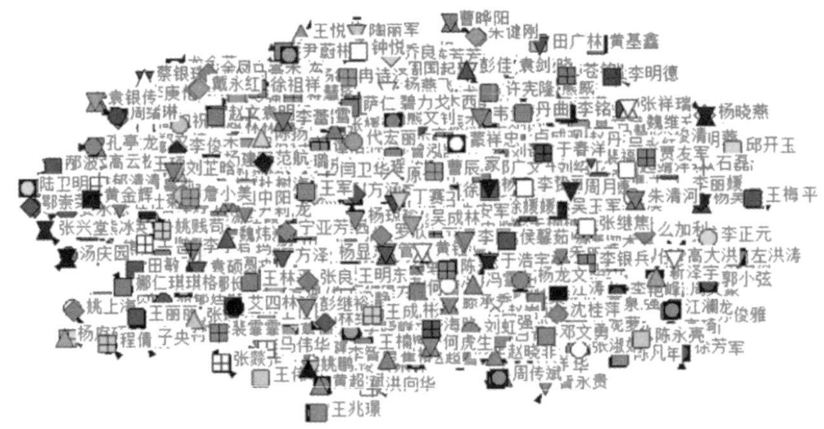

图 3-3　发文作者合作共现知识图谱

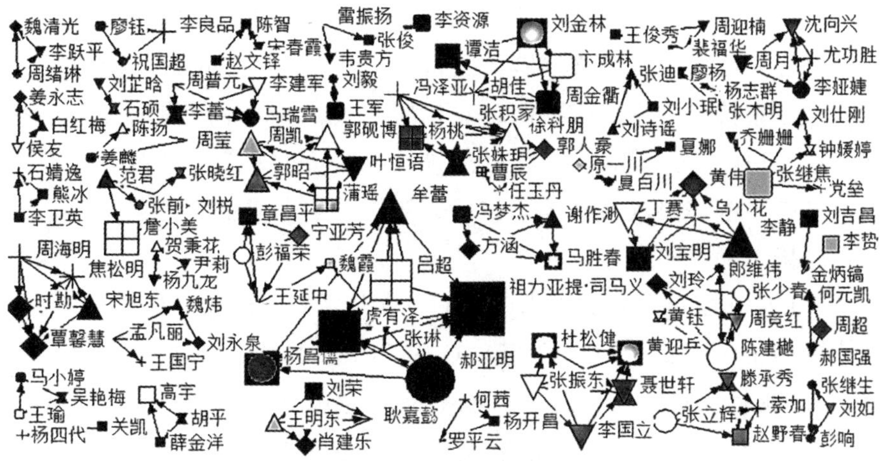

图 3-4　二次处理调整后的发文作者合作共现知识图谱

2. 发文作者合作网络结构的阶段性分析

为了进一步展示和厘清党的十八大以来铸牢中华民族共同体意识研究领域各个年份的发文作者分布、高产发文作者分布及发文作者之间合作强度等情况，本小节特对党的十八大以来铸牢中华民族共同体意识研究领域的发文作者进行年度阶段性分析。党的十八大以来铸牢中华民族共同体意识研究领域各年度的发文作者的时区知识图谱如图 3-5 所示。

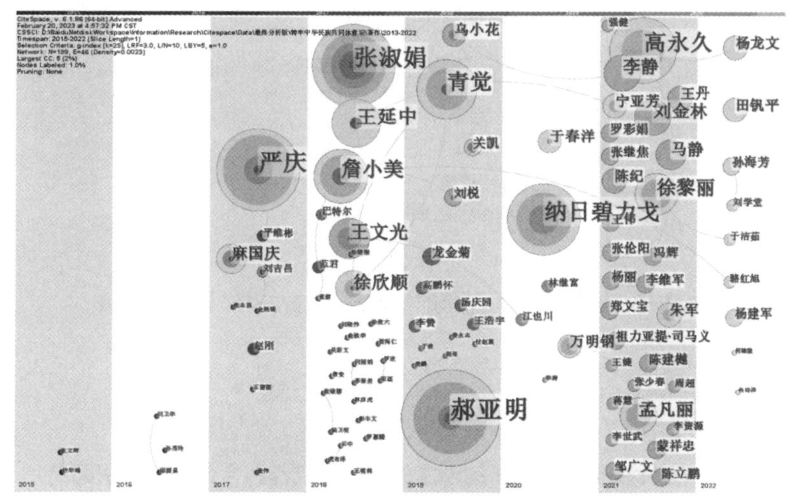

图 3-5　各年度发文作者的时区知识图谱

从图 3-5 中可以清楚地看出党的十八大以来铸牢中华民族共同体意识研究领域各年度发文作者的具体分布情况。为了进一步厘清党的十八大以来铸牢中华民族共同体意识研究领域的学术成果的发文作者在每个年份的具体分布、合作强度等情况，接下来按年度对党的十八大以来铸牢中华民族共同体意识研究领域的学术成果的发文作者进行梳理分析。

（1）2015 年发表的学术成果的发文作者知识图谱分析

按照第一章第三节的内容对 CiteSpace 软件进行基本参数设置，然后分别将 Time Slicing（时间区间）设定为 2015 年 1 月至 2015 年 12 月，Node Types（节点类型）选择 Author（作者）、Selection Criteria（节点筛选方式）选择 Top N%（100%）和 Pruning（视图裁剪）方式选择 Pathfinder（关键路径算法），然后点击软件界面的“GO!”按钮构建党的十八大以来铸牢中华民族共同体意识研究领域发表于 2015 年的学术成果的发文作者知识图谱，如图 3-6 所示。为了进一步厘清党的十八大以来铸牢中华民族共同体意识研究领域发表于 2015 年的学术成果的发文作者的具体合作情况，利用 CiteSpace 导出 NetDraw 软件可处理的数据格式，然后将导出的数据再导入 NetDraw 软件以构建党的十八大以来铸牢中华民族共同体意识研究领域发表于 2015 年的学术成果的发文作者合作共现知识图谱，并利用 NetDraw 软件提供的“Delete Isolates”功能剔除无合作关系的节点（独立节点），如图 3-7 所示。

图 3-6　发表于 2015 年的学术成果的发文作者知识图谱

图 3-7　发表于 2015 年的学术成果的发文作者合作共现知识图谱

从图 3-6 可知，党的十八大以来铸牢中华民族共同体意识研究领域发表于 2015 年的学术成果的发文作者只有 2 位，分别是西南民族大学管理学院张立辉、西南民族大学党委宣传部许华峰。

从图 3-7 可知，这两位发文作者之间还存在合作关系。结合来源数据库可知，他们合作发表的文章是刊载于《西南民族大学学报（人文社会科学版）》第 36 卷第 5 期的《积极培育中华民族共同体意识路径探析——以西南民族大学民族团结教育为例》一文。

（2）2016 年发表的学术成果的发文作者知识图谱分析

按照第一章第三节的内容对 CiteSpace 软件进行基本参数设置，然后分别将 Time Slicing（时间区间）设定为 2016 年 1 月至 2016 年 12 月，Node Types（节点类型）选择 Author（作者）、Selection Criteria（节点筛选方式）选择 Top N%（100%）和 Pruning（视图裁剪）方式选择 Pathfinder（关键路径算法），然后点击软件界面的“GO!”按钮构建党的十八大以来铸牢中华民族共同体意识研究领域发表于 2016 年的学术成果的发文作者知识图谱，如图 3-8 所示。为了进一步厘清党的十八大以来铸牢中华民族共同体意识研究领域发表于 2016 年的学术成果的发文作者的具体合作情况，利用 CiteSpace 导出 NetDraw 软件可处理的数据格式，然后将导出的数据再导入 NetDraw 软件以构建党的十八大以来铸牢中华民族共同体意识研究领域发表于 2016 年的学术成果的发文作者合作共现知识图谱，并利用 NetDraw 软件提供的“Delete Isolates”功能剔除无合作关系的节点（独立节点），如图 3-9 所示。

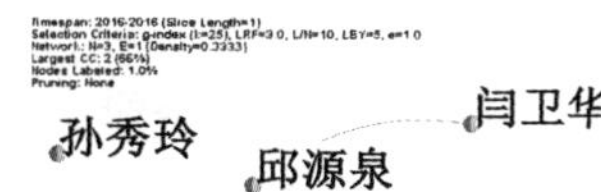

图 3-8　发表于 2016 年的学术成果的发文作者知识图谱

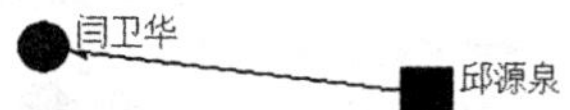

图 3-9　发表于 2016 年的学术成果的发文作者合作共现知识图谱

从图 3-8 可知，党的十八大以来铸牢中华民族共同体意识研究领域发表于 2016 年的学术成果的发文作者只有 3 位，分别是新疆师范大学马克思主义学院孙秀玲，新疆社会治理现代化研究中心、石河子大学医学院闫卫华，石河子大学马克思主义学院邱源泉。

从图 3-9 可知，闫卫华和邱源泉之间存在合作关系。结合来源数据库可知，他们合作发表的文章是刊载于《新疆社会科学》第 2 期的《基于"三个意识"角度的新疆公民教育着力点研究》一文。

（3）2017 年发表的学术成果的发文作者知识图谱分析

按照第一章第三节的内容对 CiteSpace 软件进行基本参数设置，然后分别将 Time Slicing（时间区间）设定为 2017 年 1 月至 2017 年 12 月，Node Types（节点类型）选择 Author（作者）、Selection Criteria（节点筛选方式）选择 Top N%（100%）和 Pruning（视图裁剪）方式选择 Pathfinder（关键路径算法），然后点击软件界面的"GO!"按钮构建党的十八大以来铸牢中华民族共同体意识研究领域发表于 2017 年的学术成果的发文作者知识图谱，如图 3-10 所示。为了进一步厘清党的十八大以来铸牢中华民族共同体意识研究领域发表于 2017 年的学术成果的发文作者的具体合作情况，利用 CiteSpace 导出 NetDraw 软件可处理的数据格式，然后将刚才导出的数据再导入 NetDraw 软件以构建党的十八大以来铸牢中华民族共同体意识研究领域发表于 2017 年的学术成果的发文作者合作共现知识图谱，并利用 NetDraw 软件提供的"Delete Isolates"功能剔除无合作关系的节点（独立节点），如图 3-11 所示。

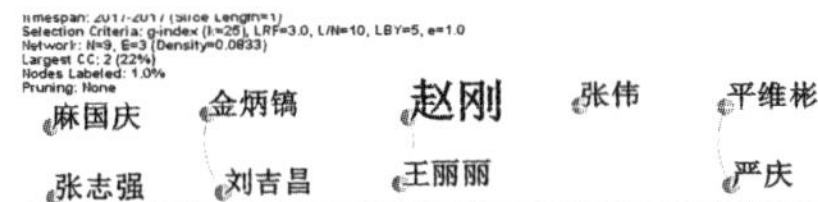

图 3-10　发表于 2017 年的学术成果的发文作者知识图谱

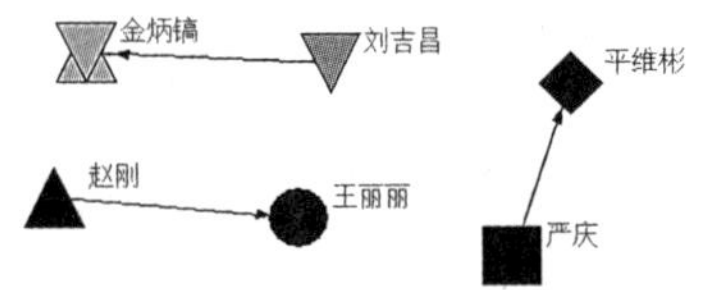

图 3-11　发表于 2017 年的学术成果的发文作者合作共现知识图谱

从图 3-10 可知，党的十八大以来铸牢中华民族共同体意识研究领域发表于 2017 年的学术成果的发文作者有 9 位，分别是延边大学马克思主义学院赵刚、中央民族大学中国民族理论与民族政策研究院严庆和平维彬、中央民族大学麻国庆和金炳镐、贵州民族大学刘吉昌、中国社会科学院马克思主义研究院张伟等。

从图 3-11 知，金炳镐和刘吉昌、赵刚和王丽丽、严庆和平维彬之间存在合作关系。结合来源数据库可知，金炳镐和刘吉昌合作发表的文章是刊载于《西南民族大学学报（人文社会科学版）》第 38 卷第 11 期的《构筑各民族共有精神家园　培养中华民族共同体意识》一文，赵刚和王丽丽合作发表的文章是刊载于《湖湘论坛》第 30 卷第 1 期的《中华民族共同体意识的政治属性解读》一文，严庆和平维彬合作发表的文章是刊载于《贵州民族研究》第 38 卷第 4 期的《从文化族类观到国家民族观的嬗变——兼论“中华民族共同体意识”的理论来源》一文。

（4）2018 年发表的学术成果的发文作者知识图谱分析

按照第一章第三节的内容对 CiteSpace 软件进行基本参数设置，然后分别将 Time Slicing（时间区间）设定为 2018 年 1 月至 2018 年 12 月，Node Types（节点类型）选择 Author（作者）、Selection Criteria（节点筛选方式）选择 Top N%（100%）和 Pruning（视图裁剪）方式选择 Pathfinder（关键路径算法），然后点击软件界面的“GO!”按钮构建党的十八大以来铸牢中华民族共同体意识研究领域发表于 2018 年的学术成果的发文作者知识图谱，如图 3-12 所示。为了进一步厘清党的十八大以来铸牢中华民族共同体意识研究领域发表于 2018 年的学术成果的发文作者的具体合作情况，利用 CiteSpace 导出 NetDraw 软件可处理的数据格式，然后将导出的数据再导入 NetDraw 软件以构建党的十八大以来铸牢中华民族共同体意识研究领域发表于 2018 年的学术成果的发文作者合作共现知识图谱，并利用 NetDraw 软件提供的“Delete Isolates”功能剔除无合作关系的节点（独立节点），如图 3-13 所示。

从图 3-12 可知，党的十八大以来铸牢中华民族共同体意识研究

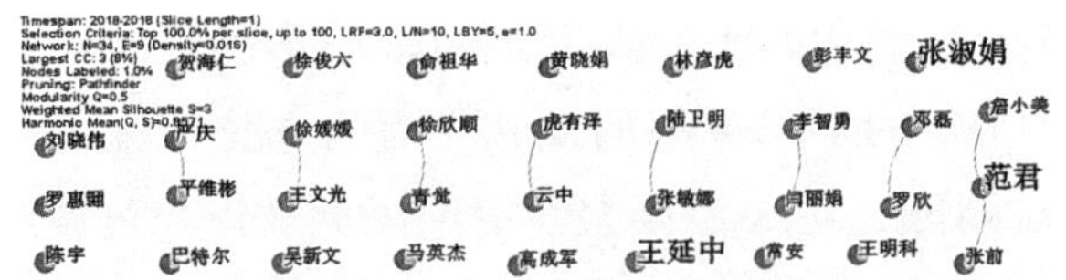

图 3-12　发表于 2018 年的学术成果的发文作者知识图谱

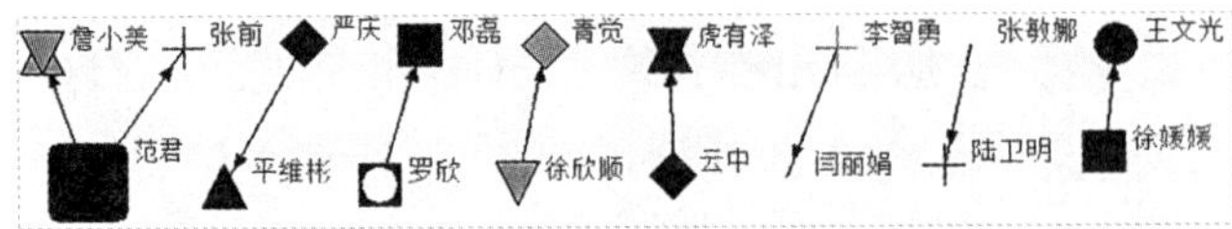

图 3-13　发表于 2018 年的学术成果的发文作者合作共现知识图谱

领域发表于 2018 年的学术成果的发文作者有 34 位，主要有中山大学马克思主义学院范君和张淑娟、中国社会科学院民族学与人类学研究所王延中、全国政协巴特尔、中央民族大学中国民族理论与民族政策研究院青觉、广西民族大学文学院黄晓娟等。

从图 3-13 可知，范君和詹小美、范君和张前、严庆和平维彬、邓磊和罗欣、青觉和徐欣顺、云中和虎有泽、李智勇和闫丽娟、张敏娜和陆卫明、王文光和徐媛媛等之间存在合作关系。结合来源数据库可知，范君和詹小美合作发表的文章是刊载于《思想理论教育》第 8 期的《铸牢中华民族共同体意识的文化方略》一文，范君和张前合作发表的文章是刊载于《青海社会科学》第 3 期的《“石榴籽”效应：铸牢中华民族共同体意识的应然视角》一文，严庆和平维彬合作发表的文章是刊载于《西南民族大学学报（人文社会科学版）》第 39 卷第 5 期的《“大一统”与中华民族共同体意识的形成》一文，邓磊和罗欣合作发表的文章是刊载于《社会主义研究》第 6 期的《习近平铸牢中华民族共同体意识理路探析》一文，青觉和徐欣顺合作发表的文章是刊载于《民族研究》第 6 期的《中华民族共同体意识：概念内涵、要素分析与实践逻辑》一文，云中和虎有泽合作发表的文章是刊载于《贵州民族研究》第 39 卷第 11 期的《国家认同视域下中华民族共同体意识》一文，李智勇和闫丽娟合作发表的文章是刊载于《广西民族研究》第 4 期的《“中华民族共同体意识”的理论渊源探析》一文，张敏娜和陆卫明合作发表的文章是刊载于《贵州民族研究》第 39 卷第 3 期的《铸牢中华民族共同体意识论略》一文，王文光和徐媛媛合作发表的文章是刊载于《思想战线》第 44 卷第 2 期的《中华民族共同体意识形成与发展的历史过程研究论纲》一文。

（5）2019 年发表的学术成果的发文作者知识图谱分析

按照第一章第三节的内容对 CiteSpace 软件进行基本参数设置，然后分别将 Time Slicing（时间区间）设定为 2019 年 1 月至 2019 年 12 月，Node Types（节点类型）选择 Author（作者）、Selection Criteria（节点筛选方式）选择 Top N%（100%）和 Pruning（视图裁剪）方式选择 Pathfinder（关键路径算法），然后点击软件界面的“GO!”按钮构建党的十八大以来铸牢中华民族共同体意识研究领域发表于 2019 年的学术成果的发文作者知识图谱，如图 3–14 所示。为了进一步厘清党的十八大以来铸牢中华民族共同体意识研究领域发表于 2019 年的学术成果的发文作者的具体合作情况，利用 CiteSpace 导出 NetDraw 软件可处理的数据格式，然后将导出的数据再导入 NetDraw 软件以构建党的十八大以来铸牢中华民族共同体意识研究领域发表于 2019 年的学术成果的发文作者合作共现知识图谱，并利用 NetDraw 软件提供的“Delete Isolates”功能剔除无合作关系的节点（独立节点），如图 3–15 所示。

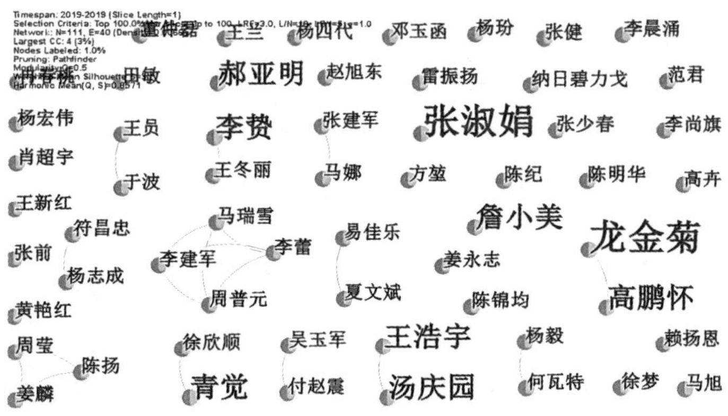

图 3–14　发表于 2019 年的学术成果的发文作者知识图谱

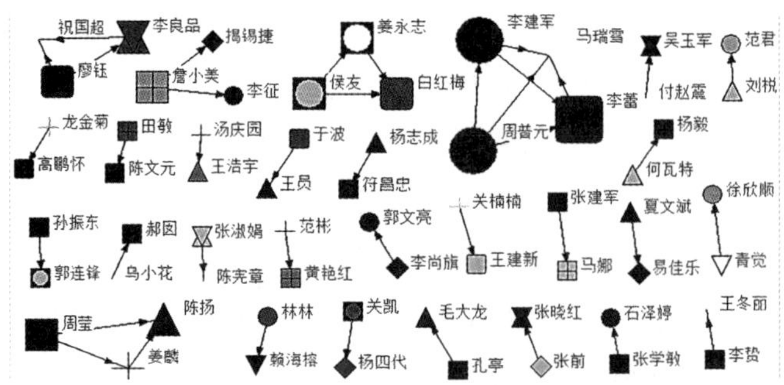

图 3-15　发表于 2019 年的学术成果的发文作者合作共现知识图谱

从图 3-14 可知，党的十八大以来铸牢中华民族共同体意识研究领域发表于 2019 年的学术成果的发文作者有 111 位，主要有南开大学周恩来政府管理学院郝亚明，中国矿业大学马克思主义学院张淑娟，中央民族大学中国民族理论与民族政策研究院、铜仁学院马克思主义学院龙金菊，中央民族大学中国民族理论与民族政策研究院青觉，北京政法职业学院李贽，中山大学马克思主义学院詹小美，西南交通大学公共管理与政法学院、中国高铁发展战略研究中心汤庆园和王浩宇，中央民族大学管理学院高鹏怀，内蒙古师范大学民族学人类学学院纳日碧力戈，新疆师范大学马克思主义学院、国际文化交流学院李建军，沈阳工业大学姜麟等。

从图 3-15 可知，党的十八大以来铸牢中华民族共同体意识研究领域发表于 2019 年的学术成果的发文作者合作团体主要有：李蕾、马瑞雪、李建军和周普元等构成的学术合作团体，周莹、陈扬和姜麟等构成的学术合作团体，詹小美、李征和揭锡捷等构成的学术合作团体，祝国超、廖钰和李良品等构成的学术合作团体，姜永志、侯友和白红梅等构成的学术合作团体，青觉和徐欣顺等构成的学术合作团体，等等。结合来源数据库可知，李蕾、马瑞雪、李建军和周普元合作发表的文章是刊载于《新疆师范大学学报（哲学社会科学版）》第 40 卷第 2 期的《论民族交往交流交融》一文，周莹、陈扬和姜麟合作发表的文章是刊载于《当代电影》第 1 期的《重拾信仰：〈冈仁波齐〉与现代性信仰危机和中华民族共同体建构》一文，詹小美和揭锡捷合作发表的文章是刊载于《青海社会科学》第 5 期的《铸牢中华民族共同体意识的文化涵濡》一文，祝国超、廖钰和李良品合作发表的文章是刊载于《贵州社会科学》第 9 期的《改土归流与中华民族共同体建设》一文，姜永志、侯友和白红梅合作发表的文章是刊载于《广西民族研究》第 3 期的《中华民族共同体意识培育困境及心理学研究进路》一文，青觉和徐欣顺合作发表的文章是刊载于《中国边疆史地研究》第 29 卷第 1 期的《新时代边疆稳定发展的情感政治学研究——边疆地区铸牢中华民族共同体意识的情感路径分析》一文，等等。

（6）2020 年发表的学术成果的发文作者知识图谱分析

按照第一章第三节的内容对 CiteSpace 软件进行基本参数设置，然后分别将 Time Slicing（时间区间）设定为 2020 年 1 月至 2020 年 12 月，Node Types（节点类型）选择 Author（作者）、Selection Criteria（节点筛选方式）选择 Top N%（100%）和 Pruning（视图裁剪）方式选择 Pathfinder（关键路径算法），然后点击软件界面的“GO!”按钮构建党的十八大以来铸牢中华民族共同体意识研究领域发表于 2020 年的学术成果的发文作者知识图谱，如图 3-16 所示。为了进一步厘清党的十八大以来铸牢中华民族共同体意识研究领域发表于 2020 年的学术成果的发文作者的具体合作情况，利用 CiteSpace 导出 NetDraw 软件可处理的数据格式，然后将导出的数据再导入 NetDraw 软件以构建党的十八大以来铸牢中华民族共同体意识研究领域发表于 2020 年的学术成果的发文作者合作共现知识图谱，并利用 NetDraw 软件提供的“Delete Isolates”功能剔除无合作关系的节点（独立节点），如图 3-17 所示。

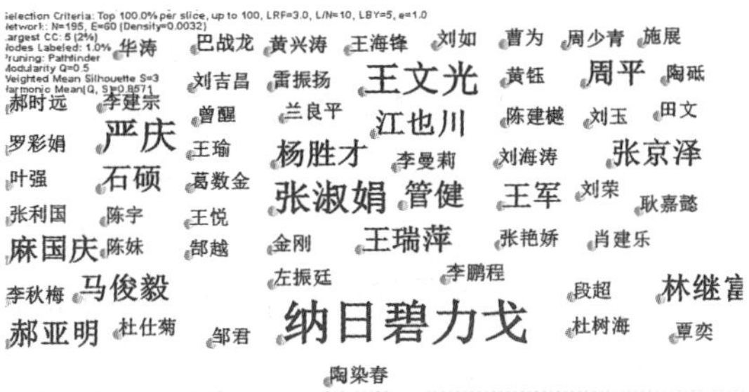

图 3-16　发表于 2020 年的学术成果的发文作者知识图谱

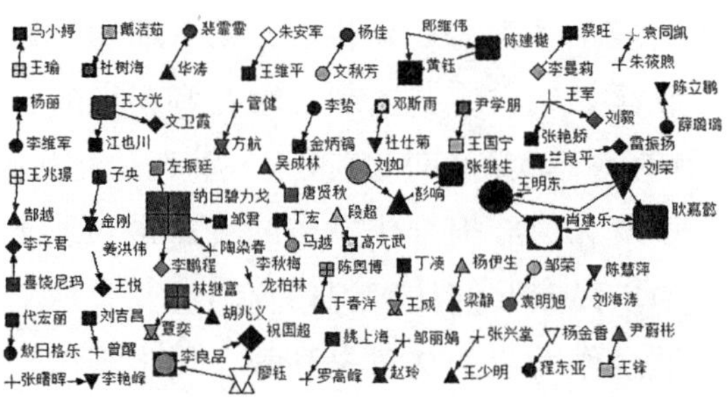

图 3-17　发表于 2020 年的学术成果的发文作者合作共现知识图谱

从图 3-16 可知，党的十八大以来铸牢中华民族共同体意识研究领域发表于 2020 年的学术成果的发文作者有 195 位，主要有国家民委民族研究重点研究基地复旦大学民族研究中心、内蒙古师范大学、云南大学纳日碧力戈，中国矿业大学马克思主义学院、中国矿业大学铸牢中华民族共同体意识研究中心张淑娟，南开大学周恩来政府管理学院郝亚明，云南大学西南边疆少数民族研究中心王文光，中央民族大学中国民族理论与民族政策研究院严庆，中央民族大学民族学与社会学学院林继富，四川大学历史文化学院、中国藏学研究所石硕，云南大学民族政治研究院、中央四部委铸牢中华民族共同体意识研究云南大学基地、北京大学国家治理研究院周平，中南民族大学教育学院、马克思主义学院杨胜才，中国社会科学院民族学与人类学研究所、铸牢中华民族共同体意识研究基地马俊毅，中央民族大学民族学与社会学学院麻国庆，等等。

从图 3-17 可知，党的十八大以来铸牢中华民族共同体意识研究领域发表于 2020 年的学术成果的发文作者合作团体主要有：纳日碧力戈、左振廷、邹君和李鹏程等构成的学术合作团体，耿嘉懿、刘荣、王明东和肖建乐等构成的学术合作团体，王文光、江也川和文卫霞等构成的学术合作团体，黄钰、郎维伟和陈建樾等构成的学术合作团体，林继富、胡兆义和覃奕等构成的学术合作团体，王军、刘毅和张艳娇等构成的学术合作团体，张继生、刘如和彭响等构成的学术合作团体，廖钰、李良品和祝国超等构成的学术合作团体，姜洪伟和王悦等构成的学术合作团体，丁凌和王成等构成的学术合作团体，等等。结合来源数据库可知，纳日碧力戈、李鹏程、陶染春、邹君和左振廷等合作发表的文章分别是刊载于《广西民族研究》第 1 期的《四方铸牢中华民族共同体意识》一文、刊载于《西北民族研究》第 1 期的《“五通”铸牢中华民族共同体意识》一文、刊载于《青海民族研究》第 31 卷第 4 期的《中华民族共同体的万物和谐观》一文、刊载于《中央民族大学学报（哲学社会科学版）》第 47 卷第 1 期的《三维铸牢中华民族共同体意识》一文，耿嘉懿、刘荣、王明东和肖建乐等合作发表的文章是刊载于《云南民族大学学报（哲学社会科学版）》第 37 卷第 3 期的《“中华民族一家亲”模式研究》一文，王文光、江也川和文卫霞等合作发表的文章分别是刊载于《思想战线》第 46 卷第 3 期的《司马迁的民族思想与中华民族共同体发展的谱系建构述论》一文、刊载于《云南师范大学学报（哲学社会科学版）》第 52 卷第 3 期的《二十四史的边疆民族记述与中华民族共同体形成发展论纲》一文，黄钰、郎维伟和陈建樾等合作发表的文章是刊载于《青海民族研究》第 31 卷第 4 期的《实证微观意识范式下中华民族共同体意识研究》一文，王兆璟、郜越等合作发表的文章是刊载于《西北师大学报（社会科学版）》第 57 卷第 1 期的《中华民族共同体研究的可视化分析——基于 CNKI 1992—2019 年数据》一文，王军、刘毅、张艳娇等合作发表的文章分别是刊载于《中南民族大学学报（人文社会科学版）》第 40 卷第 1 期的《当代中国民族团结话语的演进及其理论源流》一文、刊载于《西北民族研究》第 1 期的《中国共产党反对两种民族主义的话语逻辑与历史脉络》一文，文秋芳、杨佳等合作发表的文章是刊载于《语言文字应用》第 4 期的《提升国家语言能力，助推两个共同体建设》一文，姜洪伟和王悦等合作发表的文章是刊载于《中国出版》第 22 期的《儿童绘本中民族共同体文化图景意识探讨》一文，于春洋、陈奥博等合作发表的文章是刊载于《青海民族研究》第 31 卷第 4 期的《多元一体格局中的铸牢中华民族共同体意识》一文，廖钰、李良品和祝国超等合作发表的文章是刊载于《民族学刊》第 11 卷第 3 期的《中华民族共同体建设视阈下改土归流的历程、原因及作用》一文，等等。

（7）2021 年发表的学术成果的发文作者知识图谱分析

按照第一章第三节的内容对 CiteSpace 软件进行基本参数设置，然后分别将 Time Slicing（时间区间）设定为 2021 年 1 月至 2021 年 12 月，Node Types（节点类型）选择 Author（作者）、Selection Criteria（节点筛选方式）选择 Top N%（100%）和 Pruning（视图裁剪）方式选择 Pathfinder（关键路径算法），然后点击软件界面的“GO!”按钮构建党的十八大以来铸牢中华民族共同体意识研究领域发表于 2021 年的学术成果的发文作者知识图谱，如图 3–18 所示。为了进一步厘清党的十八大以来铸牢中华民族共同体意识研究领域发表于 2021 年的学术成果的发文作者的具体合作情况，利用 CiteSpace 导出 NetDraw 软件可处理的数据格式，然后将导出的数据再导入 NetDraw 软件以构建党的十八大以来铸牢中华民族共同体意识研究领域发表于 2021 年的学术成果的发文作者合作共现知识图谱，并利用 NetDraw 软件提供的“Delete Isolates”功能剔除无合作关系的节点（独立节点），如图 3–19 所示。从图 3–19 中发现有合作关系的发文作者合作团体太多而导致无法更好地梳理 2021 年发表的学术成果发文作者之间的合作关系，因此再次利用 NetDraw 提供的“Delete Pendants”功能和“Delete Isolates”功能进行处理，经处理后的发文作者合作共现知识图谱如图 3–20 所示。

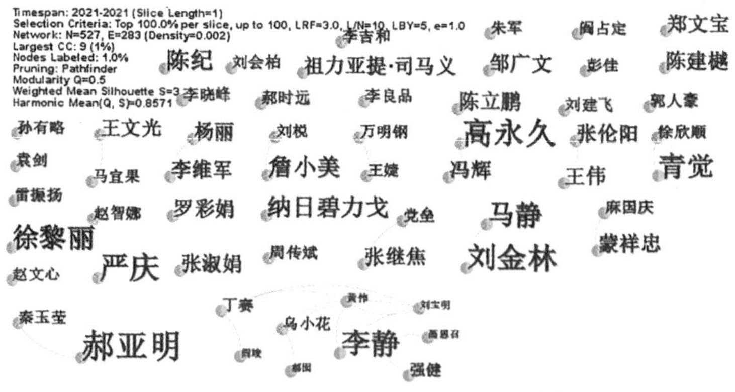

图 3–18 发表于 2021 年的学术成果的发文作者知识图谱

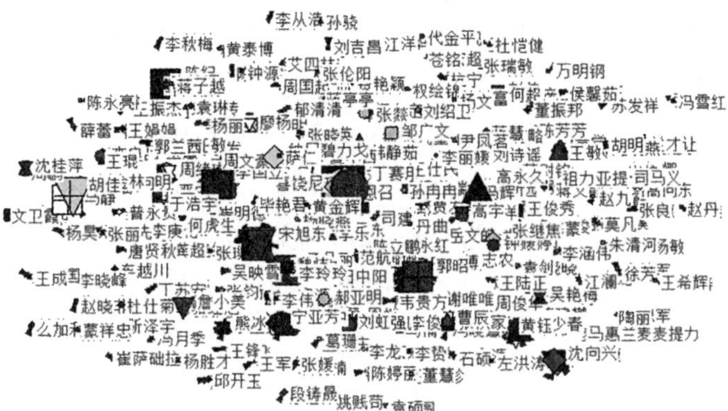

图 3-19　发表于 2021 年的学术成果的发文作者合作共现知识图谱

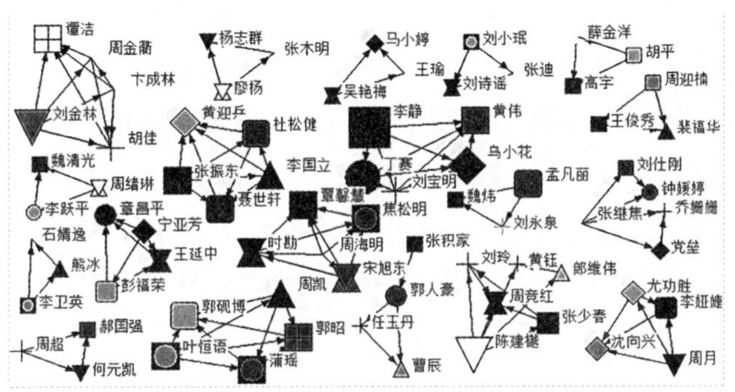

图 3-20　经二次处理后的发表于 2021 年的学术成果的发文作者合作共现知识图谱

从图 3-20 可知，党的十八大以来铸牢中华民族共同体意识研究领域发表于 2021 年的学术成果的发文作者合作团体主要有：李静、黄伟、乌小花、丁赛、焦松明等构成的学术合作团体，谭洁、刘金林、胡佳、周金衢、卞成林等构成的学术合作团体，聂世轩、李国立、黄迎乒、张振东、杜松健等构成的学术合作团体，党垒、乔姗姗、钟媛婷、刘仕刚、张继焦等构成的学术合作团体，黄钰、刘玲、张少春、周竞红、陈建樾、郎维伟等构成的学术合作团体，章昌平、宁亚芳、王延中、彭福荣等构成的学术合作团体，周凯、蒲瑶、叶恒语、郭昭、郭砚博等构成的学术合作团体，魏炜、刘永泉、孟凡丽等构成的学术合作团体，周超、何元凯、郝国强等构成的学术合作团体，等等。结合来源数据库可知，李静与黄伟、乌小花、丁赛、焦松明等合作发表的文章是刊载于《贵州民族研究》第42卷第6期的《铸牢中华民族共同体意识实现中华民族伟大复兴》一文，周凯、蒲瑶、叶恒语、郭昭、郭砚博等合作发表的文章是刊载于《科学决策》第6期的《“中华民族共同体意识”知识图谱分析》一文，谭洁、卞成林、刘金林、胡佳、周金衢等合作发表的文章是刊载于《广西民族研究》第4期的《铸牢中华民族共同体意识的基层经验与底层逻辑：来自广西基层治理成功案例的启示》一文，胡平、高宇、薛金洋等合作发表的文章是刊载于《民族教育研究》第32卷第5期的《中华民族共同体意识的培育路径：个体发展的视角》一文，张振东、聂世轩、李国立、黄迎乒、杜松健等合作发表的文章是刊载于《体育学刊》第28卷第4期的《汇聚民族团结正能量：全国民族运动会社会价值及其传承研究》一文，周超、何元凯、郝国强等合作发表的文章是刊载于《民族学刊》第12卷第12期的《饮食文化叙事与铸牢中华民族共同体意识：广西米粉文化溯源》一文，曹辰、任玉丹、郭人豪等合作发表的文章是刊载于《课程·教材·教法》第41卷第2期的《义务教育阶段数学教学中渗透中华民族共同体意识的路径研究》一文，张继焦、党垒、乔姗姗、钟媛婷、刘仕刚等合作发表的文章分别是刊载于《民族学刊》第12卷第6期的《铸牢中华民族共同体意识研究的三个维度》一文、刊载于《民族研究》第6期的《中国社会科学论坛（2021）：现代民族国家与中华民族共同体建设国际会议综述》一文，黄钰、陈建樾、刘玲、张少春、周竞红、郎维伟等合作发表的文章分别是刊载于《贵州民族研究》第42卷第1期的《铸牢中华民族共同体意识的实践内涵、历史使命和目标任务》一文、刊载于《西南民族大学学报（人文社会科学版）》第42卷第3期的《“十三五”时期民族团结研究回顾与展望》一文，等等。

（8）2022年发表的学术成果的发文作者知识图谱分析

按照第一章第三节的内容对 CiteSpace 软件进行基本参数设置，然后分别将 Time Slicing（时间区间）设定为2022年1月至2022年12月，Node Types（节点类型）选择 Author（作者）、Selection Criteria（节点筛选方式）选择 Top N%（100%）和 Pruning（视图裁剪）方式选择 Pathfinder（关键路径算法），然后点击软件界面的“GO!”按钮构建党的十八大以来铸牢中华民族共同体意识研究领域发表于 2022 年的学术成果的发文作者知识图谱，如图 3-21 所示。为了进一步厘清党的十八大以来铸牢中华民族共同体意识研究领域发表于 2022 年的学术成果的发文作者的具体合作情况，利用 CiteSpace 导出 NetDraw 软件可处理的数据格式，然后将导出的数据再导入 NetDraw 软件以构建党的十八大以来铸牢中华民族共同体意识研究领域发表于 2022 年的学术成果的发文作者合作共现知识图谱，并利用 NetDraw 软件提供的“Delete Isolates”功能剔除无合作关系的节点（独立节点），如图 3-22 所示。从图 3-22 中发现有合作关系的发文作者合作团体太多而导致无法更好地梳理 2022 年发表的学术成果发文作者之间的合作关系，因此再次利用 NetDraw 提供的“Delete Pendants”功能和“Delete Isolates”功能进行处理，经二次处理后的发文作者合作共现知识图谱如图 3-23 所示。

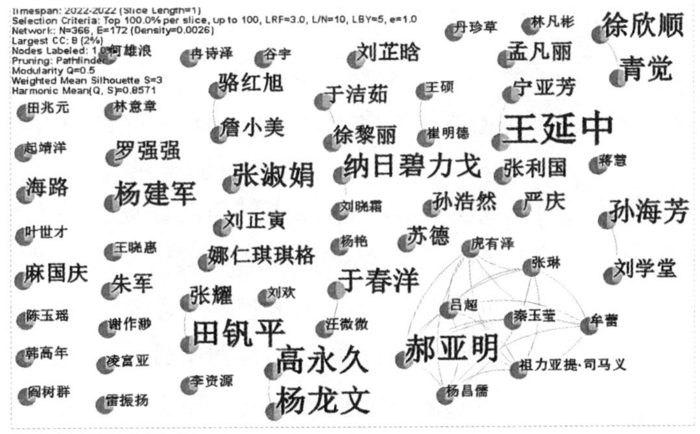

图 3-21　发表于 2022 年的学术成果的发文作者知识图谱

从图 3-21 可知，党的十八大以来铸牢中华民族共同体意识研究领域发表于 2022 年的学术成果的发文作者有 366 位，主要有复旦大学社会发展与公共政策学院、内蒙古师范大学民族学人类学学院纳日

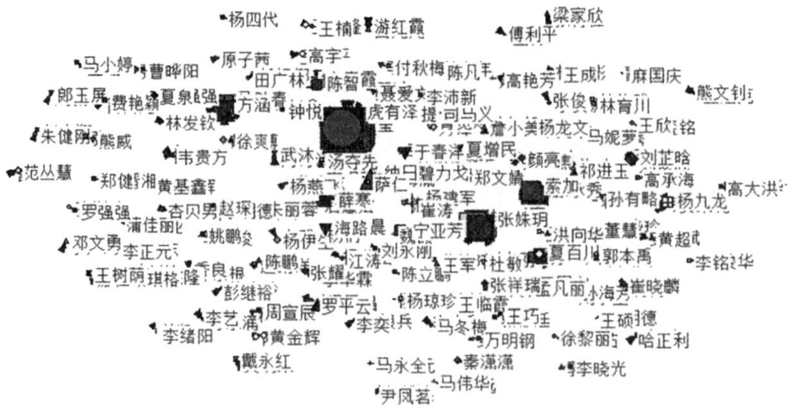

图 3-22　发表于 2022 年的学术成果的发文作者合作共现知识图谱

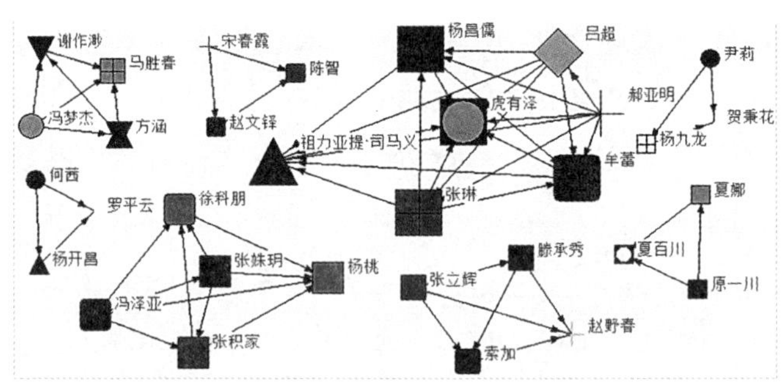

图 3-23　经二次处理后的发表于 2022 年的学术成果的发文作者合作共现知识图谱

碧力戈，中国社会科学院大学、中国社会科学院民族学与人类学研究所、中国社会科学院民族学与人类学研究所铸牢中华民族共同体意识研究基地、中华民族共同体研究会、中国民族学学会、中国民族理论学会王延中，南开大学民族事务研究中心、周恩来政府管理学院高永久，贵州民族大学中华民族共同体研究院郝亚明，南开大学民族事务研究中心杨龙文，暨南大学铸牢中华民族共同体意识研究基地、大连理工大学马克思主义学院张淑娟，西南民族大学法学院、西南民族大学铸牢中华民族共同体意识研究基地、湖北民族大学田钒平，兰州大学文学院杨建军，西安外国语大学艺术学院孙海芳，清华大学社会科学学院徐欣顺；中央民族大学中国民族理论与民族政策研究院青觉，燕山大学文法学院于春洋，云南大学铸牢中华民族共同体意识研究基地、云南大学民族政治研究院朱军，中央民族大学民族学与社会学学院麻国庆，等等。

从图 3-23 可知，党的十八大以来铸牢中华民族共同体意识研究领域发表于 2022 年的学术成果的发文作者合作团体主要有：祖力亚提·司马义、郝亚明、虎有泽、吕超、牟蕾、张琳和杨昌儒等构成的合作学术团体，张积家、杨桃、冯泽亚、徐科朋和张姝玥等构成的合作学术团体，谢作渺、马胜春、方涵和冯梦杰等构成的合作学术团体，杨九龙、贺秉花、尹莉等构成的合作学术团体，赵野春、索加、滕承秀和张立辉等构成的合作学术团体，罗平云、杨开昌和何茜等构成的合作学术团体，等等。结合来源数据库可知，祖力亚提·司马义、郝亚明、虎有泽、吕超、牟蕾、张琳和杨昌儒等合作发表的文章是刊载于《贵州民族研究》第 43 卷第 1 期的《以铸牢中华民族共同体意识为主线　推动新时代党的民族工作高质量发展》一文，张积家、杨桃、冯泽亚、徐科朋和张姝玥等合作发表的文章是刊载于《广西民族研究》第 3 期的《中华民族共同体视域下少数民族中学生民族团结意识的培育路径研究》一文，谢作渺、马胜春、方涵和冯梦杰等合作发表的文章是刊载于《民族研究》第 2 期的《中华民族共同体意识与民族文化多样性研究》一文，杨九龙、贺秉花和尹莉等合作发表的文章是刊载于《图书馆论坛》第 42 卷第 9 期的《中华优秀传统文化传承发展：渭南鼎礼文化的弘扬创新》一文，赵野春、索加、滕承秀和张立辉等合作发表的文章是刊载于《西南民族大学学报（人文社会科学版）》第 43 卷第 1 期的《渐进交融：中华民族共同体建设的必然进程》一文；罗平云、杨开昌和何茜等合作发表的文章是刊载于《贵州民族研究》第 43 卷第 3 期的《中小学生文化认同调查研究——基于云南省 3 个市州 11 所学校的调查》一文；夏百川、原一川和夏娜等合作发表的文章是刊载于《民族教育研究》第 33 卷第 3 期的《民族地区教育场域中的语言景观研究——以云南省迪庆州 C 小学为个案》一文，等等。

二、被引作者合作网络的知识图谱分析

为了展示和厘清党的十八大以来铸牢中华民族共同体意识研究领域学术成果中参考文献的作者（被引作者）分布、共被引分布及被引成果分布等情况，利用 CiteSpace 构建党的十八大以来铸牢中华民族共同体意识研究领域的被引作者共现知识图谱。按照第一章第三节的内容对 CiteSpace 软件进行基本参数设置，然后分别将 Node Types（节点类型）设为 Cited Author（被引作者）、Pruning（视图裁剪）设为 Pathfinder（关键路径算法）、Selection Criteria（选择标准）设为 g-index（g 指数，k 值设为 10），其他参数默认，如图 3-24 所示。然后点击软件界面的“GO!”按钮构建党的十八大以来铸牢中华民族共同体意识研究领域的被引作者共现知识图谱，如图 3-25 所示。

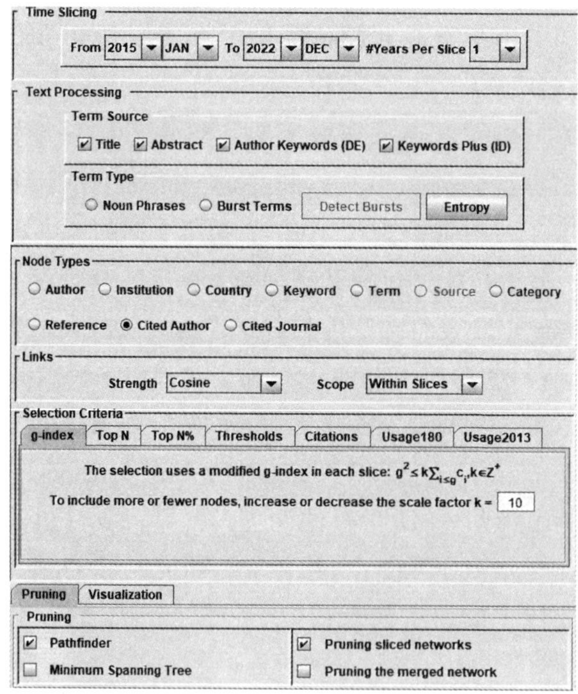

图 3-24 构建被引作者共现知识图谱时的 CiteSpace 参数设置

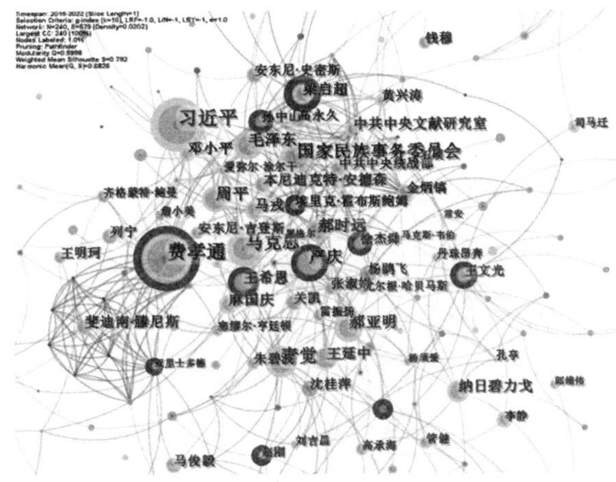

图 3-25　被引作者共现知识图谱

通过图 3–25 和表 3–2 可知，党的十八大以来铸牢中华民族共同体意识研究领域被引作者的被引次数最高的研究者是习近平（累计达到了 383 次），这表明了习近平对党的十八大以来铸牢中华民族共同体意识研究领域不仅做出了卓著的贡献，也起到了十分有力的推动作用。其后依次是费孝通（341 次）、马克思（201 次）、国家民族事务委员会（167 次）、青觉（156 次）、毛泽东（128 次）、严庆（117 次）、周平（115 次）、郝亚明（107 次）等研究者，这些研究者也为党的十八大以来铸牢中华民族共同体意识研究领域的发展起到了非常大的支撑作用，其研究方向和学术成果也具有十分重要的借鉴意义。另外，从图中各个节点之间的连接线可知，习近平、邓小平、毛泽东、孙中山等研究者之间存在共被引，费孝通、列宁、亚里士多德等研究者之间存在共被引，梁启超、高永久、安东尼·史密斯等研究者之间存在共被引，严庆、关凯、张淑娟等研究者之间存在共被引，等等。

表 3-2　被引作者列表（被引次数 ≥ 100 或中心度 ≥ 0.1）

序号	被引作者	被引次数	中心度	首被引年
1	习近平	383	0.07	2017
2	费孝通	341	0.25	2016
3	马克思	201	0.08	2017
4	国家民族事务委员会	167	0.02	2017
5	青觉	156	0.08	2019

续表

序号	被引作者	被引次数	中心度	首被引年
6	毛泽东	128	0.08	2017
7	严庆	117	0.13	2017
8	周平	115	0.03	2017
9	郝亚明	107	0.07	2019
10	王希恩	83	0.1	2018
11	梁启超	79	0.26	2017
12	孙中山	51	0.11	2017
13	王文光	48	0.18	2018
14	徐杰舜	38	0.13	2017
15	埃里克·霍布斯鲍姆	34	0.12	2017
16	赵刚	23	0.11	2018
17	亚里士多德	18	0.1	2016
18	龙金菊	16	0.12	2020
19	魏收	13	0.1	2021

从表 3–2 中的中心度①可知，梁启超（中心度为 0.26，被引频次为 79 次）、费孝通（中心度为 0.25，被引频次为 341 次）、王文光（中心度为 0.18，被引频次为 48 次）、严庆（中心度为 0.13，被引频次为 117 次）、徐杰舜（中心度为 0.13，被引频次为 38 次）、埃里克·霍布斯鲍姆（中心度为 0.12，被引频次为 34 次）、龙金菊（中心度为 0.12，被引频次为 16 次）、孙中山（中心度为 0.11，被引频次为 51 次）、赵刚（中心度为 0.11，被引频次为 23 次）、王希恩（中心度为 0.1，被引频次为 83 次）、亚里士多德（中心度为 0.1，被引频次为 18 次）、魏收（中心度为 0.1，被引频次为 13 次）12 位研究者为党的十八大以来铸牢中华民族共同体意识研究领域被引作者共现知识图谱网络中的关键性节点，其研究成果也为党的十八大以来铸牢中华民族共同体意识研究领域的发展起到了比较重要的支撑作用，结合被引作者被引详情知识图谱和来源数据库可进一步厘清被引作者的具体被引情况。

① 阳广元 . 国际 E-Science 研究的可视化分析 [J]. 科技管理研究，2014，34(22)：237–244.

（1）当代著名社会学家费孝通的成果在党的十八大以来铸牢中华民族共同体意识研究领域的 341 次被引情况如图 3-26、图 3-27、图 3-28、图 3-29 所示，具体被引情况如下。

图 3-26　费孝通的成果被引情况①

图 3-27　费孝通的成果被引情况②

图 3-28　费孝通的成果被引情况③

图 3-29 费孝通的成果被引情况④

费孝通主编并由中央民族学院出版社于 1989 年出版的《中华民族多元一体格局》被徐爽等的《铸牢中华民族共同体意识与民族高校课程体系改革》(2022)、张淑娟等的《实体描述与能动构建:中华民族共同体建设的双重逻辑》(2021)、冯月季的《中华民族共同体意识认同的元符号机制、挑战与路径》(2022)、刘会柏的《弘扬少数民族优秀传统文化,铸牢中华民族共同体意识》(2021)、孙海芳等的《路网与疆域:从新疆历代古道路网变迁看中华民族共同体的形成发展》(2022)、黄孝东等的《铸牢中华民族共同体意识视角下非物质文化遗产区域性整体保护》(2022)、宗喀·漾正冈布等的《日常生活实践中的中华民族共同体构建——以青海民和县杏儿乡“民族团结模范集体”为例》(2021)、程志杰等的《民族高校大学生铸牢中华民族共同体意识的文化路径》(2021)、孙懿的《中华民族共同体的本质属性及意义》(2019)、徐科朋等的《中华民族共同体视域下少数民族中学生民族团结意识的培育路径研究》(2022)、陈茂荣的《论“中华民族共同体”的基本内涵》(2019)、马宇飞的《习近平中华民族共同体思想的建构向度》(2020)、关健英的《中华民族共同体的伦理认同研究论纲》(2022)、徐梦的《热话题与冷思考:“中华民族共同体”与“人类命运共同体”的内在关系探究》(2019)、马率帅等的《从“边地”到“一体”:乌江流域各民族融入中华民族共同体的历史进程》(2021)、王万平的《南方丝绸之路上的民族迁徙、文化交流和节庆共享——中华民族共同体形成与发展的一个典型案例》（2019）、陆卫明等的《铸牢中华民族共同体意识论略》（2018）、张兴堂等的《西藏高校开展中华民族共同体教育的思考》（2020）、张神根等的《从历史生成到时代价值：铸牢中华民族共同体意识的多重蕴涵》（2022）、张善鑫的《中华民族共同体：国家与民族统一的理论——兼论铸牢中华民族共同体意识的当代路径》（2021）、田烨的《从文化整合到意识自发：构建中华民族共同体的理论逻辑与实践路径》（2021）、宣朝庆等的《历史记忆与自我认同：中华民族共同体意识的文化自觉》（2021）、麻国庆的《民族研究的新时代与铸牢中华民族共同体意识》（2017）、吴道毅的《民族志叙述与中华民族共同体书写的交汇——吕翼中篇小说创作论》（2022）、夏增民等的《中华民族共同体形成与发展的历史地理基础——以疆域与交通为中心的考察》（2022）、麻国庆等的《作为方法的云贵高原——从费孝通的区域板块研究看中华民族共同体》（2022）、王巧的《马克思共同体思想视阈下藏族融入中华民族共同体的历史进程探析》（2020）、蒙祥忠的《费孝通对贵州民族研究工作的贡献及当代意义》（2021）、方李莉等的《“中华民族视觉形象”与“共同体意识建构”笔谈·视觉形象：中华民族文化认同的符号建构》（2021）、严庆等的《“大一统”与中华民族共同体意识的形成》（2018）、张晓红等的《自在与自觉：中华民族共同体生成的历史脉络》（2021）、詹小美等的《铸牢中华民族共同体意识的文化涵濡》（2019）、王文光等的《中华民族共同体意识形成与发展的历史过程研究论纲》（2018）、于运全的《铸牢中华民族共同体意识的国际传播新进路》（2022）、王萍等的《辛亥革命时期的民族认同及其对铸牢中华民族共同体意识的现实意蕴》（2021）、吕钊进的《超越“族群－民族”二元框架：边界建构范式和认同情境论对中华民族共同体研究的启示》（2021）、何雄浪等的《新时代“五位一体”铸牢中华民族共同体意识探究》（2021）、郑文宝的《伦理认同：中华民族共同体文化认同的拥趸探赜》（2021）、许晓东的《中华民族共同体意识的历史、问题与铸牢路径》（2021）、刘正寅的《中国历史上华夏认同的演进与升华》(2022)、叶笛的《长江流域舞蹈文化互动:多元一体视角》(2021)、刘振伟等的《先秦游牧、农耕文明互动与中华民族共同体形成》(2021)、陈妹的《新时代民族地区构建中华民族共同体的价值彰显、现实困境与突破路径》(2020)、李娟的《视角与想象——西北少数民族流动人口中华民族共同体意识社交媒体涵化研究》(2020)、高永久等的《认同导向下边境牧区各民族建设共有精神家园研究》(2021)、左岫仙的《铸牢中华民族共同体意识是新时代民族工作主线的历史维度探察》(2021)、王楠等的《书写、场域与认同:铸牢中华民族共同体意识的集体记忆》(2022)、蒙祥忠等的《联结与交融:从民族交错地带看中华民族共同体》(2021)、马福运的《关于铸牢中华民族共同体意识的若干思考》(2019)、王文光等的《司马迁的民族思想与中华民族共同体发展的谱系建构述论》(2020)、彭尚源的《少数民族大学生的中华民族共同体意识培育途径研究》(2020)、刘晓伟的《少数民族题材电视剧中的中华民族共同体叙事》(2018)、张淑娟的《中华民族共同体意识培育要凸显社会主义属性》(2020)、张建军等的《中华民族共同体视阈下的新疆民族团结建设》(2019)、陈玲的《在“思想道德修养与法律基础”课中培育大学生中华民族共同体意识的思考》(2019)、平维彬等的《从文化族类观到国家民族观的嬗变——兼论“中华民族共同体意识”的理论来源》(2017)、郑文宝的《中华民族共同体文化认同的伦理进路研究》(2021)、李娟的《中华民族共同体意识发展的思想实践逻辑》(2021)引用。

费孝通主编并由中央民族大学出版社于1999年出版的《中华民族多元一体格局》被何文钜的《习近平关于铸牢中华民族共同体意识重要论述的理论精髓》(2021)、左岫仙的《铸牢中华民族共同体意识是新时代民族工作主线的历史维度探察》(2021)、徐家贵等的《党史学习教育与培育中华民族共同体意识的三个维度》(2021)、孙懿的《中华民族共同体的本质属性及意义》(2019)、郑亮的《建设性新闻视角下“中国故事”的叙事策略研究》(2020)、徐黎丽等的《论共同价值体系对中华民族共同体的行为规范作用》（2021）、李赟等的《理解和把握新时代中华民族共同体观的三个基本维度探析》（2020）、杨须爱的《中华民族共同体意识的形成与铸牢》（2022）、李晨涌的《国内学界关于中华民族共同体研究述评——基于CSSCI数据库的分析》（2019）、郝亚明的《中华民族共同体意识视角下的民族交往交流交融研究》（2019）、张神根等的《从历史生成到时代价值：铸牢中华民族共同体意识的多重蕴涵》（2022）、郝亚明的《铸牢中华民族共同体意识亟待多学科共创理论话语体系》（2021）、吴映雪等的《国家、国民与民族：中华民族共同体的三重意涵——基于关系实在论视角的分析》（2021）、魏霞等的《边界跨越与中华民族共同体建设》（2021）、郝亚明的《从政治定位来深化对铸牢中华民族共同体意识的认识》（2021）、许政等的《中华民族共同体的建设及其发展历程》（2022）、罗晶的《中华民族共同体意识视域下的意识形态安全建设》（2019）、蒲丽霞等的《新时代意识形态安全视域下铸牢中华民族共同体意识的实践理路——以边疆多民族地区为例》（2021）、李大龙的《中华民族共同体属性与建设途径探究》（2022）、张亮的《英国新左派的民族观念及其当代中国省思》（2021）、杨志玲的《铸牢中华民族共同体意识的哲学意蕴》（2021）、李赟等的《从中华民族共同体到中华民族实体建设——兼论习近平中华民族共同体观的理论创新与实践要求》（2019）、张亮的《马克思主义哲学视域中的“铸牢中华民族共同体意识”》（2022）、褚松燕的《铸牢中华民族共同体意识的三重逻辑》（2022）、董玫的《新中国初期藏族中华民族共同体自觉意识的形成——以1950年代藏族民歌为中心的考察》（2019）、徐黎丽等的《论中华民族共同体的现代含义》（2021）、郭人豪等的《集体记忆与国家认同——以推进铸牢中华民族共同体意识为视角》（2021）、关凯等的《国与族：中华民族共同体构建的知识论反思》（2019）、王云芳的《中华民族共同体意识的社会建构：从自然生成到情感互惠》（2020）、海路等的《论民族教育研究的空间结构——基于费孝通的学术研究路径》（2022）、郑文宝的《中华民族共同体百年建构史论纲——基于中国共产党民族关系史的分析》（2021）、万明钢的《铸牢中华民族共同体意识与新时代学校民族团结进步教育的使命》（2020）、黄金辉等的《国民意识培育：增进中华民族共同性的内核及其进路》（2022）、吕超等的《贵州各民族融入中华民族共同体的历史进程研究》（2021）、郝亚明的《中华民族共同体建设的三个维度》（2021）、林意章的《中华民族共同体意识对民族团结的凝聚功能》（2022）、郝亚明的《共同体视域下的中华民族共同体建设》（2022）、陈明华的《在民族院校进行中华民族共同体教育的几点思考》（2019）、常士訚的《当代中华民族共同体建构：领土空间建设视角》（2021）、王文光等的《近代中国民族思想史研究——以中华民族为中心的讨论》（2021）、么加利等的《文化共生观照下中华民族共同体的建构逻辑》（2021）、纳日碧力戈等的《论铸牢中华民族共同体意识的形、气、神》（2021）、李建宗的《中华民族的共同性：谷苞先生的民族学思想内核》（2021）、蒙曼的《江流九派尽朝宗——论新时代中国共产党铸牢中华民族共同体意识的文化路径》（2022）、李赟的《“中华民族共同体”叙事的逻辑结构和历史意义探析》（2019）、李吉和等的《先秦时期儒家中华民族文化价值观述论》（2021）、张健的《制度移植的动力与困境——北洋军阀时期中华民族共同体的构建路径与效应分析》（2019）、郝亚明的《各民族交往交流交融：淡化族际差异抑或强化族际纽带？》（2021）、鄂崇荣等的《中国共产党铸牢中华民族共同体意识的百年探索与时代创新》（2021）、陈宇的《中华民族共同体的复合互嵌格局与多元一体交融》（2018）、袁剑的《“统一环”结构：中华民族共同体认知的历史框架》（2021）引用。

费孝通主编并由中央民族大学出版社于2003年出版的《中华民族多元一体格局》被李尚旗等的《中华民族共同体意识培育面临的挑战及路径选择》（2019）、常士訚的《当代中华民族共同体建构：领土空间建设视角》（2021）、董仲磊的《新时代中华民族共同体意识与同心文化互动关系及共进路径探析》（2019）、孙海芳等的《路网与疆域：从新疆历代古道路网变迁看中华民族共同体的形成发展》（2022）、李世武的《多民族艺术“三维交融”铸牢中华民族共同体意识》（2021）、王兆璟等的《中华民族共同体研究的可视化分析——基于CNKI 1992—2019年数据》（2020）、梁罡等的《开启铸牢中华民族共同体意识的信任密码》（2021）、常安的《习近平中华民族共同体建设思想研究》（2018）、龙柏林等的《铸牢中华民族共同体意识的红色记忆维度》（2020）、陈纪等的《家国情怀与铸牢中华民族共同体意识》（2021）、孙秀玲的《新时代西部民族地区铸牢中华民族共同体意识的文化方略》（2022）、董慧等的《增进共同性：铸牢中华民族共同体意识的重要方向》（2022）、董慧等的《中华民族共同体意识的基本内涵、现实挑战及铸牢路径》（2021）、王绍东的《论长城对中华民族共同体意识的促进与影响》（2022）、陈纪等的《论铸牢中华民族共同体意识的历史基础与实践目标》（2021）、王炎龙等的《中华民族共同体意识产生、发展和完善的基本逻辑——从媒体话语叙事到文化价值认同的新透视》（2021）、闫卫华等的《基于“三个意识”角度的新疆公民教育着力点研究》（2016）、励轩的《对一些多民族国家“人民”话语的分析》（2021）、王延中等的《中华民族共同体的结构与秩序》（2022）引用。

费孝通主编并由中央民族大学出版社于2008年出版的《中华民族多元一体格局》被闫丽娟等的《“中华民族共同体意识”的理论渊源探析》（2018）、彭新武的《中华民族共同体的历史溯源与当代建构》（2022）引用。

费孝通主编并由中央民族大学出版社于2014年出版的《中华民族多元一体格局》被马旭的《新中国民族工作和民族政策的初心探析——以中华民族共同体意识的铸建为视角》（2019）引用。

费孝通主编并由中央民族大学出版社于2016年出版的《中华民族多元一体格局》被李静等的《从自在、自觉到自为：中华民族发展的历史逻辑》（2021）引用。

费孝通主编并由中央民族大学出版社于2017年出版的《中华民

族多元一体格局》被许宪隆等的《近现代少数民族名人群体的国家认同》（2022）引用。

费孝通主编并由中央民族大学出版社于2018年出版的《中华民族多元一体格局》被林继富等的《藏族民间歌谣与中华民族共同体意识的多维向度》（2021）、杨胜才等的《铸牢中华民族共同体意识的优势与定势》（2021）、蒋永发等的《中华民族共同体意识：何谓与何为》（2021）、洪晓楠等的《中华民族共同体一致性与多样性之关系研究》（2021）、郝亚明等的《“铸牢中华民族共同体意识”政策议程设置研究——基于多源流理论模型的分析》（2022）、李资源等的《中国共产党推进中华民族共同体建设的理论与实践》（2022）、王宗礼的《国家建构视域下铸牢中华民族共同体意识研究》（2020）、王成等的《铸牢中华民族共同体意识中的建设性新闻五维价值平议》（2021）、朱军的《铸牢中华民族共同体意识的历史演进与治理意蕴——基于秩序视角的分析》（2021）、纳日碧力戈等的《中华民族共同体的三元观》（2022）、邓斯雨等的《中国共产党推动中华民族共同体建设的历史贡献——基于“背景·问题·使命·实践”的四维分析》（2021）、熊威等的《鲁班传说与中华文化认同——以西南少数民族为例》（2022）、喜饶尼玛等的《西藏和平解放是中华民族共同体意识的充分体现》（2021）、左志南的《铸牢中华民族共同体意识视域下民族高校“大学语文”教学的思考》（2021）、卞之峣的《构建和完善铸牢中华民族共同体意识制度体系的文化方略》（2020）、朴政君的《近四十年中国古代民族关系研究的动态与展望》（2021）、崔晓麟等的《中国共产党探索培育中华民族共同体意识研究（1921—1949）》（2022）、曹能秀等的《中华民族共同体意识培养融入学校教育研究》（2022）、张淑娟的《中华民族共同性的类型、凝聚机制与形成过程》（2022）、朱军的《中华民族共同体意识共同性的现代性转化及发展》（2021）、王瑜等的《民族地区学校铸牢中华民族共同体意识的辩证关系与主要原则——基于“意识三态观”分析框架》（2021）、杨须爱的《各民族交融汇聚史知识再生产的价值与路径——

以铸牢中华民族共同体意识为视角》（2021）、后慧宏等的《东部地区汉族大学生何以铸牢中华民族共同体意识？——基于族际交往态度影响因素的扎根理论研究》（2022）、宋才发的《中华民族共同体意识是中华民族全面觉醒的体现》（2021）、朱军的《中华民族共同体的族际生态建设：理据、机制与路径》（2022）、刘芷晗等的《马克思恩格斯民族思想中的共同体蕴涵及当代意义》（2022）、严庆等的《“中华民族共同体意识”生成论略——基于历史唯物主义的视角》（2022）、洪盛志的《论抗日战争时期中华民族共同体的塑造与启示》（2022）、陈蒙等的《中华民族共同体意识的价值观基础探析》（2021）、詹小美等的《论铸牢中华民族共同体意识的社会表征》（2021）、霍晓丽的《历史记忆与中华民族共同体意识的生成：以湘西苗族家谱建构为例的讨论》（2021）、马冬梅等的《中华民族共同体意识的历史逻辑与理论渊源探析》（2022）、周丙华的《对土司地区儒学教育的理性审视——兼及铸牢中华民族共同体意识》（2021）、叶世才等的《论铸牢中华民族共同体意识面临的五个难题及其改进路径》（2022）、张世均的《中华民族共同体意识视域下维护西藏边疆领土安全的协同行动——以民国后期中央政府与西藏地方政府为中心的考察》（2021）、王仕民等的《铸牢中华民族共同体意识的符号表达》（2021）、崔榕等的《文化认同与中华民族共同体建设》（2021）、陈纪等的《论铸牢中华民族共同体意识的历史基础与实践目标》（2021）、郑旺全等的《中华民族共同体意识的话语演进与内涵深化——基于“五个认同”建构中华民族共同体意识内涵体系框架》（2021）引用。

费孝通主编并由中央民族大学出版社于2019年出版的《中华民族多元一体格局》被武宁的《中华民族共同体凝聚力探源——基于历史根源、关系结构与主体动力三个维度的考察》（2021）、苏发祥等的《论西藏铸牢中华民族共同体意识的历史基础》（2021）引用。

费孝通主编并由中央民族大学出版社于2020年出版的《中华民族多元一体格局》被廖靖靖的《交融·认同·传承——论何兹全先生的中华民族历史观》（2022）、苍铭等的《从历史观上铸牢中华民族共同体意识》（2021）、胡兆义等的《铸牢中华民族共同体意识视域下西藏非物质文化遗产传承保护新思路》（2020）引用。

费孝通所著并由生活·读书·新知三联书店于 2021 年出版的《中华民族的多元一体格局·民族学文选》被周俊华等的《话语重塑与概念流变：从中华民族到中华民族共同体》（2021）引用。

费孝通于 1989 年发表在《中国民族》第 4 期的《中华民族多元一体格局》被罗彩娟等的《一眼六千年——评徐杰舜教授主编〈汉民族史记〉》（2021）引用。

费孝通发表在《中国社会科学在线》的《中华民族多元一体格局》被赵刚等的《中华民族共同体意识的政治属性解读》（2017）引用。

费孝通于 1980 年发表在《社会科学战线》的《迈向人民的人类学》被高永久等的《论中国特色民族学学科建设的时代命题》(2021)引用。

费孝通、林耀华所著并由民族出版社于 1957 年出版的《中国民族学当前的任务》被高永久等的《论中国特色民族学学科建设的时代命题》（2021）、关凯等的《国家建设、现代性与民族学知识生产》（2022）引用。

费孝通所著并由民族出版社于 1988 年出版的《费孝通民族研究文集》被关凯等的《国与族：中华民族共同体构建的知识论反思》（2019）、王丹的《铸牢中华民族共同体意识的多民族民间文艺视角》（2021）、励轩的《中国共产党的中华民族话语百年演进历史》（2021）引用。

费孝通所著并由中央民族大学出版社于 2006 年出版的《费孝通民族研究文集新编》（上卷）被何明的《以铸牢中华民族共同体意识为主线的民族学学科建构》（2021）、蒙祥忠的《费孝通对贵州民族研究工作的贡献及当代意义》（2021）、蒙祥忠等的《联结与交融：从民族交错地带看中华民族共同体》（2021）、麻国庆等的《作为方法的云贵高原——从费孝通的区域板块研究看中华民族共同体》（2022）引用。

费孝通所著并由中央民族大学出版社于 2006 年出版的《费孝通

中华民族共同体意识的社会心理路径》（2019）、王伟等的《新国共产党铸牢中华民族共同体意识研究：逻辑缘起、价值意蕴践路径》（2021）、青觉等的《中华民族共同体意识：概念内涵、分析与实践逻辑》（2018）引用。

费孝通于1998年发表在《读书》第11期的《从反思到文化自觉交流》被王炎龙等的《中华民族共同体意识产生、发展和完善的基本逻辑——从媒体话语叙事到文化价值认同的新透视》（2021）引用。

费孝通于2003年发表在《文史哲》第3期的《文化自觉的思想来源与现实意义》被王炎龙等的《中华民族共同体意识产生、发展和完善的基本逻辑——从媒体话语叙事到文化价值认同的新透视》（2021）引用。

费孝通所著并由华东师范大学出版社于2018年出版的《江村经济》被么加利等的《文化共生观照下中华民族共同体的建构逻辑》（2021）引用。

费孝通所著并由华东师范大学出版社于2014年出版的《中国文化的重建》被陈达云等的《民族教育塑造中华民族共同体意识的四重逻辑——学习习近平总书记关于民族教育重要论述研究》（2021）、宫丽的《铸牢中华民族共同体意识的文化路径》（2019）、朱尉等的《中华民族共同体意识的内涵阐释与理论拓展》（2021）引用。

费孝通于1996年发表在《北京大学学报（哲学社会科学版）》第4期的《重读〈江村经济·序言〉》被海路等的《论民族教育研究的空间结构——基于费孝通的学术研究路径》（2022）引用。

费孝通于1995年发表在《北京大学学报（哲学社会科学版）》第2期的《农村、小城镇、区域发展——我的社区研究历程的再回顾》被海路等的《论民族教育研究的空间结构——基于费孝通的学术研究路径》（2022）引用。

费孝通于1982年发表在《中南民族学院学报（哲学社会科学版）》第3期的《谈深入开展民族调查问题》被海路等的《论民族教育研究的空间结构——基于费孝通的学术研究路径》（2022）、刘俐俐的《基民族研究文集新编》（下卷）被蒙祥忠的《费孝通对贵州民族研究工作的贡献及当代意义》（2021）、张福强的《中国共产党铸牢中华民族共同体意识的成功实践——以中央民族访问团为中心的考察》（2021）、蒙祥忠等的《联结与交融：从民族交错地带看中华民族共同体》（2021）、麻国庆等的《作为方法的云贵高原——从费孝通的区域板块研究看中华民族共同体》（2022）、杨建军等的《中华民族共同体视域下少数民族文学批评的他者话语化用的反思与构建》（2022）、武显云的《跨文化视域下民族高校铸牢大学生中华民族共同体意识路径》（2021）引用。

费孝通著并由中央民族大学出版社于2006年出版的《六上瑶山》被罗彩娟的《1949年以来广西壮族自治区加强民族交往交流交融的实践与启示》（2021）引用。

费孝通著并由生活·读书·新知三联书店于1951年出版的《兄弟民族在贵州》被蒙祥忠的《费孝通对贵州民族研究工作的贡献及当代意义》（2021）、张福强的《中国共产党铸牢中华民族共同体意识的成功实践——以中央民族访问团为中心的考察》（2021）、麻国庆等的《作为方法的云贵高原——从费孝通的区域板块研究看中华民族共同体》（2022）引用。

费孝通所著并由群言出版社于1999年出版的《费孝通文集》被张晓红等的《自在与自觉：中华民族共同体生成的历史脉络》（2021）引用。

费孝通所著并由群言出版社于1999年出版的《费孝通文集》（第1卷）被何明的《以铸牢中华民族共同体意识为主线的民族学学科建构》（2021）引用。

费孝通所著并由群言出版社于1999年出版的《费孝通文集》（第4卷）被石硕的《人类学对铸牢中华民族共同体意识的作用——兼谈中国人类学的当代使命与责任》（2020）引用。

费孝通所著并由群言出版社于1999年出版的《费孝通文集》（第6卷）被陈建樾的《团结各民族为一体：新中国成立初期民族政策大

检查的缘起与实施》（2021）引用。

费孝通所著并由群言出版社于1999年出版的《费孝通文集》（第11卷）被娜仁琪琪格等的《习近平关于铸牢中华民族共同体意识的重要论述及现实意义》（2022）、黄超等的《明代云南治边实践与铸牢中华民族共同体意识》（2022）、麻国庆等的《作为方法的云贵高原——从费孝通的区域板块研究看中华民族共同体》（2022）、左鹏的《从"华夷之辨"到中华民族共同体意识》（2021）引用。

费孝通所著并由群言出版社于1999年出版的《费孝通文集》（第12卷）被杨金香等的《社会实践理论视域下铸牢中华民族共同体意识实践构想》（2022）引用。

费孝通所著并由群言出版社于1999年出版的《费孝通文集》（第13卷）被郑师渠的《中华民族共同体意识的近代思想论争——从傅斯年、顾颉刚到费孝通、白寿彝》（2022）引用。

费孝通所著并由群言出版社于1999年出版的《费孝通文集》（第14卷）被王延中的《正确把握中华民族共同体建设的重大关系》（2022）、程东亚等的《中华民族共同体意识融入民族地区校本课程开发路径探索》（2020）、陈宇的《中华民族共同体的复合互嵌格局与多元一体交融》（2018）引用。

费孝通所著并由群言出版社于2001年出版的《费孝通文集》（第15卷）被陈宇的《中华民族共同体的复合互嵌格局与多元一体交融》（2018）引用。

费孝通所著并由群言出版社于2000年出版的《费孝通论西部开发与区域经济》被宁亚芳的《中国民族地区现代化建设成效与基本经验》（2021）引用。

费孝通所著并由群言出版社于2005年出版的《费孝通论文化与文化自觉》被陈宇的《中华民族共同体的复合互嵌格局与多元一体交融》（2018）引用。

费孝通所著并由群言出版社于2010年出版的《文化与文化自觉》被李世武的《多民族艺术"三维交融"铸牢中华民族共同体意识》

（2021）、王丹的《铸牢中华民族共同体意识的多民族民间文艺视角》（2021）、程东亚等的《中华民族共同体意识融入民族地区校本课程开发路径探索》（2020）引用。

费孝通所著并由群言出版社于2016年出版的《文化与文化自觉》被卞之峣的《构建和完善铸牢中华民族共同体意识制度体系的文化方略》（2020）、邹广文等的《中华民族共同体文化认同的历史生成逻辑》（2021）引用。

费孝通所著（费宗惠、张荣华编）并由内蒙古人民出版社于2009年出版的《费孝通论文化自觉》被王明科的《中华民族共同体意识在新疆文学史上的根植》（2018）、张小军的《“中华民族共同体”的差序格局及其文化实践》（2020）引用。

费孝通于1991年发表在《中南民族学院学报（哲学社会科学版）》第8期的《在人生的天平上》被袁剑等的《边疆博物与中华民族共同体建设的构想——吴泽霖学术思想菁华及当代启示》（2021）引用。

费孝通于1956年发表在《考古通讯》第3期的《开展少数民族地区和与少数民族历史有关的地区的考古工作——在考古工作会议上的发言》被麻国庆等的《作为方法的云贵高原——从费孝通的区域板块研究看中华民族共同体》（2022）引用。

费孝通于1990年发表在《读书》第10期的《缺席的对话——人的研究在中国——个人的经历》被麻国庆等的《作为方法的云贵高原——从费孝通的区域板块研究看中华民族共同体》（2022）引用。

费孝通于1999年发表在《群言》第11期的《小民族，大家庭》被蒙祥忠的《费孝通对贵州民族研究工作的贡献及当代意义》（2021）引用。

费孝通于1985年发表在《群言》第8期的《西部经济发展和各民族共同繁荣》被蒙祥忠的《费孝通对贵州民族研究工作的贡献及当代意义》（2021）引用。

费孝通于1993年发表在《中国社会科学》第1期的《中国城乡发展的道路——我一生的研究课题》被龙金菊等的《民族心态秩序构

建：铸牢中华民族共同体意识的社会心理路径》（2019）、王伟等的《新时代中国共产党铸牢中华民族共同体意识研究：逻辑缘起、价值意蕴和实践路径》（2021）、青觉等的《中华民族共同体意识：概念内涵、要素分析与实践逻辑》（2018）引用。

费孝通于1998年发表在《读书》第11期的《从反思到文化自觉和交流》被王炎龙等的《中华民族共同体意识产生、发展和完善的基本逻辑——从媒体话语叙事到文化价值认同的新透视》（2021）引用。

费孝通于2003年发表在《文史哲》第3期的《文化自觉的思想来源与现实意义》被王炎龙等的《中华民族共同体意识产生、发展和完善的基本逻辑——从媒体话语叙事到文化价值认同的新透视》（2021）引用。

费孝通所著并由华东师范大学出版社于2018年出版的《江村经济》被么加利等的《文化共生观照下中华民族共同体的建构逻辑》（2021）引用。

费孝通所著并由华东师范大学出版社于2014年出版的《中国文化的重建》被陈达云等的《民族教育塑造中华民族共同体意识的四重逻辑——学习习近平总书记关于民族教育重要论述研究》（2021）、宫丽的《铸牢中华民族共同体意识的文化路径》（2019）、朱尉等的《中华民族共同体意识的内涵阐释与理论拓展》（2021）引用。

费孝通于1996年发表在《北京大学学报（哲学社会科学版）》第4期的《重读〈江村经济·序言〉》被海路等的《论民族教育研究的空间结构——基于费孝通的学术研究路径》（2022）引用。

费孝通于1995年发表在《北京大学学报（哲学社会科学版）》第2期的《农村、小城镇、区域发展——我的社区研究历程的再回顾》被海路等的《论民族教育研究的空间结构——基于费孝通的学术研究路径》（2022）引用。

费孝通于1982年发表在《中南民族学院学报（哲学社会科学版）》第3期的《谈深入开展民族调查问题》被海路等的《论民族教育研究的空间结构——基于费孝通的学术研究路径》（2022）、刘俐俐的《基于“中华民族共同体”的中国民族文学价值观念及其文学批评意义》（2022）、周传斌等的《多民族共有符号与中华民族共同体意识的培育——以河湟民族走廊牡丹景观为例》（2021）、袁东升的《族际生态位育论：中华民族共同体的多维关联性》（2021）、王建新等的《河西走廊多民族交融发展的历史作用与现实意义》（2019）、王延中等的《中华民族共同体的结构与秩序》（2022）引用。

费孝通于1989年发表在《北京大学学报（哲学社会科学版）》第4期的《中华民族的多元一体格局》被孟凡丽等的《以社会主义核心价值观引领中华民族共同体意识培育》（2022）、高永久等的《论民族交往交流交融与铸牢中华民族共同体意识的思想基础》（2021）、吕峰的《“团结－治理－共享”：习近平新时代民族工作高质量发展论述研究》（2021）、王延中等的《中华民族共同体的结构与秩序》（2022）、郑亮的《建设性新闻视角下“中国故事”的叙事策略研究》（2020）、孙昊的《多学科聚力铸牢中华民族共同体意识研究（笔谈二）·在整体历史中把握中华民族多元一体的发展轨迹》（2020）、励轩的《中国共产党的中华民族话语百年演进历史》（2021）、满珂等的《民族文化交流交融与“中华民族共同体”的生成发展探析——以西北地区为例》（2021）、邹广文的《论中华民族共同体的文化叙事结构》（2021）、孙琳的《以情感认同铸牢大学生中华民族共同体意识：依据、机理与路径》（2021）、孙懿的《中华民族共同体的本质属性及意义》（2019）、王俊秀等的《社会心理服务体系建设视角下铸牢中华民族共同体意识的路径——基于共同内群体认同理论》（2021）、刘永刚的《中华民族共同体意识的二维向度与演进逻辑》（2021）、徐黎丽等的《论共同价值体系对中华民族共同体的行为规范作用》（2021）、张神根等的《从历史生成到时代价值：铸牢中华民族共同体意识的多重蕴涵》（2022）、范可的《略论民族共同体的发展方向——兼及铸牢中华民族共同体意识》（2022）、张淑娟的《中华民族共同性的类型、凝聚机制与形成过程》（2022）、李静的《中华民族共同体意识结构的心理学分析》（2021）、慕玲的《少数民族题材电影："一体多元"问题与共同体意识的形塑》（2020）、林育川等的《以社会主义理想铸牢中华民族共同体意识》（2022）、周平的《中华民族复兴与民族意识塑造》（2022）、张积家等的《中华民族共同体认同的心理建构与影响因素》（2021）、覃琮的《少数民族口承文献的整理出版与铸牢中华民族共同体意识——以〈瑶族婚俗古歌都才都寅译注〉为例》（2021）、张淑娟的《论中华民族共同体意识的三重意涵》（2020）、李娟的《中华民族共同体意识的历史逻辑》（2022）、王延中等的《中华民族多元一体格局形成的经济、文化、心理因素析论》（2021）、王成等的《中华民族共同体形塑的历史制度机制及其启示》（2022）、方堃的《新中国 70 年中华民族共同体建设的历史逻辑与基本经验》（2019）、刘芷晗等的《文化自觉与铸牢中华民族共同体意识——近代康区汉藏文化交融对铸牢中华民族共同体意识的启示》（2022）、郝亚明等的《"铸牢中华民族共同体意识"政策议程设置研究——基于多源流理论模型的分析》（2022）、奂平清的《论顾颉刚的中华民族共同体思想：以民族史编撰为中心》（2021）、陈锦均的《民族高等院校在铸牢中华民族共同体意识中的时代使命》（2019）、孔亭的《铸牢中华民族共同体意识的制度化分析》（2021）、王延中的《正确把握中华民族共同体建设的重大关系》（2022）、苏泽宇的《认同视阈下中华民族共同体意识的建构》（2020）、王炎龙等的《中华民族共同体意识产生、发展和完善的基本逻辑——从媒体话语叙事到文化价值认同的新透视》（2021）、崔榕等的《文化认同与中华民族共同体建设》（2021）、李维军等的《社会工程思维与铸牢中华民族共同体意识的辩证实践》（2021）、管占龙等的《主体间性视阈下高校中华民族共同体教育的行动逻辑与实践路径》（2022）、雷振扬的《铸牢中华民族共同体意识研究需拓展的三个维度》（2019）、陈立鹏等的《习近平关于铸牢中华民族共同体意识重要论述的理论要点》（2021）、周平的《中华民族认知的四个维度》（2021）、方李莉等的《"中华民族视觉形象"与"共同体意识建构"笔谈・视觉形象：中华民族文化认同的符号建构》（2021）、孙妍的《统编历史教材中民族交往交流交融内容教学指要》（2022）、陈宇的《中华民族共同体的复合互嵌格局与多元一体交融》（2018）、周平的《铸牢中华民族共同体意识的双重进路》（2020）、孔亭等的《论中华民族共同体的基本内涵》（2019）、杨毅等的《中华民族档案：民族档案的时代内涵》（2019）、程东亚等的《中华民族共同体意识融入民族地区校本课程开发路径探索》（2020）、林林等的《习近平关于中华民族共同体意识的重要论述探析——对全球化视域下中华民族共同体意识的塑造》（2019）、李资源等的《中国共产党对铸牢中华民族共同体意识的核心作用》（2021）、姜洪伟等的《儿童绘本中民族共同体文化图景意识探讨》（2020）、徐祖祥等的《铸牢中华民族共同体意识视域下富宁蓝靛瑶丧葬仪式及村落共同体维系》（2021）、王延中的《扎实推进中华民族共同体建设》（2022）、刘诗谣等的《流动与互嵌：铸牢中华民族共同体意识的结构维度——基于贡山独龙族怒族自治县的田野考察》（2021）、许政等的《中华民族共同体的建设及其发展历程》（2022）、麻国庆的《公共记忆与中华民族共同体认同》（2022）、李静等的《共同内群体认同视角下铸牢中华民族共同体意识研究》（2021）、周传斌等的《多民族共有符号与中华民族共同体意识的培育——以河湟民族走廊牡丹景观为例》（2021）、常宝的《构建中华民族共同体社会史研究体系：学术、话语与实践》（2021）、武宁的《中华民族共同体凝聚力探源——基于历史根源、关系结构与主体动力三个维度的考察》（2021）、王海锋的《重大哲学命题与构建当代中国马克思主义哲学学术体系——基于学术史的历史性检视与反思》（2020）、周智生等的《以“四个共同”为核心：全面推进中华民族共同体意识教育》（2021）、吴明策等的《中华民族共同体视域下阿富汗重建对新疆民族地区安全与发展的影响及应对》（2022）、王丹的《铸牢中华民族共同体意识的多民族民间文艺视角》（2021）、王军等的《当代中国民族团结话语的演进及其理论源流》（2020）、王延中的《推动新时代各民族“三个相互”创新发展》（2020）、袁东升的《族际生态位育论：中华民族共同体的多维关联性》（2021）、阎树群等的《“中华民族共同体”的观念建构与意识铸造》（2022）、王海锋的《“中华民族共同体意识”的哲学追问及其实践抉择》（2022）、朱碧波的《论中华民族共同体建设的结构体系》（2022）、龙金菊的《“共同体”语义下的中华民族共同体建设》（2019）、范君等的《“石榴籽”效应：铸牢中华民族共同体意识的应然视角》（2018）、郝亚明的《铸牢中华民族共同体意识的若干话语趋向》（2022）、沈向兴等的《铸牢中华民族共同体意识的云南实践与启示》（2021）、高承海等的《从西方多元文化主义的困境看我国“多元一体”思想的优势》（2022）、张淑娟的《中国共产党培育中华民族共同体意识的百年历程：话语、成就与经验》（2021）、王兰的《从“锦标主义”到“中华民族一家亲”——全国民族运动会价值观的嬗变》（2019）、关凯等的《国与族：中华民族共同体构建的知识论反思》（2019）、邱开玉等的《交往中生成：近代畲民的中华民族认同》（2021）、向驰的《抗战时期中国共产党中华民族观的嬗变及其价值意蕴》（2021）、彭佳等的《指示性与民族记忆：中华民族共同体视域中的符号建构》（2021）、海路等的《论民族教育研究的空间结构——基于费孝通的学术研究路径》（2022）、叶江的《铸牢中华民族共同体意识的目标和方向——从当今世界正面临百年未有之大变局谈起》（2021）、范君等的《铸牢中华民族共同体意识的文化方略》（2018）、熊文景的《以历史记忆铸牢中华民族共同体意识的逻辑理路》（2022）、冯月季等的《文化符号学视域下的中华民族共同体意识建构》（2021）、曹为的《共同体视域下的中华民族：基本内涵与建设逻辑》（2020）、张利国等的《中华民族共同体意识内在意涵的研究范式与关系重构——基于马克思主义人的意识理论视角》（2022）、赵刚的《民族政策与中华民族共同体意识的建构》（2017）、邱开玉的《神话视域下中华民族共同体意识的形成与发展——以盘瓠神话的畲族叙述为例》（2022）、石硕的《人类学对铸牢中华民族共同体意识的作用——兼谈中国人类学的当代使命与责任》（2020）、乌日罕的《中华民族共同体意识建设的交往经验理路探析》（2022）、李艳峰的《习近平“四个共同”重要论述对新时代中国民族史研究范式转换的方法论价值》（2022）、张小军的《“中华民族共同体”的差序格局及其文化实践》（2020）、黄秀蓉的《当代云南文山苗族通婚圈变迁与铸牢中华民族共同体意识的实践路径》（2022）、于玉慧等的《“四个共同”：中华民族共同体理论阐释的新向度》（2021）、王林平等的《移动互联时代铸牢中华民族共同体意识的传播挑战及其应对之策》（2022）、王丹的《“同源共祖”神话记忆：中华民族共同体形成的思想文化根基》（2021）、朱碧波的《建构论：中华民族共同体的理论新解》（2020）、夏文斌等的《中华民族共同体视域下的民族团结》（2019）、石硕的《铸牢中华民族共同体意识是人民美好生活的需要》（2020）、乔姗姗等的《铸牢中华民族共同体意识研究的三个维度》（2021）、高永久等的《马克思主义交往理论视域下的民族交往交流交融：概念内涵与逻辑依循》（2022）、海路等的《中华民族历史观教育：内涵、价值与实践路径》（2022）、曹为的《中国共产党推动中华民族共同体建设的百年历程》（2021）、杨建军等的《藏族弓箭文化符号铸牢中华民族共同体意识研究》（2022）、李娟的《中华民族共同体意识发展的思想实践逻辑》（2021）、李雅宁等的《民族信任铸牢中华民族共同体意识的心理路径》（2022）引用。

费孝通于1990年发表在《北京大学学报（哲学社会科学版）》第4期的《中华民族研究的新探索》被张淑娟的《新中国70年中华民族共同体意识培育回溯》（2019）、郝亚明的《从政治定位来深化对铸牢中华民族共同体意识的认识》（2021）、陈纪等的《论铸牢中华民族共同体意识的历史基础与实践目标》（2021）、雷振扬的《铸牢中华民族共同体意识研究需拓展的三个维度》（2019）、魏霞等的《边界跨越与中华民族共同体建设》（2021）、蒋永发等的《中华民族共同体意识：何谓与何为》（2021）引用。

费孝通于2003年发表在《北京大学学报（哲学社会科学版）》第3期的《试谈扩展社会学的传统界限》被范可的《略论民族共同体的发展方向——兼及铸牢中华民族共同体意识》（2022）引用。

费孝通所著并由知识出版社于1985年出版的《社会调查自白》被范可的《略论民族共同体的发展方向——兼及铸牢中华民族共同体意识》（2022）引用。

费孝通主编并由中国社会科学出版社于1991年出版的《中华民族研究新探索》被张淑娟的《新中国70年中华民族共同体意识培育回溯》（2019）、张小军的《“中华民族共同体”的差序格局及其文化实践》（2020）、李赟的《“中华民族共同体”叙事的逻辑结构和历史意义探析》（2019）、李赟等的《从中华民族共同体到中华民族实体建设——兼论习近平中华民族共同体观的理论创新与实践要求》（2019）、李维军等的《铸牢中华民族共同体意识的历史赓续与现实发展——基于历史、现实和未来的三维视角》（2021）、徐黎丽等的《论中华民族共同体的现代含义》（2021）、周平的《铸牢中华民族共同体意识的双重进路》（2020）、张神根等的《从历史生成到时代价值：铸牢中华民族共同体意识的多重蕴涵》（2022）、李维军等的《社会工程思维与铸牢中华民族共同体意识的辩证实践》（2021）、励轩的《中国共产党的中华民族话语百年演进历史》（2021）引用。

费孝通于1996年发表在《北京大学学报（哲学社会科学版）》第1期的《开风气育人才》被石硕的《人类学对铸牢中华民族共同体意识的作用——兼谈中国人类学的当代使命与责任》（2020）引用。

费孝通于2004年发表在《思想战线》第2期的《对文化的历史性和社会性的思考》被王延中等的《中华民族多元一体格局形成的经济、文化、心理因素析论》（2021）、许宪隆等的《近现代少数民族名人群体的国家认同》（2022）引用。

费孝通于1997年发表在《北京大学学报（哲学社会科学版）》第2期的《简述我的民族研究经历和思考》被张淑娟的《新中国70年中华民族共同体意识培育回溯》（2019）、海路等的《论民族教育研究的空间结构——基于费孝通的学术研究路径》（2022）、张淑娟的《建构与解构：中华民族共同体意识培育中的民族主义因素》（2018）、刘晓伟的《少数民族题材电视剧中的中华民族共同体叙事》

（2018）、吴玉军等的《论国家认同视域中的民族认同建构》（2019）、田建荣等的《铸牢中华民族共同体意识的诠释学理路——来自汉斯-乔治·伽达默尔的分析视角》（2021）、赵刚的《民族政策与中华民族共同体意识的建构》（2017）、王文光的《中华民族共同体与中国边疆学研究笔谈·中华民族共同体研究三题》（2022）、李艳峰的《习近平“四个共同”重要论述对新时代中国民族史研究范式转换的方法论价值》（2022）、郑师渠的《中华民族共同体意识的近代思想论争——从傅斯年、顾颉刚到费孝通、白寿彝》（2022）、陈宇的《中华民族共同体的复合互嵌格局与多元一体交融》（2018）、张晓红等的《自在与自觉：中华民族共同体生成的历史脉络》（2021）、王延中等的《中华民族共同体的结构与秩序》（2022）、郭连锋等的《论“中华民族共同体”视域下民族教育研究中的民族性思路》（2019）、虎有泽等的《国家认同视域下中华民族共同体意识》（2018）、青觉等的《文化润疆：新时代新疆地区铸牢中华民族共同体意识的理念、话语与实践逻辑》（2021）、孙秀玲的《新时代西部民族地区铸牢中华民族共同体意识的文化方略》（2022）、励轩的《中国共产党的中华民族话语百年演进历史》（2021）引用。

费孝通于1997年发表在《北京大学学报（哲学社会科学版）》第3期的《反思·对话·文化自信》被张前的《铸牢中华民族共同体意识的文化实践》（2019）、宣朝庆等的《历史记忆与自我认同：中华民族共同体意识的文化自觉》（2021）引用。

费孝通于2003年发表在《学术研究》第7期的《关于“文化自觉”的一些自白》被宣朝庆等的《历史记忆与自我认同：中华民族共同体意识的文化自觉》（2021）引用。

费孝通于2000年发表在《广西民族学院学报》（哲学社会科学版）第5期的《21世纪人类学面临的新挑战》被杨金香等的《社会实践理论视域下铸牢中华民族共同体意识实践构想》（2022）引用。

费孝通于2000年发表在《厦门大学学报》（哲学社会科学版）第4期的《百年中国社会变迁与全球化过程中的“文化自觉”》被杨

金香等的《社会实践理论视域下铸牢中华民族共同体意识实践构想》（2022）、程东亚等的《中华民族共同体意识融入民族地区校本课程开发路径探索》（2020）引用。

费孝通于1989年发表在《群言》第3期的《中华民族多元一体格局形成的特点》被王平原的《网络社会中的民族国家认同——卡斯特网络国家理论对铸牢中华民族共同体意识的启示》（2021）、陈纪等的《论铸牢中华民族共同体意识的历史基础与实践目标》（2021）引用。

费孝通于1989年发表在《群言》第12期的《从小培养21世纪的人》被杨金香等的《社会实践理论视域下铸牢中华民族共同体意识实践构想》（2022）引用。

费孝通所著（方李莉编）并由外语教学与研究出版社于2013年出版的《全球化与文化自觉——费孝通晚年文选》被杨金香等的《社会实践理论视域下铸牢中华民族共同体意识实践构想》（2022）、李爱龙的《中华民族共同体意识的三重确证》（2022）、张小军的《“中华民族共同体”的差序格局及其文化实践》（2020）、管健等的《知情意行：四维一体铸牢中华民族共同体意识》（2021）、贺海仁的《中华民族共同体的法理解释》（2018）引用。

费孝通所著并由生活·读书·新知三联书店于1947年出版的《乡土中国》被张小军的《“中华民族共同体”的差序格局及其文化实践》（2020）引用。

费孝通所著并由生活·读书·新知三联书店于1985年出版的《乡土中国》被唐贤秋等的《民族信任的内涵、特征与实现路径》（2020）、李静等的《共同内群体认同视角下铸牢中华民族共同体意识研究》（2021）、青觉等的《新时代边疆稳定发展的情感政治学研究——边疆地区铸牢中华民族共同体意识的情感路径分析》（2019）引用。

费孝通所著并由北京出版社于2005年出版的《乡土中国》被朱忠元的《“花儿”方言呈现的地域文化性格与铸牢中华民族共同体意识》（2021）引用。

费孝通所著并由上海人民出版社于2006年出版的《乡土中国》

被青觉等的《团结稳疆：新时代新疆推进中华民族共同体建设的社会稳定机制研究》（2022）引用。

费孝通所著并由上海世纪出版集团于2007年出版的《乡土中国》被张积家等的《中华民族共同体认同的心理建构与影响因素》（2021）引用。

费孝通所著并由凤凰出版传媒集团于2007年出版的《乡土中国》被徐燕等的《西北民族走廊上的族际亲缘关系研究——兼论其对铸牢中华民族共同体意识的启示》（2021）引用。

费孝通所著并由人民出版社于2008年出版的《乡土中国》被王丹的《“同源共祖”神话记忆：中华民族共同体形成的思想文化根基》（2021）引用。

费孝通所著并由北京大学出版社于2012年出版的《乡土中国》被马俊毅的《抗击新冠肺炎疫情与中华民族共同体精神的再凝聚》（2020）引用。

费孝通所著并由上海人民出版社于2013年出版的《乡土中国》（修订版）被肖灵的《民族团结如何应对现代性断裂的挑战——以族际信任作为理论工具的考察》（2020）、青觉等的《新时代多民族国家建设与铸牢中华民族共同体意识——以人民为中心的理论与实践》（2021）、蒋慧等的《铸牢中华民族共同体意识与民族地区基层治理现代化》（2022）引用。

费孝通所著并由人民出版社于2015年出版的《乡土中国》被白晋湘等的《交往交流交融：苗疆传统体育铸牢中华民族共同体意识的三重路径》（2022）、严庆等的《“大一统”与中华民族共同体意识的形成》（2018）引用。

费孝通所著并由北京大学出版社于1998年出版的《乡土中国生育制度》被蒙祥忠的《祖先本质的多面性与俅家祭祖仪式研究——铸牢中华民族共同体意识的一个思考视角》（2021）引用。

费孝通所著并由北京大学出版社于2004年出版的《乡土中国生育制度》被罗青的《中华民族共同体视域下民族杂居乡村共同体构

建——基于怒江州片马镇的考察》（2021）引用。

费孝通所著（刘豪兴编）并由上海人民出版社于2013年出版的《文化的生与死》被吴新文的《新思想引领新时代——论习近平新时代中国特色社会主义思想对中华民族伟大复兴的意义》（2018）、杨宏伟的《经济全球化境遇中的中华民族共同体建构》（2019）引用。

费孝通主编并由华夏出版社于2004年出版的《论人类学与文化自觉》被詹小美等的《铸牢中华民族共同体意识文化探赜》（2021）、田烨的《从文化整合到意识自发：构建中华民族共同体的理论逻辑与实践路径》（2021）、王瑜等的《论加强各民族交往交流交融的内涵辨析、理论释析与教育路径探析》（2020）、张少春的《互嵌式社会视域下的民族团结研究》（2019）、王俊秀等的《社会心理服务体系建设视角下铸牢中华民族共同体意识的路径——基于共同内群体认同理论》（2021）、孙海芳等的《路网与疆域：从新疆历代古道路网变迁看中华民族共同体的形成发展》（2022）引用。

费孝通于1939年发表在《益世报·边疆周刊》第19期的《关于民族问题的讨论》被杨须爱的《各民族交融汇聚史知识再生产的价值与路径——以铸牢中华民族共同体意识为视角》（2021）、关凯等的《国与族：中华民族共同体构建的知识论反思》（2019）、左鹏的《从“华夷之辨”到中华民族共同体意识》（2021）、励轩的《对一些多民族国家“人民”话语的分析》（2021）引用。

费孝通和李亦园于1998年发表在《北京大学学报（哲学社会科学版）》第6期的《中国文化与新世纪的社会学人类学——费孝通、李亦园对话录》被徐燕等的《西北民族走廊上的族际亲缘关系研究——兼论其对铸牢中华民族共同体意识的启示》（2021）引用。

费孝通于1980年发表在《中国社会科学》第1期的《关于我国民族的识别问题》被詹小美等的《铸牢中华民族共同体意识文化探赜》（2021）、王万平的《南方丝绸之路上的民族迁徙、文化交流和节庆共享——中华民族共同体形成与发展的一个典型案例》（2019）、杨玢的《铸牢中华民族共同体意识的时代论域》（2019）、常轶军等的《中华民族共同体意识的政治认同意涵》（2021）、徐欣顺等的《以人民为中心：新时代民族事务治理的政治之道》（2021）、彭尚源的《少数民族大学生的中华民族共同体意识培育途径研究》（2020）、袁东升的《族际生态位育论：中华民族共同体的多维关联性》（2021）、蒙祥忠的《费孝通对贵州民族研究工作的贡献及当代意义》（2021）、麻国庆等的《作为方法的云贵高原——从费孝通的区域板块研究看中华民族共同体》（2022）、宣朝庆等的《历史记忆与自我认同：中华民族共同体意识的文化自觉》（2021）、李娟的《中华民族共同体意识的历史逻辑》（2022）、王延中等的《中华民族共同体的结构与秩序》（2022）、朱金春的《从主体性到公共性：建国 70 年来民族政策的价值转向与实践转型》（2019）、蒋永发等的《中华民族共同体意识：何谓与何为》（2021）引用。

费孝通于 2001 年发表在《思想战线》第 6 期的《创建一个和而不同的全球社会——在国际人类学与民族学联合会中期会议上的主旨发言》被杨须爱的《各民族交融汇聚史知识再生产的价值与路径——以铸牢中华民族共同体意识为视角》（2021）、李吉和等的《先秦时期儒家中华民族文化价值观述论》（2021）、袁东升的《族际生态位育论：中华民族共同体的多维关联性》（2021）、廖杨的《新冠疫情防控与中华民族共同体意识的提升路径》（2021）、常宝的《构建中华民族共同体社会史研究体系：学术、话语与实践》（2021）引用。

费孝通于 1951 年发表在《新建设》第 4 卷第 3 期的《发展为少数民族服务的文艺工作》被李晓峰的《论少数民族文学的社会功能与评价体系》（2021）引用。

费孝通于 2005 年发表在《群言》第 1 ~ 2 期的《“美美与共”和人类文明》被奂平清的《论顾颉刚的中华民族共同体思想：以民族史编撰为中心》（2021）引用。

费孝通于 2005 年发表在《群言》第 2 期的《“美美与共”和人类文明（下）》被朱军的《中华民族共同体的族际生态建设：理据、机制与路径》（2022）、张波等的《中华民族共同体意识的历史维度和内在属性》（2021）引用。

费孝通于1993年发表在《读书》第11期的《顾颉刚先生百年祭》被奂平清的《论顾颉刚的中华民族共同体思想：以民族史编撰为中心》（2021）引用。

费孝通于2003年发表在《冶金政工研究》第12期的《我为什么主张“文化自觉”》被王瑞萍的《后现代语境下如何铸牢中华民族共同体意识》（2020）引用。

费孝通所著（麻国庆编）并由生活·读书·新知三联书店于2019年出版的《美好社会与美美与共——费孝通对现时代的思考》被石硕的《人类学对铸牢中华民族共同体意识的作用——兼谈中国人类学的当代使命与责任》（2020）、王海锋的《“中华民族共同体意识”的哲学追问及其实践抉择》（2022）、徐黎丽等的《论各民族共有精神家园对中华民族共同体的凝聚作用》（2021）、刘芷晗等的《文化自觉与铸牢中华民族共同体意识——近代康区汉藏文化交融对铸牢中华民族共同体意识的启示》（2022）引用。

费孝通所著并由生活·读书·新知三联书店于1996年出版的《学术自述与反思》被张少春的《互嵌式社会视域下的民族团结研究》（2019）引用。

费孝通、张之毅所著并由天津人民出版社于1990年出版的《云南三村》被海路等的《论民族教育研究的空间结构——基于费孝通的学术研究路径》（2022）引用。

费孝通于1991年在《中国社会科学》第1期发表的《重访云南三村》被麻国庆等的《作为方法的云贵高原——从费孝通的区域板块研究看中华民族共同体》（2022）引用。

费孝通于1988年在《读书》第2期发表的《学术因缘五十年——编〈云南三村〉书后》被李正元等的《类型、互构与中华一体：谷苞农牧区位关系论及其价值》（2022）引用。

费孝通所著并由上海人民出版社于2013年出版的《文化的生与死》被冯月季等的《文化符号学视域下的中华民族共同体意识建构》（2021）

引用。

费孝通所著并由商务印书馆于 2006 年出版的《江村经济——中国农民的生活》被石硕的《人类学对铸牢中华民族共同体意识的作用——兼谈中国人类学的当代使命与责任》（2020）引用。

费孝通所著（方李莉编）并由岳麓书社于 2005 年出版的《费孝通晚年思想录》被纳日碧力戈等的《三维铸牢中华民族共同体意识》（2020）引用。

费孝通于 2001 年发表在《中国民族》第 4 卷第 3 期的《与时俱进继往开来——写在〈民族团结〉更名为〈中国民族〉之际》被于玉慧等的《"四个共同"：中华民族共同体理论阐释的新向度》(2021)引用。

费孝通于 1994 年发表在《北京大学学报（哲学社会科学版）》第 1 期的《个人 · 群体 · 社会——一生学术历程的自我思考》被袁东升的《族际生态位育论：中华民族共同体的多维关联性》(2021)引用。

费孝通于 2003 年发表在《北京大学学报（哲学社会科学版）》第 3 期的《试谈扩展社会学的传统界限》被袁东升的《族际生态位育论：中华民族共同体的多维关联性》（2021）引用。

费孝通于 1997 年发表在《北京大学学报（哲学社会科学版）》第 3 期的《反思 · 对话 · 文化自觉》被王瑜等的《我国各民族交往交流交融的空间生产与实践路径》（2022）引用。

费孝通所著（刘豪兴编）并由上海人民出版社于 2004 年出版的《志在富民》被邓斯雨等的《关系理性视角下铸就中华民族共同体研究》（2020）引用。

费孝通所著并由内蒙古人民出版社于 2009 年出版的《费孝通全集》（第 1 卷）被常宝的《构建中华民族共同体社会史研究体系：学术、话语与实践》（2021）、麻国庆等的《作为方法的云贵高原——从费孝通的区域板块研究看中华民族共同体》（2022）引用。

费孝通所著并由内蒙古人民出版社于 2009 年出版的《费孝通全集》（第 7 卷）被王丹的《铸牢中华民族共同体意识的多民族民间文艺视角》（2021）引用。

费孝通所著并由内蒙古人民出版社于2009年出版的《费孝通全集》（第8卷）被徐欣顺的《中华民族共同性及其增进理路：一个民族政治学的解释》（2022）引用。

费孝通所著并由内蒙古人民出版社于2009年出版的《费孝通全集》（第10卷）被青觉等的《文化润疆：新时代新疆地区铸牢中华民族共同体意识的理念、话语与实践逻辑》（2021）引用。

费孝通所著并由内蒙古人民出版社于2009年出版的《费孝通全集》（第14卷）被海路等的《中华民族历史观教育：内涵、价值与实践路径》（2022）引用。

费孝通所著并由天津人民出版社于1983年出版的《从事社会学五十年》被袁东升的《族际生态位育论：中华民族共同体的多维关联性》（2021）引用。

费孝通所著并由中国社会科学出版社于2005年出版的《费孝通在2003：世纪学人遗稿》被杨文笔的《论聚焦铸牢中华民族共同体意识建设民族学学科》（2022）引用。

费孝通所著并由学苑出版社于2017年出版的《费孝通谈民族和社会：上》被杨文笔的《论聚焦铸牢中华民族共同体意识建设民族学学科》（2022）引用。

费孝通所著并由天津人民出版社于1993年出版的《人的研究在中国》被周俊利的《铸牢民族高校大学生中华民族共同体意识——基于文化纽带视角》（2021）引用。

费孝通所著（赵旭东、秦志杰译）并由生活·读书·新知三联书店于2009年出版的《中国士绅》被何威的《清代河湟乡村治理研究——铸牢中华民族共同体意识的基层视角》（2022）引用。

（2）中国民族理论与民族政策研究院院长、博士生导师严庆教授的成果在党的十八大以来铸牢中华民族共同体意识研究领域的117次被引情况如图3-30所示，具体被引情况如下。

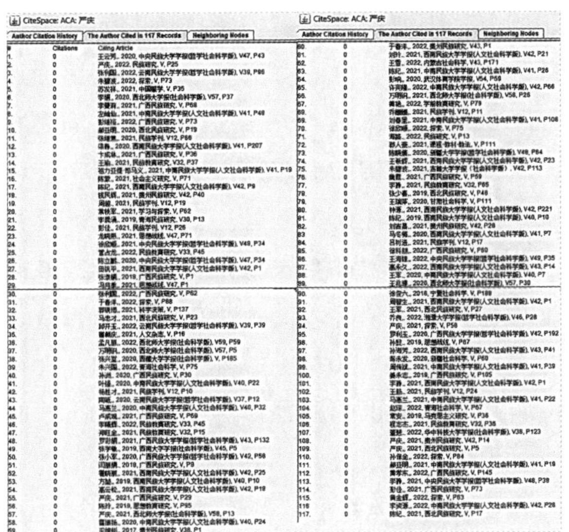

图 3-30　严庆的成果被引情况

严庆于 2017 年在《西南民族大学学报（人文社科版）》第 3 期上发表的《本体与意识视角的中华民族共同体建设》被王云芳的《中华民族共同体意识的社会建构：从自然生成到情感互惠》（2020）、陈纪等的《家国情怀与铸牢中华民族共同体意识》（2021）、罗利玉的《民族院校打牢中华民族共同体意识的逻辑遵循和路径探析》（2020）、孙懿的《中华民族共同体的本质属性及意义》（2019）、马冬梅的《铸牢中华民族共同体意识的制度保障研究》（2020）、彭佳等的《中华民族共同体视域下的符号互动与认同建构——以“马”符号的格雷马斯方阵演进为例》（2021）、马惠兰等的《中华民族共同体意识理论的大众化和生活化》（2021）、赵琛等的《从“传递观”到“仪式观”：铸牢中华民族共同体意识的传播学路径》（2022）、常安的《习近平中华民族共同体建设思想研究》（2018）、李静等的《共同内群体认同视角下铸牢中华民族共同体意识研究》（2021）、李娟的《视角与想象——西北少数民族流动人口中华民族共同体意识社交媒体涵化研究》（2020）、李曼莉的《中华民族共同体意识的三维揭析》（2021）、郝亚明的《社会认同视域下的中华民族共同体意识探析》（2020）、王海锋的《“中华民族共同体意识”的哲学追问及其实践抉择》（2022）、梁静等的《跨民族友谊促进中华民族共同体意识的心理路径及培育机制研究》（2020）、周超等的《共生理论视阈下中华民族共同体建构的五维向度》（2021）、李晨涌等的《国内学界关于中华民族共同体研究述评——基于CSSCI数据库的分析》（2019）、彭佳等的《指示性与民族记忆：中华民族共同体视域中的符号建构》（2021）、宣朝庆等的《历史记忆与自我认同：中华民族共同体意识的文化自觉》（2021）、陈立鹏等的《民族心理距离视域下铸牢中华民族共同体意识的路径研究》（2020）、郑旺全等的《中华民族共同体意识的话语演进与内涵深化——基于“五个认同”建构中华民族共同体意识内涵体系框架》（2021）、张兴堂等的《西藏高校开展中华民族共同体教育的思考》（2020）、许宪隆等的《近现代少数民族名人群体的国家认同》（2022）、王兆璟等的《中华民族共同体研究的可视化分析——基于CNKI 1992—2019年数据》（2020）、陈纪等的《共享资源建设视域下中华民族共同体意识的铸牢路径》（2021）、彭响等的《民族传统体育铸牢中华民族共同体意识研究》（2020）、张淑娟的《建构与解构：中华民族共同体意识培育中的民族主义因素》（2018）、闫丽娟等的《“中华民族共同体意识”的理论渊源探析》（2018）、郭砚博等的《“中华民族共同体意识”知识图谱分析》（2021）、王希辉等的《中华民族共同体意识研究现状与趋势》（2021）、朱碧波的《中华民族共同体：话语出场·概念真意·伦理底蕴》（2021）、郭人豪等的《义务教育阶段数学教学中渗透中华民族共同体意识的路径研究》（2021）、陈晓婧的《社会表征视域下的中华民族共同体建构》（2020）、朱兴国等的《情境教育：铸牢中华民族共同体意识认同论域》（2022）、孙洲的《现状与图景：十八大以来国内学术界“中华民族共同体”研究》（2020）、杨胜才等的《铸牢中华民族共同体意识的优势与定势》（2021）、方堃的《新中国70年中华民族共同体建设的历史逻辑与基本经验》（2019）、高云松等的《论铸牢中华民族共同体意识的认识论基础与实践逻辑》（2021）、张小军的《“中华民族共同体”的差序格局及其文化实践》（2020）、平维彬等的《从文化族类观到国家民族观的嬗变——兼论“中华民族共同体意识”的理论来源》（2017）、陈纪的《铸牢中华民族共同体意识：基于京津冀各民族共有资源建设的调查分析》（2019）、周传斌等的《多民族共有符号与中华民族共同体意识的培育——以河湟民族走廊牡丹景观为例》（2021）、姜永志等的《中华民族共同体意识培育困境及心理学研究进路》（2019）、刘吉昌等的《中华民族共同体意识研究述评》（2021）引用。

严庆等于2018年在《西南民族大学学报（人文社会科学版）》第5期上发表的《“大一统”与中华民族共同体意识的形成》被龙晓燕等的《中华民族共同体意识视角下明至清前期民族思想的继承与发展》（2021）、朱碧波的《中华民族共同体：话语出场·概念真意·伦理底蕴》（2021）、田钒平的《民法典视野下铸牢中华民族共同体意识的法理探讨》（2021）、张淑娟的《建构与解构：中华民族共同体意识培育中的民族主义因素》（2018）、邱开玉的《神话视域下中华民族共同体意识的形成与发展——以盘瓠神话的畲族叙述为例》（2022）、罗彩娟的《铸牢中华民族共同体意识与民族团结进步创建工作路径思考——基于广西环江毛南族自治县陈双村的调查》（2021）、程志杰等的《民族高校大学生铸牢中华民族共同体意识的文化路径》（2021）、张学敏等的《民族教育发展与中华民族共同体意识建设的内生逻辑——新中国70年民族教育及其政策回溯与前瞻》（2019）、陈玲的《在“思想道德修养与法律基础”课中培育大学生中华民族共同体意识的思考》（2019）、王雪的《从中华谚语看中华民族共同体意识之文化认同》（2022）、雷振扬等的《铸牢中华民族共同体意识：研究现状与深化拓展》（2020）、海路等的《中华民族历史观教育：内涵、价值与实践路径》（2022）、孙海芳等的《路网与疆域：从新疆历代古道路网变迁看中华民族共同体的形成发展》（2022）、王瑞萍的《后现代语境下如何铸牢中华民族共同体意识》（2020）、钟源等的《中华民族共同体意识研究演化路径与热点领域分析》（2021）、陈纪的《铸牢中华民族共同体意识：基于京津冀各民族共有资源建设的调查分析》（2019）、刘吉昌等的《中华民族共同体意识研究述评》（2021）、王兆璟等的《中华民族共同体研究的可视化分析——基于CNKI 1992—2019年数据》（2020）、徐俊六的《铸牢中华民族共同体意识与边疆民族地区社会治理关系研究》（2018）、郝亚明等的《中华民族共同体意识研究的热点分析与路径演化——基于CiteSpace的知识图谱分析》（2021）、李静等的《从自在、自觉到自为：中华民族发展的历史逻辑》（2021）引用。

严庆于2020年在《北方民族大学学报》第1期上发表的《政治认同视角中铸牢中华民族共同体意识的思考》被严庆的《多民族国家建设的话语与方略——基于国家建设与民族建设关系的视角》（2022）、彭继裕等的《铸牢中华民族共同体意识的文化论域》（2022）、张继焦等的《抗击疫情与铸牢中华民族共同体意识》（2021）、王瑜等的《民族地区学校铸牢中华民族共同体意识的辩证关系与主要原则——基于“意识三态观”分析框架》（2021）、祖力亚提·司马义等的《中华民族共同体意识的结构层级及其关系》（2021）、陈蒙等的《论社会主义核心价值观引领铸牢中华民族共同体意识的内在机理》（2021）、陈纪等的《论铸牢中华民族共同体意识的历史基础与实践目标》（2021）、蒋永发的《近年来的中华民族共同体意识研究：文献回顾与进路展望》（2020）、常轶军等的《中华民族共同体意识的政治认同意涵》（2021）、郑旺全等的《中华民族共同体意识的话语演进与内涵深化——基于“五个认同”建构中华民族共同体意识内涵体系框架》（2021）、严庆的《本体建设与意识铸牢：试论中华民族共同体研究的理路》（2021）、周智生等的《以“四个共同”为核心：全面推进中华民族共同体意识教育》（2021）、高永久等的《边境牧区各民族铸牢中华民族共同体意识的现实问题与路径选择》（2022）、乔姗姗等的《铸牢中华民族共同体意识研究的三个维度》（2021）、刘吉昌等的《中华民族共同体意识研究述评》（2021）、李资源等的《中国共产党推进中华民族共同体建设的理论与实践》（2022）引用。

严庆等于2021年在《探索》第3期上发表的《当代中国多民族

国家建设的理路及其时代价值——兼论中华民族共同体意识的铸牢策略》被严庆的《多民族国家建设的话语与方略——基于国家建设与民族建设关系的视角》（2022）、严庆的《本体建设与意识铸牢：试论中华民族共同体研究的理路》（2021）引用。

严庆等于2021年在《贵州民族研究》第5期上发表的《主线、理念与作为：深刻把握与贯彻铸牢中华民族共同体意识》被严庆的《多民族国家建设的话语与方略——基于国家建设与民族建设关系的视角》（2022）、徐科朋等的《中华民族共同体视域下少数民族中学生民族团结意识的培育路径研究》（2022）引用。

严庆于2017年在《贵州民族研究》第12期上发表的《羁绊与突围：关于多民族国家文化建设的思考》被左岫仙的《中华共同文化的内涵、意义及建设进路》（2021）、魏霞等的《边界跨越与中华民族共同体建设》（2021）引用。

平维彬、严庆于2017年在《贵州民族研究》第4期上发表的《从文化族类观到国家民族观的嬗变——兼论“中华民族共同体意识”的理论来源》被李晨涌等的《国内学界关于中华民族共同体研究述评——基于CSSCI数据库的分析》（2019）、田钒平的《民法典视野下铸牢中华民族共同体意识的法理探讨》（2021）、张学敏等的《民族教育发展与中华民族共同体意识建设的内生逻辑——新中国70年民族教育及其政策回溯与前瞻》（2019）、霍晓丽的《历史记忆与中华民族共同体意识的生成：以湘西苗族家谱建构为例的讨论》（2021）、海路等的《中华民族历史观教育：内涵、价值与实践路径》（2022）、郝亚明等的《中华民族共同体意识研究的热点分析与路径演化——基于CiteSpace的知识图谱分析》（2021）、李静等的《从自在、自觉到自为：中华民族发展的历史逻辑》（2021）引用。

严庆等于2021年在《西北民族研究》第3期上发表的《铸牢中华民族共同体意识的社会空间整合视角》被张利国的《城市民族互嵌式社会结构和社区建设的行动逻辑与耦合机制研究》（2022）、马忠才的《中华民族共同体的多维互嵌结构及其整合逻辑》（2021）引用。

严庆于2021年在《西北民族研究》第4期上发表的《中华民族共同体建设的命脉与民族工作的方向：增进共同性》被朱碧波的《论中华民族共同体建设的结构体系》（2022）、于春洋的《“铸牢中华民族共同体意识”政策话语的发展脉络与构建逻辑》（2022）、李曦辉等的《教育援藏援疆与铸牢中华民族共同体意识》（2022）、董慧等的《增进共同性：铸牢中华民族共同体意识的重要方向》（2022）、严庆的《用高质量的民族工作践行党关于加强和改进民族工作的重要思想——学习中央民族工作会议精神》（2021）、徐欣顺的《中华民族共同性及其增进理路：一个民族政治学的解释》（2022）、黄金辉等的《国民意识培育：增进中华民族共同性的内核及其进路》（2022）引用。

严庆于2020年在《中央民族大学学报（哲学社会科学版）》第5期上发表的《认知与把握中华民族共同体的内在有机性——铸牢中华民族共同体意识的一个思考视角》被苏发祥等的《论西藏铸牢中华民族共同体意识的历史基础》（2021）、卞成林等的《铸牢中华民族共同体意识的基层经验与底层逻辑：来自广西基层治理成功案例的启示》（2021）、钱民辉等的《民族教育理论范式与中华民族共同体意识的话语建构》（2021）、霍晓丽的《历史记忆与中华民族共同体意识的生成：以湘西苗族家谱建构为例的讨论》（2021）、吕钊进的《超越“族群－民族”二元框架：边界建构范式和认同情境论对中华民族共同体研究的启示》（2021）、黄孝东等的《铸牢中华民族共同体意识视角下非物质文化遗产区域性整体保护》（2022）、陈纪等的《家国情怀与铸牢中华民族共同体意识》（2021）引用。

严庆等于2020年在《民族教育研究》第1期上发表的《深化民族团结进步教育的“共情”视角》被钱民辉等的《民族教育理论范式与中华民族共同体意识的话语建构》（2021）、管占龙等的《主体间性视阈下高校中华民族共同体教育的行动逻辑与实践路径》（2022）、李静的《铸牢中华民族共同体意识背景下高校教师素质提升路径》（2021）引用。

严庆等于2021年在《民族教育研究》第3期上发表的《认知与作为：

如何在新时代深化学校民族团结进步教育》被徐欣顺等的《以人民为中心：新时代民族事务治理的政治之道》（2021）、黄艳的《幼儿民族团结教育的意义与路径》（2022）引用。

严庆等于2015年在《兰州学刊》第12期上发表的《部门化与多元化：中国民族事务治理主体建设研究》被徐欣顺等的《以人民为中心：新时代民族事务治理的政治之道》（2021）引用。

严庆等于2021年在《探索》第3期上发表的《当代中国多民族国家建设的理路及其时代价值——兼论中华民族共同体意识的铸牢策略》被冯月季的《文化符号学视域下的中华民族共同体意识建构》（2021）、张利国等的《中华民族共同体意识内在意涵的研究范式与关系重构——基于马克思主义人的意识理论视角》（2022）、严庆的《主线、理念与作为：深刻把握与贯彻铸牢中华民族共同体意识》（2021）引用。

严庆于2021年在《湖北民族大学学报（哲学社会科学版）》第1期上发表的《探索与创新：中国共产党民族理论的百年发展管窥》被于春洋的《“铸牢中华民族共同体意识”政策话语的发展脉络与构建逻辑》（2022）、卢成观等的《中国共产党百年民族工作的理论主题与发展道路》（2021）、严庆的《主线、理念与作为：深刻把握与贯彻铸牢中华民族共同体意识》（2021）、于春洋等的《构建中华民族共同体的价值、挑战与策略》（2022）引用。

严庆于2015年在《民族论坛》第11期上发表的《“互嵌”的机理与路径》被马忠才的《中华民族共同体的多维互嵌结构及其整合逻辑》（2021）引用。

严庆于2021年在《西北师大学报（社会科学版）》第6期上发表的《本体建设与意识铸牢：试论中华民族共同体研究的理路》被孟凡丽等的《以社会主义核心价值观引领中华民族共同体意识培育》（2022）引用。

严庆等于2015年在《黑龙江民族丛刊》第6期上发表的《关于我国中小学开展民族团结教育状况的调查分析——以对十五所高校本科一年级学生的抽样调查为例》被万明钢的《铸牢中华民族共同体意识

与新时代学校民族团结进步教育的使命》（2020）、万明钢等的《铸牢中华民族共同体意识与学校民族团结进步教育课程建设》（2021）引用。

严庆于2018年在《中国民族报》上发表的《国家建设视域中的中华民族共同体》被孙洲的《现状与图景：十八大以来国内学术界“中华民族共同体”研究》（2020）引用。

严庆于2019年在《民族研究》第1期上发表的《中国民族团结的意涵演化及特色》被叶强的《铸牢中华民族共同体意识的地方立法路径及完善》（2020）、刘玲等的《“十三五”时期民族团结研究回顾与展望》（2021）、王军等的《当代中国民族团结话语的演进及其理论源流》（2020）引用。

严庆等于2019年在《西南民族大学学报（人文社科版）》第8期上发表的《大众传播视角下深化民族团结进步教育的文艺路径探析》被陶砥的《算法推荐视域下深化民族团结进步教育的技术可能、现实挑战和对策思考》（2020）引用。

严庆等于2018年在《中南民族大学学报（人文社会科学版）》第1期上发表的《涉及民族因素的网络舆情解析———以群体极化的视角》被马惠兰的《充分发挥互联网在铸牢中华民族共同体意识中的正向作用》（2020）引用。

严庆等于2018年在《广西民族研究》第3期上发表的《西方多民族国家建设的类型化研究——基于弗朗西斯·福山的“建构主义”视角》被严庆的《本体建设与意识铸牢：试论中华民族共同体研究的理路》（2021）引用。

严庆于2018年在《湖北民族学院学报（哲学社会科学版）》第3期上发表的《承转与开合中的中华民族内涵分析——兼论十八大以来习近平关于中华民族的表述》被严庆的《本体建设与意识铸牢：试论中华民族共同体研究的理路》（2021）引用。

严庆于2020年在《中南民族大学学报（人文社会科学版）》第6期上发表的《中国特色民族理论话语中的“大家庭”解读》被严庆的《本体建设与意识铸牢：试论中华民族共同体研究的理路》（2021）、

刘春呈的《铸牢中华民族共同体意识的“中华民族大家庭”符号认同》（2021）、严庆等的《当代中国多民族国家建设的理路及其时代价值——兼论中华民族共同体意识的铸牢策略》（2021）、严庆的《主线、理念与作为：深刻把握与贯彻铸牢中华民族共同体意识》（2021）、孙保全的《中华民族共同体国民属性的形成与发展》（2022）引用。

严庆等于2020年在《民族教育研究》第1期上发表的《深化民族团结进步教育的“共情”视角》被严庆的《本体建设与意识铸牢：试论中华民族共同体研究的理路》（2021）引用。

严庆于2019年在《中国民族教育》第11期上发表的《让我们彼此走近、走进——以民族团结进步教育的视角》被严庆的《本体建设与意识铸牢：试论中华民族共同体研究的理路》（2021）引用。

严庆于2021年在《湖北民族大学学报（哲学社会科学版）》第6期上发表的《深刻理解党关于加强和改进民族工作的重要思想》被徐欣顺的《中华民族共同性及其增进理路：一个民族政治学的解释》（2022）引用。

严庆于2018年在《西北民族研究》第3期上发表的《嵌合型：广义民族工作视域下的民族工作模式思考》被张少春的《互嵌式社会视域下的民族团结研究》（2019）、王军等的《论新时代民族工作话语体系：话语特征、分析模型与创新发展》（2021）、严庆等的《铸牢中华民族共同体意识的社会空间整合视角》（2021）引用。

严庆于2015年在《民族理论探新集——中国民族理论学会学术年会论文选（2015）》上发表的《各民族交往交流交融的格局思考——从格局的视角理解中华民族的内在有机性》被王军等的《当代中国民族团结话语的演进及其理论源流》（2020）引用。

严庆等于2007年在《民族教育研究》第1期上发表的《我国中小学民族团结教育工作回顾及展望》被王兆璟等的《中华民族共同体研究的可视化分析——基于CNKI 1992—2019年数据》（2020）引用。

严庆等于2022年在《中央民族大学学报（哲学社会科学版）》第3期上发表的《“中华民族共同体意识”生成论略——基于历史唯物主义的视角》被乔良等的《铸牢中华民族共同体意识入法问题探讨》（2022）引用。

严庆等于 2020 年在《西北民族研究》第 2 期上发表的《多学科聚力铸牢中华民族共同体意识研究（笔谈一）·民族理论视角的中华民族共同体意识研究 》被李静等的《共同内群体认同视角下铸牢中华民族共同体意识研究》（2021）引用。

严庆等于 2020 年在《民族论坛》第 1 期上发表的《在应对疫情中增强中华民族的内在凝聚力》被王舫的《中缅边境战“疫”叙事与中华民族共同体精神的凝聚——基于打洛口岸周边村寨的田野调查》（2021）引用。

严庆等于 2020 年在《中国民族》第 Z1 期上发表的《精神密码：从应对疫情看中华民族的团结统一》被王舫的《中缅边境战“疫”叙事与中华民族共同体精神的凝聚——基于打洛口岸周边村寨的田野调查》（2021）引用。

严庆于 2015 年在《政治学研究》第 1 期上发表的《民族整合的理念、格局与举措》被严庆等的《铸牢中华民族共同体意识的社会空间整合视角》（2021）引用。

白少双、严庆等于 2014 年在《民族教育研究》第 5 期上发表的《过程的视角：内地西藏班办学效应研究》被严庆等的《铸牢中华民族共同体意识的社会空间整合视角》（2021）引用。

（3）中国社会科学院民族学与人类学研究所王希恩研究员的成果在党的十八大以来铸牢中华民族共同体意识研究领域的 83 次被引情况如图 3-31 所示，具体被引情况如下。

王希恩于 1995 年发表在《内蒙古社会科学》第 5 期的《民族认同发生论》被周俊华等的《话语重塑与概念流变：从中华民族到中华民族共同体》（2021）引用。

王希恩于 1998 年发表在《民族研究》第 3 期的《社会主义市场经济和中国的民族意识》被孙嫱的《维吾尔族和汉族互嵌社区建设：南阳民族交往交流交融的个案研究》（2020）、张利国的《城市民族互嵌式社会结构和社区建设的行动逻辑与耦合机制研究》（2022）引用。

CiteSpace: ACA: 王希恩

Author Citation History | The Author Cited in 83 Records | Neighboring Nodes

#	Citations	Citing Article
1.	0	张淑娟., 2020, 学术界, V, P78
2.	0	蒋慧., 2022, 湖北大学学报(哲学社会科学版), V49, P1
3.	0	李勤., 2020, 广西民族研究, V, P1
4.	0	张淑娟., 2020, 学术界, V, P119
5.	0	納日碧力戈., 2020, 广西民族研究, V, P1
6.	0	严庆., 2022, 民族研究, V, P25
7.	0	张利国., 2022, 云南民族大学学报(哲学社会科学版), V39, P96
8.	0	张淑娟., 2022, 探索, V, P51
9.	0	朱军., 2021, 云南社会科学, V, P100
10.	0	张丽美., 2022, 贵州民族研究, V43, P109
11.	0	李曼莉., 2021, 广西民族研究, V, P68
12.	0	王宗礼., 2020, 西北师大学报(社会科学版), V57, P13
13.	0	王延中., 2022, 历史研究, V, P22
14.	0	高向东., 2021, 中央民族大学学报(哲学社会科学版), V48, P116
15.	0	高永久., 2021, 广西民族研究, V, P1
16.	0	朱军., 2021, 民族研究, V, P23
17.	0	杨四代., 2021, 中南民族大学学报(人文社会科学版), V41, P16
18.	0	叶世才., 2022, 新疆社会科学, V, P88
19.	0	张继焦., 2021, 民族学刊, V12, P66
20.	0	高承海., 2022, 民族教育研究, V33, P110
21.	0	高永久., 2022, 广西民族大学学报(哲学社会科学版), V44, P13
22.	0	王平原., 2021, 西藏大学学报(社会科学版), V36, P170
23.	0	王瑜., 2021, 民族教育研究, V32, P37
24.	0	祖力亚提 司马义., 2021, 中南民族大学学报(人文社会科学版), V41, P19
25.	0	何文钜., 2021, 广西民族研究, V, P31
26.	0	左岫仙., 2021, 贵州民族研究, V42, P20
27.	0	张淑娟., 2021, 民族学刊, V12, P1
28.	0	陈锦缤., 2020, 新疆大学学报(哲学社会科学版), V48, P64
29.	0	马雪红., 2021, 西南民族大学学报(人文社会科学版), V42, P19
30.	0	张淑娟., 2019, 学术界, V, P162
31.	0	周超., 2021, 民族学刊, V12, P19
32.	0	张少春., 2021, 民族研究, V, P1
33.	0	杨须爱., 2021, 民族研究, V, P30
34.	0	高永久., 2022, 贵州民族研究, V43, P19
35.	0	钟振., 2021, 西南民族大学学报(人文社会科学版), V42, P221
36.	0	吕钊进., 2021, 民族学刊, V12, P17
37.	0	杨玢., 2019, 青海社会科学, V, P1
38.	0	邱开玉., 2021, 广西民族大学学报(哲学社会科学版), V43, P28
39.	0	王军., 2020, 中南民族大学学报(人文社会科学版), V40, P7
40.	0	马旭., 2019, 云南民族大学学报(哲学社会科学版), V36, P10
41.	0	王兆璋., 2020, 西北师大学报(社会科学版), V57, P30
42.	0	龙金菊., 2019, 西南民族大学学报(人文社会科学版), V40, P9
43.	0	曹爱军., 2019, 广西民族研究, V, P1
44.	0	杨昌儒., 2022, 贵州民族研究, V43, P1
45.	0	代宏丽., 2020, 云南民族大学学报(哲学社会科学版), V37, P5
46.	0	何明., 2020, 西北民族研究, V, P10
47.	0	王军., 2021, 西北民族研究, V, P27
48.	0	欧鹏., 2022, 民族文学研究, V40, P61
49.	0	谷宇., 2022, 西南民族大学学报(人文社会科学版), V43, P17
50.	0	高承海., 2019, 西南民族大学学报(人文社会科学版), V40, P24
51.	0	陈建樾., 2021, 中南民族大学学报(人文社会科学版), V41, P59
52.	0	张鑫鑫., 2021, 西北师大学报(社会科学版), V58, P75
53.	0	张淑娟., 2018, 广西民族研究, V, P1
54.	0	青觉., 2021, 民族研究, V, P15
55.	0	索祥忠., 2021, 贵州民族研究, V42, P163
56.	0	于春洋., 2022, 中南民族大学学报(人文社会科学版), V42, P41
57.	0	马忠才., 2021, 西北民族研究, V, P23
58.	0	王伟., 2021, 中央民族大学学报(哲学社会科学版), V48, P38
59.	0	周俊华., 2021, 广西民族研究, V, P82
60.	0	高永久., 2021, 思想战线, V, P61
61.	0	郝亚明., 2019, 西南民族大学学报(人文社会科学版), V40, P9
62.	0	郝亚明., 2021, 西北民族研究, V, P12
63.	0	张淑娟., 2018, 广西民族研究, V, P41
64.	0	张兴堂., 2020, 西藏大学学报(社会科学版), V, P185
65.	0	张淑娟., 2020, 广西民族研究, V, P19
66.	0	严庆., 2022, 中央民族大学学报(哲学社会科学版), V49, P24
67.	0	张淑娟., 2021, 中南民族大学学报(人文社会科学版), V41, P15
68.	0	王瑜., 2020, 广西民族研究, V, P32
69.	0	郑旺全., 2021, 民族教育研究, V32, P15
70.	0	王军., 2020, 西北民族研究, V, P27
71.	0	罗彩娟., 2021, 广西民族大学学报(哲学社会科学版), V43, P132
72.	0	马俊毅., 2021, 中南民族大学学报(人文社会科学版), V41, P72
73.	0	孙懿., 2020, 民族研究, V, P17
74.	0	张三南., 2020, 学术界, V, P65
75.	0	张淑娟., 2022, 宁夏社会科学, V, P14
76.	0	严庆., 2021, 贵州民族研究, V42, P14
77.	0	青觉., 2018, 民族研究, V, P1
78.	0	严庆., 2021, 广西民族研究, V, P29
79.	0	沈桂萍., 2021, 民族教育研究, V32, P5
80.	0	严庆., 2021, 西北师大学报(社会科学版), V58, P13
81.	0	郝亚明., 2019, 中南民族大学学报(人文社会科学版), V39, P8
82.	0	李资源., 2021, 中南民族大学学报(人文社会科学版), V41, P1
83.	0	王延中., 2021, 西南民族大学学报(人文社会科学版), V42, P1

图 3-31　王希恩的成果被引情况

王希恩于 1999 年发表在《民族研究》第 1 期的《多民族国家和谐稳定的基本要素及其形成》被青觉等的《新时代多民族国家建设与铸牢中华民族共同体意识——以人民为中心的理论与实践》（2021）引用。

王希恩于 2004 年发表在《中国社会科学院研究生院学报》第 3 期的《论“民族建设”》被张淑娟的《新中国 70 年中华民族共同体意识培育回溯》（2019）、张淑娟的《中华民族共同性的类型、凝聚机制与形成过程》（2022）引用。

王希恩于 2006 年发表在《广西社会主义学院学报》第 1 期的《中国共产党民族理论的重要发展》被严庆的《用高质量的民族工作践行党关于加强和改进民族工作的重要思想——学习中央民族工作会议精神》（2021）引用。

王希恩于 2007 年发表在《民族研究》第 5 期的《批判、借助和吸纳——对马克思主义经典作家关于民族主义论述的再认识》被张三南的《“两个共同体理念”与马克思主义民族理论中国化》（2020）、张少春的《中国共产党反对“两种民族主义”的百年历程》（2021）引用。

王希恩于 2008 年发表在《西南民族大学学报（人文社科版）》

第5期的《当代族际人口流迁与民族过程》被邱开玉等的《交往中生成：近代畲民的中华民族认同》（2021）引用。

王希恩于2009年发表在《西南民族大学学报（人文社科版）》第30卷第1期的《也谈在我国民族问题上的“反思”和“实事求是”——与马戎教授的几点商榷》被纳日碧力戈等的《四方铸牢中华民族共同体意识》（2020）引用。

王希恩于2010年发表在《科学社会主义》第2期的《多元文化主义与马克思主义民族理论的两点比较》被王延中的《铸牢中华民族共同体意识的历史逻辑·正确认识中华民族历史观》（2022）引用。

王希恩于2010年发表在《西北师大学报（社会科学版）》第1期的《关于民族融合的再思考》被王瑜等的《民族地区学校铸牢中华民族共同体意识的辩证关系与主要原则——基于“意识三态观”分析框架》（2021）引用。

王希恩于2010年发表在《民族研究》第5期的《中国民族识别的依据》被蒙祥忠的《费孝通对贵州民族研究工作的贡献及当代意义》（2021）引用。

王希恩于2011年发表在《民族研究》第4期的《中国共产党反对两种民族主义的理论和实践回溯》被王军、张艳娇的《中国共产党反对两种民族主义的话语逻辑与历史脉络》（2020）、陈建樾的《团结各民族为一体：新中国成立初期民族政策大检查的缘起与实施》（2021）引用。

王希恩于2013年发表在《世界民族》第5期的《从多元文化主义到多元一体主义的思考》被张淑娟的《中华民族共同体意识培育要凸显社会主义属性》（2020）、杨须爱的《各民族交融汇聚史知识再生产的价值与路径——以铸牢中华民族共同体意识为视角》（2021）、张淑娟等的《实体描述与能动构建：中华民族共同体建设的双重逻辑》（2021）、高承海等的《从西方多元文化主义的困境看我国“多元一体”思想的优势》（2022）引用。

王希恩于2013年发表在《中央民族大学学报（哲学社会科学版）》

第40卷第2期的《民国时期边疆民族地区的开发及局限》被蒋慧等的《铸牢中华民族共同体意识与民族地区基层治理现代化》（2022）引用。

王希恩于2017年发表在《中国边疆史地研究》第27卷第3期的《马克思恩格斯的民族主义观》被张少春的《中国共产党反对“两种民族主义”的百年历程》（2021）引用。

王希恩于2017年发表在《广西民族研究》第2期的《民族的血缘性及其在当代中国的演化》被曹爱军的《中华民族共同体视野中的“各民族交往交流交融”研究》（2019）、张丽美的《民族血缘交融：贵州省族际通婚研究——基于人口普查资料的分析》（2022）引用。

王希恩于2018年发表在《学术界》第8期的《再倡“多元一体主义”》被张淑娟的《论中华民族共同体意识的三重意涵》（2020）、陈晓婧的《社会表征视域下的中华民族共同体建构》（2020）、王军等的《当代中国民族团结话语的演进及其理论源流》（2020）、张淑娟的《中华民族共同体意识培育要凸显社会主义属性》（2020）、张淑娟的《中国共产党培育中华民族共同体意识的百年历程：话语、成就与经验》（2021）、杨须爱的《各民族交融汇聚史知识再生产的价值与路径——以铸牢中华民族共同体意识为视角》（2021）、邱开玉等的《交往中生成：近代畲民的中华民族认同》（2021）、王军等的《论新时代民族工作话语体系：话语特征、分析模型与创新发展》（2021）、张善鑫的《中华民族共同体：国家与民族统一的理论——兼论铸牢中华民族共同体意识的当代路径》（2021）、张淑娟等的《实体描述与能动构建：中华民族共同体建设的双重逻辑》（2021）、王延中等的《中华民族多元一体格局形成的经济、文化、心理因素析论》（2021）、叶世才等的《论铸牢中华民族共同体意识面临的五个难题及其改进路径》（2022）、高承海等的《从西方多元文化主义的困境看我国“多元一体”思想的优势》（2022）引用。

王希恩于2019年发表在《中南民族大学学报（人文社会科学版）》第39卷第2期的《马克思主义民族过程理论述论》被沈桂萍等的《中国共产党百年民族理论政策的继承与创新——以中央民族工作会议为

主线》（2021）引用。

王希恩于2019年发表在《民族研究》第2期的《中国特色民族工作机构的形成和社会化格局》被杨四代的《跨主体性视域下民族事务治理能力的提升》（2021）、马俊毅的《民族事务复合性治理战略及其现代化——以铸牢中华民族共同体意识为主线》（2021）引用。

王希恩于2019年发表在《社会科学文摘》第6期的《中华民族建设中的认同问题》被高永久等的《认同导向下边境牧区各民族建设共有精神家园研究》（2021）、王平原的《网络社会中的民族国家认同——卡斯特网络国家理论对铸牢中华民族共同体意识的启示》（2021）、左岫仙的《铸牢中华民族共同体意识是新时代民族工作主线的历史维度探察》（2021）、郑旺全等的《中华民族共同体意识的话语演进与内涵深化——基于“五个认同”建构中华民族共同体意识内涵体系框架》（2021）引用。

王希恩于2019年发表在《西南民族大学学报（人文社科版）》第40卷第5期的《中华民族建设中的认同问题》被张淑娟的《新中国70年中华民族共同体意识培育回溯》（2019）、龙金菊等的《民族心态秩序构建：铸牢中华民族共同体意识的社会心理路径》（2019）、王宗礼的《国家建构视域下铸牢中华民族共同体意识研究》（2020）、王兆璟等的《中华民族共同体研究的可视化分析——基于CNKI 1992—2019年数据》（2020）、张兴堂等的《西藏高校开展中华民族共同体教育的思考》（2020）、朱军的《铸牢中华民族共同体意识的历史演进与治理意蕴——基于秩序视角的分析》（2021）、李曼莉的《中华民族共同体意识的三维揭析》（2021）、张继焦等的《抗击疫情与铸牢中华民族共同体意识》（2021）、祖力亚提·司马义等的《中华民族共同体意识的结构层级及其关系》（2021）、何文钜的《习近平关于铸牢中华民族共同体意识重要论述的理论精髓》（2021）、周超等的《共生理论视阈下中华民族共同体建构的五维向度》（2021）、钟源等的《中华民族共同体意识研究演化路径与热点领域分析》（2021）、吕钊进的《超越“族群-民族”二元框架：边界建构范式和认同情境论对中华民族共同体研究的启示》（2021）、罗彩娟的《铸牢中华民族共同体意识与民族团结进步创建工作路径思考——基于广西环江毛南族自治县陈双村的调查》（2021）、杨昌儒等的《以铸牢中华民族共同体意识为主线，推动新时代党的民族工作高质量发展》（2022）、熊威等的《鲁班传说与中华文化认同——以西南少数民族为例》（2022）引用。

王希恩于2020年发表在《西南民族大学学报（人文社科版）》第41卷第6期的《我国民族事务治理体系的基本构成及完善》被蒋慧等的《铸牢中华民族共同体意识与民族地区基层治理现代化》（2022）、高永久等的《各民族共同富裕与民族事务治理法治化：时代背景、逻辑关联及治理机制》（2022）引用。

王希恩于2021年发表在《青海民族研究》第32卷第3期的《马克思主义对"民族"的借助与超越》被张淑娟的《中华民族共同体意识的特殊面相：地位、使命与实践逻辑》（2022）引用。

王希恩于2021年发表在《西北民族研究》第2期的《中国共产党的中华民族建设实践及理论创新》被王伟等的《新时代中国共产党铸牢中华民族共同体意识研究：逻辑缘起、价值意蕴和实践路径》（2021）、严庆的《主线、理念与作为：深刻把握与贯彻铸牢中华民族共同体意识》（2021）、严庆的《本体建设与意识铸牢：试论中华民族共同体研究的理路》（2021）、严庆等的《"中华民族共同体意识"生成论略——基于历史唯物主义的视角》（2022）、张淑娟的《中华民族共同体意识的特殊面相：地位、使命与实践逻辑》（2022）引用。

王希恩所著并由甘肃人民出版社于1998年出版的《民族过程与国家》被李赟等的《理解和把握新时代中华民族共同体观的三个基本维度探析》（2020）引用。

王希恩主编并由民族出版社于2002年出版的《当代中国民族问题解析》被张淑娟的《建构与解构：中华民族共同体意识培育中的民族主义因素》（2018）引用。

王希恩所著并由社会科学文献出版社于2009年出版的《全球化

中的民族过程》被张淑娟的《论中华民族共同体意识对近代中国民族主义的形塑与修正——以中国共产党为例》（2018）、张淑娟的《论中华民族共同体意识的三重意涵》（2020）、张淑娟的《狭隘民族主义的源与流：理性与非理性的交织》（2020）、朱军的《铸牢中华民族共同体意识的历史演进与治理意蕴——基于秩序视角的分析》（2021）、张淑娟的《中华民族共同体意识的特殊面相：地位、使命与实践逻辑》（2022）引用。

王希恩主编并由中国社会科学出版社于2012年出版的《20世纪的中国民族问题》被马旭的《新中国民族工作和民族政策的初心探析——以中华民族共同体意识的铸建为视角》（2019）、代宏丽等的《习近平新时代中华民族共同体理论的多维阐释》（2020）、何明等的《多学科聚力铸牢中华民族共同体意识研究（笔谈二）·共同繁荣发展：铸牢中华民族共同体意识的基础》（2020）引用。

王希恩所著并由社会科学文献出版社于2020年出版的《马克思主义理论和实践中的民族主义》被张淑娟的《狭隘民族主义的源与流：理性与非理性的交织》（2020）、朱军的《中华民族共同体意识共同性的现代性转化及发展》（2021）、杨须爱的《各民族交融汇聚史知识再生产的价值与路径——以铸牢中华民族共同体意识为视角》（2021）、严庆的《多民族国家建设的话语与方略——基于国家建设与民族建设关系的视角》（2022）引用。

（4）近代中国民族主义的奠基者梁启超的成果在党的十八大以来铸牢中华民族共同体意识研究领域的79次被引情况如图3–32所示，具体被引情况如下。

梁启超所著并由中华书局于1905年出版的《历史上中国民族之观察》被赵琛等的《从“传递观”到“仪式观”：铸牢中华民族共同体意识的传播学路径》（2022）引用。

梁启超所著并由中华书局于1989年出版的《饮冰室合集》（文集之一）被龙金菊的《“共同体”语义下的中华民族共同体建设》（2019）引用。

CiteSpace: ACA: 梁启超

Author Citation History | The Author Cited in 79 Records | Neighboring Nodes

#	Citations	Citing Article
1.	0	平维彬., 2017, 贵州民族研究, V38, P1
2.	0	张淑娟., 2020, 学术界, V, P78
3.	0	王晋., 2022, 内蒙古社会科学, V43, P171
4.	0	邓晰雨., 2020, 广西民族研究, V, P11
5.	0	龙金菊., 2019, 广西民族研究, V, P10
6.	0	崔晨涛., 2021, 广西民族研究, V, P56
7.	0	苍铭., 2021, 广西民族研究, V, P23
8.	0	俞祖华., 2018, 河北学刊, V38, P53
9.	0	张淑娟., 2019, 新疆大学学报(哲学社会科学版), V47, P73
10.	0	青觉., 2019, 中南民族大学学报(人文社会科学版), V39, P1
11.	0	钱国旗., 2021, 新疆大学学报(哲学社会科学版), V49, P73
12.	0	张波., 2021, 学术前沿, V, P88
13.	0	杨四代., 2022, 云南社会科学, V, P170
14.	0	朱军., 2022, 西南民族大学学报(人文社会科学版), V43, P18
15.	0	张淑娟., 2019, 学术界, V, P162
16.	0	张健., 2019, 中国边疆史地研究, V29, P167
17.	0	王文光., 2021, 思想战线, V47, P63
18.	0	徐家贵., 2021, 广西民族研究, V, P56
19.	0	鄂崇荣., 2021, 青海社会科学, V, P16
20.	0	刘吉昌., 2020, 中南民族大学学报(人文社会科学版), V40, P11
21.	0	张思军., 2021, 宁夏社会科学, V, P30
22.	0	郑师渠., 2022, 中国高校社会科学, V, P91
23.	0	张积家., 2021, 民族教育研究, V32, P5
24.	0	李娟., 2021, 甘肃社会科学, V, P83
25.	0	李雅宁., 2022, 西南民族大学学报(人文社会科学版), V43, P203
26.	0	陈茂荣., 2019, 广西民族研究, V, P1
27.	0	周平., 2022, 内蒙古社会科学, V43, P1
28.	0	阎树群., 2022, 甘肃社会科学, V, P16
29.	0	王海锋., 2022, 中央民族大学学报(哲学社会科学版), V49, P35
30.	0	向驰., 2021, 贵州民族研究, V42, P20
31.	0	龚东升., 2022, 民族艺术, V, P14
32.	0	张神根., 2022, 北京行政学院学报, V, P1
33.	0	张龙., 2019, 广西民族研究, V, P32
34.	0	张继., 2021, 民族学刊, V12, P9
35.	0	李维军., 2021, 贵州民族研究, V42, P37
36.	0	徐启顺., 2021, 中央民族大学学报(哲学社会科学版), V48, P34
37.	0	刘永刚., 2021, 探索, V, P47
38.	0	杨文笔., 2022, 广西民族研究, V, P95
39.	0	麻国庆., 2017, 中央民族大学学报(哲学社会科学版), V44, P21

CiteSpace: ACA: 梁启超

Author Citation History | The Author Cited in 79 Records | Neighboring Nodes

#	Citations	Citing Article
41.	0	付文军., 2021, 青海社会科学, V, P9
42.	0	刘玲., 2022, 西南民族大学学报(人文社会科学版), V43, P12
43.	0	李大龙., 2022, 西南民族大学学报(人文社会科学版), V43, P1
44.	0	林意章., 2022, 新疆大学学报(哲学社会科学版), V50, P78
45.	0	孙懿., 2019, 思想战线, V, P87
46.	0	张淑娟., 2018, 广西民族研究, V, P1
47.	0	马冬梅., 2022, 西南民族大学学报(人文社会科学版), V43, P12
48.	0	彭新武., 2022, 政治学研究, V, P133
49.	0	崔榕., 2021, 民族学刊, V12, P1
50.	0	张英., 2022, 理论与改革, V, P22
51.	0	郑文宝., 2021, 青海社会科学, V, P126
52.	0	王文光., 2018, 思想战线, V44, P70
53.	0	许政., 2022, 贵州民族研究, V43, P41
54.	0	周俊华., 2021, 广西民族研究, V, P82
55.	0	章舜粤., 2021, 云南民族大学学报(哲学社会科学版), V38, P24
56.	0	张淑娟., 2020, 广西民族研究, V, P19
57.	0	王延中., 2022, 广西民族研究, V, P34
58.	0	徐冀., 2022, 民族教育研究, V33, P64
59.	0	李艳峰., 2022, 云南社会科学, V, P167
60.	0	严庆., 2022, 中央民族大学学报(哲学社会科学版), V49, P24
61.	0	邹广文., 2021, 哲学研究, V, P5
62.	0	严庆., 2018, 西南民族大学学报(人文社会科学版), V39, P14
63.	0	赵琛., 2022, 青海社会科学, V, P67
64.	0	李龙., 2021, 吉首大学学报（社会科学版）, V, P1
65.	0	洪涵志., 2022, 广西民族研究, V, P68
66.	0	蒋永发., 2021, 广西民族研究, V, P64
67.	0	张小军., 2020, 广西民族大学学报(哲学社会科学版), V42, P58
68.	0	闫丽娟., 2018, 广西民族研究, V, P9
69.	0	张巍., 2021, 广西民族研究, V, P47
70.	0	宋才发., 2021, 贵州社会科学, V, P4
71.	0	蒙曼., 2022, 中央民族大学学报(哲学社会科学版), V49, P5
72.	0	刘正岭., 2022, 西北民族研究, V, P5
73.	0	青觉., 2018, 民族研究, V, P1
74.	0	左鹏., 2021, 思想理论教育导刊, V, P119
75.	0	孙保全., 2022, 探索, V, P84
76.	0	李静., 2021, 中央民族大学学报(哲学社会科学版), V48, P38
77.	0	彭佳., 2021, 广西民族研究, V, P73
78.	0	李娟., 2022, 西北师大学报(社会科学版), V59, P67
79.	0	詹进伟., 2019, 广西民族研究, V, P10

图 3-32　梁启超的成果被引情况

梁启超所著并由中华书局于 1989 年出版的《饮冰室合集》（文集之二）被郑文宝的《中华民族共同体百年建构史论纲——基于中国共产党民族关系史的分析》（2021）引用。

梁启超所著并由中华书局于 1989 年出版的《饮冰室合集》（文集之四）被刘永刚的《中华民族共同体意识的二维向度与演进逻辑》（2021）、李艳峰的《习近平"四个共同"重要论述对新时代中国民族史研究范式转换的方法论价值》（2022）引用。

梁启超所著并由中华书局于 1989 年出版的《饮冰室合集》（文集之六）被张淑娟的《建构与解构：中华民族共同体意识培育中的民族主义因素》（2018）引用。

梁启超所著并由中华书局于 1989 年出版的《饮冰室合集》（文集之七）被张思军等的《中华民族共同体意识的正当性与证成性逻辑》（2021）、陈茂荣的《论"中华民族共同体"的基本内涵》（2019）、麻国庆的《民族研究的新时代与铸牢中华民族共同体意识》（2017）、马冬梅等的《中华民族共同体意识的历史逻辑与理论渊源探析》（2022）、许政等的《中华民族共同体的建设及其发展历程》（2022）、李艳峰的《习近平"四个共同"重要论述对新时代中国民族史研究范式转换的方法论价值》（2022）引用。

梁启超所著并由中华书局于1989年出版的《饮冰室合集》（文集之十三）被张淑娟的《论中华民族共同体意识的三重意涵》（2020）、邓斯雨等的《关系理性视角下铸就中华民族共同体研究》（2020）、徐家贵等的《党史学习教育与培育中华民族共同体意识的三个维度》（2021）、刘吉昌等的《情感认同是铸牢中华民族共同体意识的核心要素》（2020）、刘永刚的《中华民族共同体意识的二维向度与演进逻辑》（2021）、刘玲的《民族区域自治制度发展完善与中华民族共同体建设百年回溯》（2022）引用。

梁启超所著并由中华书局于1989年出版的《饮冰室合集》（文集之二十八）被张健的《制度移植的动力与困境——北洋军阀时期中华民族共同体的构建路径与效应分析》（2019）引用。

梁启超所著并由中华书局于1989年出版的《饮冰室合集》（文集之四十一）被许政等的《中华民族共同体的建设及其发展历程》（2022）引用。

梁启超所著并由中华书局于1989年出版的《饮冰室合集》（专集之四）被张淑娟的《抗战时期中国共产党对中华民族共同体意识的纵向传布及其当代启示》（2019）、彭新武的《中华民族共同体的历史溯源与当代建构》（2022）、张淑娟的《中华民族共同体意识培育要凸显社会主义属性》（2020）引用。

梁启超所著并由中华书局于1989年出版的《饮冰室合集》（专集之二十二）被王雪的《从中华谚语看中华民族共同体意识之文化认同》（2022）引用。

梁启超所著并由中华书局于1989年出版的《饮冰室合集》（专集之四十一）被张波等的《中华民族共同体意识的历史维度和内在属性》（2021）、张淑娟等的《新中国70年中华民族共同体意识培育回溯》（2019）、李维军等的《铸牢中华民族共同体意识的历史赓续与现实发展——基于历史、现实和未来的三维视角》（2021）、刘永刚的《中华民族共同体意识的二维向度与演进逻辑》（2021）、彭新武的《中华民族共同体的历史溯源与当代建构》（2022）、郑文宝的《中华民族共同体百年建构史论纲——基于中国共产党民族关系史的分析》（2021）、王延中等的《中华民族共同体的结构与秩序》（2022）、李艳峰的《习近平“四个共同”重要论述对新时代中国民族史研究范式转换的方法论价值》（2022）、洪盛志的《论抗日战争时期中华民族共同体的塑造与启示》（2022）、张小军的《“中华民族共同体”的差序格局及其文化实践》（2020）、闫丽娟等的《“中华民族共同体意识”的理论渊源探析》（2018）、李静的《从自在、自觉到自为：中华民族发展的历史逻辑》（2021）引用。

梁启超所著并由中华书局于 1989 年出版的《饮冰室合集》（专集之四十二）被平维彬的《从文化族类观到国家民族观的嬗变——兼论“中华民族共同体意识”的理论来源》（2017）、李娟的《中华民族共同体意识发展的思想实践逻辑》（2021）、周平的《中华民族复兴与民族意识塑造》（2022）、向驰的《抗战时期中国共产党中华民族观的嬗变及其价值意蕴》（2021）、刘永刚的《中华民族共同体意识的二维向度与演进逻辑》（2021）、李艳峰的《习近平“四个共同”重要论述对新时代中国民族史研究范式转换的方法论价值》（2022）、邹广文的《论中华民族共同体的文化叙事结构》（2021）、严庆等的《“大一统”与中华民族共同体意识的形成》（2018）、刘芷晗的《文化自觉与铸牢中华民族共同体意识——近代康区汉藏文化交融对铸牢中华民族共同体意识的启示》（2022）引用。

梁启超所著并由中华书局于 1989 年出版的《饮冰室合集》（第 1 册）被李龙等的《法理与政理：中华民族共同体意识理论探微》（2021）引用。

梁启超所著并由中华书局于 1989 年出版的《饮冰室合集》（第 8 册）被徐爽等的《铸牢中华民族共同体意识与民族高校课程体系改革》（2022）、李龙等的《法理与政理：中华民族共同体意识理论探微》（2021）引用。

梁启超所著并由中华书局于 2015 年出版的《饮冰室合集》（文

集之七）被崔晨涛的《中华民族共同体的“人民性”论纲》（2021）、付文军的《铸牢中华民族共同体意识的五重底蕴》（2021）引用。

梁启超所著并由中华书局于2015年出版的《饮冰室合集》（文集之十三）被阎树群等的《“中华民族共同体”的观念建构与意识铸造》（2022）引用。

梁启超所著并由中华书局于2015年出版的《饮冰室合集》（文集之四十一）被阎树群等的《“中华民族共同体”的观念建构与意识铸造》（2022）引用。

梁启超所著并由中华书局于2015年出版的《饮冰室合集》（专集之十三）被李娟的《中华民族共同体意识的历史逻辑》（2022）引用。

梁启超所著并由中华书局于1936年出版的《饮冰室合集》（文集之七）被苍铭等的《从历史观上铸牢中华民族共同体意识》（2021）引用。

梁启超所著并由中华书局于1936年出版的《饮冰室合集》（专集之四十一）被苍铭等的《从历史观上铸牢中华民族共同体意识》（2021）、张积家等的《中华民族共同体认同的心理建构与影响因素》（2021）、彭佳的《中华民族共同体视域下的符号互动与认同建构——以“马”符号的格雷马斯方阵演进为例》（2021）引用。

梁启超所著（汤志钧、汤仁泽编）并由中国人民大学出版社于2018年出版的《梁启超全集》（第2集）被杨四代等的《20世纪早期新式中国通史编纂的背景特征与意义——兼论对中华民族共同体意识自觉之影响》（2022）、朱军等的《中华民族共同体建设的多维政治整合机制探析——以“五个认同”为分析中心》（2022）、严庆等的《“中华民族共同体意识”生成论略——基于历史唯物主义的视角》（2022）、左鹏的《从“华夷之辨”到中华民族共同体意识》（2021）引用。

梁启超所著（汤志钧、汤仁泽编）并由中国人民大学出版社于2018年出版的《梁启超全集》（第3集）被鄂崇荣等的《中国共产党铸牢中华民族共同体意识的百年探索与时代创新》（2021）、左鹏的《从“华夷之辨”到中华民族共同体意识》（2021）引用。

梁启超所著（汤志钧、汤仁泽编）并由中国人民大学出版社于2018年出版的《梁启超全集》（第4集）被杨四代等的《20世纪早期新式中国通史编纂的背景特征与意义——兼论对中华民族共同体意识自觉之影响》（2022）、左鹏的《从“华夷之辨”到中华民族共同体意识》（2021）引用。

梁启超所著（汤志钧、汤仁泽编）并由中国人民大学出版社于2018年出版的《梁启超全集》（第5集）被崔晨涛的《中华民族共同体的“人民性”论纲》（2021）、鄂崇荣等的《中国共产党铸牢中华民族共同体意识的百年探索与时代创新》（2021）、左鹏的《从“华夷之辨”到中华民族共同体意识》（2021）引用。

梁启超所著（汤志钧、汤仁泽编）并由中国人民大学出版社于2018年出版的《梁启超全集》（第11集）被杨四代等的《20世纪早期新式中国通史编纂的背景特征与意义——兼论对中华民族共同体意识自觉之影响》（2022）、郑师渠的《中华民族共同体意识的近代思想论争——从傅斯年、顾颉刚到费孝通、白寿彝》（2022）引用。

梁启超所著并由中国人民大学出版社于2018年出版的《梁启超全集》（第14集）被杨四代等的《20世纪早期新式中国通史编纂的背景特征与意义——兼论对中华民族共同体意识自觉之影响》(2022)引用。

梁启超所著（李华兴、吴嘉勋编）并由上海人民出版社于1984年出版的《梁启超选集》被俞祖华的《民国时期中华民族共同体意识的成长》（2018）、宋才发的《中华民族共同体意识是中华民族全面觉醒的体现》（2021）引用。

梁启超所著并由东方出版社于1996年出版的《先秦政治思想史》被青觉的《“以人民为中心”：新时代民族事务治理的情境与路径》（2019）引用。

梁启超所著并由东方出版社于2004年出版的《中国近三百年学术史》被钱国旗等的《从〈庭训格言〉看康熙帝的文化思想》(2021)引用。

梁启超所著并由中国广播电视出版社于1992年出版的《梁启超文选》（上册）被王文光等的《中国古代大一统思想中正统观念与中

华民族共同体意识研究》（2021）引用。

梁启超所著并由北京出版社于1999年出版的《梁启超全集》被马冬梅等的《中华民族共同体意识的历史逻辑与理论渊源探析》（2022）、许政等的《中华民族共同体的建设及其发展历程》（2022）、周俊华等的《话语重塑与概念流变：从中华民族到中华民族共同体》（2021）、张小军的《“中华民族共同体”的差序格局及其文化实践》（2020）引用。

梁启超所著并由北京出版社于1999年出版的《梁启超全集》（第1卷）被吴映雪的《国家、国民与民族：中华民族共同体的三重意涵——基于关系实在论视角的分析》（2021）引用。

梁启超所著并由北京出版社于1999年出版的《梁启超全集》（第2卷）被张思军等的《中华民族共同体意识的正当性与证成性逻辑》（2021）、章舜粤的《铸牢中华民族共同体意识视域下近现代黄帝陵祭祀研究》（2021）引用。

梁启超所著并由北京出版社于1999年出版的《梁启超全集》（第4卷）被张思军等的《中华民族共同体意识的正当性与证成性逻辑》（2021）引用。

梁启超所著并由北京出版社于1999年出版的《梁启超全集》（第6卷）被王海锋的《“中华民族共同体意识”的哲学追问及其实践抉择》（2022）、徐欣顺等的《以人民为中心：新时代民族事务治理的政治之道》（2021）引用。

梁启超所著并由北京出版社于1999年出版的《梁启超全集》（第12卷）被张思军等的《中华民族共同体意识的正当性与证成性逻辑》（2021）、李大龙的《中华民族共同体属性与建设途径探究》（2022）引用。

梁启超所著并由上海古籍出版社于2001年出版的《论中国学术思想变迁之大势》被李雅宁等的《民族信任铸牢中华民族共同体意识的心理路径》（2022）、张神根等的《从历史生成到时代价值：铸牢中华民族共同体意识的多重蕴涵》（2022）、周俊华等的《话语重塑与概念流变：从中华民族到中华民族共同体》（2021）引用。

梁启超所著（夏晓虹导读）并由上海古籍出版社于2001年出版的《论中国学术思想变迁之大势》被蒙曼的《江流九派尽朝宗——论新时代中国共产党铸牢中华民族共同体意识的文化路径》（2022）引用。

梁启超所著并由上海古籍出版社于1998年出版的《中国历史研究法》被袁东升的《族际生态：中国民族研究的新思路》（2022）引用。

梁启超所著并由上海古籍出版社于2006年出版的《论中国学术思想变迁之大势》被张亮的《马克思主义哲学视域中的"铸牢中华民族共同体意识"》（2022）引用。

梁启超所著并由辽宁人民出版社于1994年出版的《新民说》被张龙的《论缘的场域对中华民族共同体意识的铸造》（2019）、周俊华等的《话语重塑与概念流变：从中华民族到中华民族共同体》（2021）引用。

梁启超所著（吴松、卢云昆、王文光和段炳昌等点校）并由云南教育出版社于2001年出版的《饮冰室文集点校》被孙懿的《中华民族共同体的本质属性及意义》（2019）、崔榕等的《文化认同与中华民族共同体建设》（2021）、王文光等的《中华民族共同体意识形成与发展的历史过程研究论纲》（2018）、詹进伟的《论中华民族共同体意识的理论进路与生成逻辑》（2019）引用。

梁启超所著并由云南教育出版社于2001年出版的《饮冰室文集》（第三集）被周俊华等的《话语重塑与概念流变：从中华民族到中华民族共同体》（2021）引用。

梁启超所著并由商务印书馆于2014年出版的《新史学》被李维军等的《铸牢中华民族共同体意识的历史赓续与现实发展——基于历史、现实和未来的三维视角》（2021）、青觉等的《中华民族共同体意识：概念内涵、要素分析与实践逻辑》（2018）引用。

梁启超所著并由商务印书馆于1924年出版的《梁任公近著第一辑》（下卷）被林意章的《中华民族共同体意识对民族团结的凝聚功能》（2022）引用。

梁启超所著并由商务印书馆于1923年出版的《梁任公近著第一辑》（下卷）被詹进伟的《论中华民族共同体意识的理论进路与生成逻辑》（2019）引用。

梁启超所著并由商务印书馆于2016年出版的《中国上古史》被徐欣顺等的《以人民为中心：新时代民族事务治理的政治之道》（2021）引用。

梁启超所著并由上海民志书店于1924年出版的《中国近三百年学术史》被杨文笔的《论聚焦铸牢中华民族共同体意识建设民族学学科》（2022）引用。

梁启超所著并由天津古籍出版社于2005年出版的《梁启超演讲集》被吴映雪的《国家、国民与民族：中华民族共同体的三重意涵——基于关系实在论视角的分析》（2021）、蒋永发等的《中华民族共同体意识：何谓与何为》（2021）引用。

梁启超所著并由《新民丛报》于1906年发表的《杂答某报》被章舜粤的《铸牢中华民族共同体意识视域下近现代黄帝陵祭祀研究》（2021）、孙保全的《中华民族共同体国民属性的形成与发展》（2022）引用。

梁启超所著并由广智书局于1902年出版的《国家思想变迁异同论》被张小军的《“中华民族共同体”的差序格局及其文化实践》（2020）引用。

梁启超所著（童秉国选编）并由长江文艺出版社于2005年出版的《梁启超作品精选》被张鲲的《论传统祭祀铸牢中华民族共同体意识的机制》（2021）引用。

（5）中国民主革命的伟大先驱孙中山的成果在党的十八大以来铸牢中华民族共同体意识研究领域的51次被引情况如图3–33所示，具体被引情况如下。

孙中山所著并由台湾“国防研究院”于1960年出版的《国父全集》被张淑娟的《论中华民族共同体意识对近代中国民族主义的形塑与修正——以中国共产党为例》（2018）、曹爱军的《中华民族共同体视野中的“各民族交往交流交融”研究》（2019）引用。

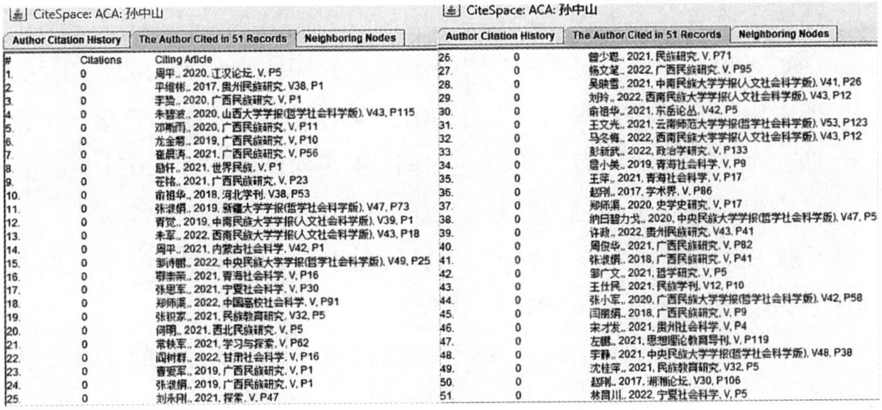
CiteSpace: ACA: 孙中山
Author Citation History
The Author Cited in 51 Records
Neighboring Nodes
Citations Citing Article
1. 0 周平., 2020, 江汉论坛, V, P5
2. 0 平维彬., 2017, 贵州民族研究, V38, P1
3. 0 李赞., 2020, 广西民族研究, V, P1
4. 0 朱碧波., 2020, 山西大学学报(哲学社会科学版), V43, P115
5. 0 邓斯雨., 2020, 广西民族研究, V, P11
6. 0 龙金菊., 2019, 广西民族研究, V, P10
7. 0 崔晨涛., 2021, 广西民族研究, V, P56
8. 0 励轩., 2021, 世界民族, V, P1
9. 0 苍铭., 2021, 广西民族研究, V, P23
10. 0 俞祖华., 2018, 河北学刊, V38, P53
11. 0 张淑娟., 2019, 新疆大学学报(哲学社会科学版), V47, P73
12. 0 青觉., 2019, 中南民族大学学报(人文社会科学版), V39, P1
13. 0 朱军., 2022, 西南民族大学学报(人文社会科学版), V43, P18
14. 0 周平., 2021, 内蒙古社会科学, V42, P1
15. 0 邹诗鹏., 2022, 中央民族大学学报(哲学社会科学版), V49, P25
16. 0 鄂崇荣., 2021, 青海社会科学, V, P16
17. 0 张思军., 2021, 宁夏社会科学, V, P30
18. 0 郑师渠., 2022, 中国高校社会科学, V, P91
19. 0 张积家., 2021, 民族教育研究, V32, P5
20. 0 何明., 2021, 西北民族研究, V, P5
21. 0 常轶军., 2021, 学习与探索, V, P62
22. 0 阎树群., 2022, 甘肃社会科学, V, P16
23. 0 曹爱军., 2019, 广西民族研究, V, P1
24. 0 张淑娟., 2019, 广西民族研究, V, P1
25. 0 刘永刚., 2021, 探索, V, P47
CiteSpace: ACA: 孙中山
Author Citation History
The Author Cited in 51 Records
Neighboring Nodes
26. 0 曾少聪., 2021, 民族研究, V, P71
27. 0 杨文笔., 2022, 广西民族研究, V, P95
28. 0 吴映雪., 2021, 中南民族大学学报(人文社会科学版), V41, P26
29. 0 刘玲., 2022, 西南民族大学学报(人文社会科学版), V43, P12
30. 0 俞祖华., 2021, 东岳论丛, V42, P5
31. 0 王文光., 2021, 云南师范大学学报(哲学社会科学版), V53, P123
32. 0 马冬梅., 2022, 西南民族大学学报(人文社会科学版), V43, P12
33. 0 彭新武., 2022, 政治学研究, V, P133
34. 0 詹小美., 2019, 青海社会科学, V, P9
35. 0 王萍., 2021, 青海社会科学, V, P17
36. 0 赵刚., 2017, 学术界, V, P86
37. 0 郑师渠., 2020, 史学史研究, V, P17
38. 0 纳日碧力戈., 2020, 中央民族大学学报(哲学社会科学版), V47, P5
39. 0 许政., 2022, 贵州民族研究, V43, P41
40. 0 周俊华., 2021, 广西民族研究, V, P82
41. 0 张淑娟., 2018, 广西民族研究, V, P41
42. 0 邹广文., 2021, 哲学研究, V, P5
43. 0 王仕民., 2021, 民族学刊, V12, P10
44. 0 张小军., 2020, 广西民族大学学报(哲学社会科学版), V42, P58
45. 0 闫丽娟., 2018, 广西民族研究, V, P9
46. 0 宋才发., 2021, 贵州社会科学, V, P4
47. 0 左鹏., 2021, 思想理论教育导刊, V, P119
48. 0 李静., 2021, 中央民族大学学报(哲学社会科学版), V48, P38
49. 0 沈桂萍., 2021, 民族教育研究, V32, P5
50. 0 赵刚., 2017, 湘潮论坛, V30, P106
51. 0 林尚川., 2022, 宁夏社会科学, V, P5

图 3-33　孙中山的成果被引情况

孙中山所著并由九州出版社于 2011 年出版的《三民主义》被邹诗鹏的《从国家民族及其认同建构看现代中华民族共同体之建构》（2022）引用。

孙中山所著并由九州出版社于 2012 年出版的《三民主义》被曾少聪的《中国海外移民与中华民族认同》（2021）引用。

孙中山所著并由岳麓书社于 2000 年出版的《三民主义》被曹爱军的《中华民族共同体视野中的“各民族交往交流交融”研究》（2019）、吴映雪等的《国家、国民与民族：中华民族共同体的三重意涵——基于关系实在论视角的分析》（2021）、许政等的《中华民族共同体的建设及其发展历程》（2022）引用。

孙中山所著（陈旭麓、郝盛潮编）并由上海人民出版社于 1990 年出版的《孙中山集外集》被俞祖华的《民国时期中华民族共同体意识的成长》（2018）引用。

孙中山所著并由中华书局于 1985 年出版的《孙中山全集》（第 5 卷）被郑师渠的《中华民族实现由自在转向自觉的鲜明标志——论李大钊的〈新中华民族主义〉》（2020）引用。

孙中山所著并由人民出版社于 1981 年出版的《孙中山全集》（第 2 卷）被李赞等的《理解和把握新时代中华民族共同体观的三个基本维度探析》（2020）引用。

孙中山所著并由人民出版社于2015年出版的《孙中山全集》（第2卷）被左鹏的《从“华夷之辨”到中华民族共同体意识》（2021）引用。

孙中山所著并由人民出版社于2015年出版的《孙中山全集》（第5卷）被左鹏的《从“华夷之辨”到中华民族共同体意识》（2021）引用。

孙中山所著并由人民出版社于2015年出版的《孙中山全集》（第6卷）被王萍等的《辛亥革命时期的民族认同及其对铸牢中华民族共同体意识的现实意蕴》（2021）引用。

孙中山所著并由中国社会科学出版社于1981年出版的《孙中山全集》（第1卷）被杨文笔的《论聚焦铸牢中华民族共同体意识建设民族学学科》（2022）引用。

孙中山所著并由中华书局于1981年出版的《孙中山全集》（第1卷）被周平的《中华现代国家构建中的人口国民化》（2020）、俞祖华等的《百年来中共中华民族共同体观念的演进》（2021）引用。

孙中山所著并由中华书局于1981年出版的《孙中山全集》（第2卷）被赵刚等的《中华民族共同体意识的政治属性解读》（2017）、周平的《中华民族认知的四个维度》（2021）、王萍等的《辛亥革命时期的民族认同及其对铸牢中华民族共同体意识的现实意蕴》（2021）引用。

孙中山所著并由中华书局于1982年出版的《孙中山全集》（第2卷）被平维彬等的《从文化族类观到国家民族观的嬗变——兼论“中华民族共同体意识”的理论来源》（2017）、俞祖华的《民国时期中华民族共同体意识的成长》（2018）、闫丽娟等的《“中华民族共同体意识”的理论渊源探析》（2018）、龙金菊的《“共同体”语义下的中华民族共同体建设》（2019）、青觉的《“以人民为中心”：新时代民族事务治理的情境与路径》（2019）、周平的《中华现代国家构建中的人口国民化》（2020）、邓斯雨等的《关系理性视角下铸就中华民族共同体研究》（2020）、苍铭等的《从历史观上铸牢中华民族共同体意识》（2021）、张思军等的《中华民族共同体意识的正当性与证成性逻辑》（2021）、何明的《以铸牢中华民族共同体意识为主线的民族学学科建构》（2021）、周俊华等的《话语重塑与概念流变：从中华民族到中华民族共同体》（2021）、朱军等的《中华民族共同体建设的多维政治整合机制探析——以“五个认同”为分析中心》（2022）、阎树群等的《“中华民族共同体”的观念建构与意识铸造》（2022）引用。

孙中山所著并由中华书局于1984年出版的《孙中山全集》（第5卷）被俞祖华的《民国时期中华民族共同体意识的成长》（2018）、郑师渠的《中华民族实现由自在转向自觉的鲜明标志——论李大钊的〈新中华民族主义〉》（2020）、励轩的《对一些多民族国家“人民”话语的分析》（2021）、张思军等的《中华民族共同体意识的正当性与证成性逻辑》（2021）、周俊华等的《话语重塑与概念流变：从中华民族到中华民族共同体》（2021）、刘玲的《民族区域自治制度发展完善与中华民族共同体建设百年回溯》（2022）引用。

孙中山所著并由中华书局于1985年出版的《孙中山全集》（第6卷）被詹小美等的《铸牢中华民族共同体意识的文化涵濡》（2019）、曾少聪的《中国海外移民与中华民族认同》（2021）、周俊华等的《话语重塑与概念流变：从中华民族到中华民族共同体》（2021）、王仕民等的《铸牢中华民族共同体意识的符号表达》（2021）引用。

孙中山所著并由中华书局于1985年出版的《孙中山全集》（第7卷）被朱碧波的《建构论：中华民族共同体的理论新解》（2020）、鄂崇荣等的《中国共产党铸牢中华民族共同体意识的百年探索与时代创新》（2021）、常轶军等的《中华民族共同体意识的政治认同意涵》（2021）、王文光等的《近代中国民族思想史研究——以中华民族为中心的讨论》（2021）、周俊华等的《话语重塑与概念流变：从中华民族到中华民族共同体》（2021）引用。

孙中山所著并由中华书局于1986年出版的《孙中山全集》（第6卷）被张淑娟等的《论中国共产党中华民族共同体意识的确立与文化自觉》（2019）、曾少聪的《中国海外移民与中华民族认同》（2021）、马冬梅等的《中华民族共同体意识的历史逻辑与理论渊源探析》（2022）

引用。

孙中山所著并由中华书局于1986年出版的《孙中山全集》(第9卷)被赵刚的《民族政策与中华民族共同体意识的建构》(2017)、俞祖华的《民国时期中华民族共同体意识的成长》(2018)、张淑娟的《论中华民族共同体意识对近代中国民族主义的形塑与修正——以中国共产党为例》(2018)、张淑娟的《抗战时期中国共产党对中华民族共同体意识的纵向传布及其当代启示》(2019)、周平的《中华现代国家构建中的人口国民化》(2020)、何明的《以铸牢中华民族共同体意识为主线的民族学学科建构》(2021)、刘永刚的《中华民族共同体意识的二维向度与演进逻辑》(2021)、周俊华等的《话语重塑与概念流变:从中华民族到中华民族共同体》(2021)、林育川等的《以社会主义理想铸牢中华民族共同体意识》(2022)引用。

孙中山所著并由中华书局于1986年出版的《孙中山全集》(第11卷)被张淑娟的《抗战时期中国共产党对中华民族共同体意识的纵向传布及其当代启示》(2019)引用。

孙中山所著并由中华书局于2006年出版的《孙中山全集》(第2卷)被王萍等的《辛亥革命时期的民族认同及其对铸牢中华民族共同体意识的现实意蕴》(2021)引用。

孙中山所著并由中华书局于2011年出版的《孙中山全集》(第2卷)被刘永刚的《中华民族共同体意识的二维向度与演进逻辑》(2021)、李静等的《从自在、自觉到自为:中华民族发展的历史逻辑》(2021)、彭新武的《中华民族共同体的历史溯源与当代建构》(2022)引用。

孙中山所著并由中华书局于2011年出版的《孙中山全集》(第5卷)被邹诗鹏的《从国家民族及其认同建构看现代中华民族共同体之建构》(2022)、彭新武的《中华民族共同体的历史溯源与当代建构》(2022)引用。

孙中山所著并由中华书局于2011年出版的《孙中山全集》(第7卷)被沈桂萍等的《中国共产党百年民族理论政策的继承与创新——以中央民族工作会议为主线》(2021)引用。

孙中山所著并由中华书局于2011年出版的《孙中山全集》被邹广文的《论中华民族共同体的文化叙事结构》（2021）引用。

孙中山所著（曹锦清编选）并由上海远东出版社于1994年出版的《孙中山文选·民权与国族》被纳日碧力戈等的《三维铸牢中华民族共同体意识》（2020）引用。

孙中山所著并由人民出版社于1956年出版的《孙中山选集》（上卷）被曹爱军的《中华民族共同体视野中的“各民族交往交流交融”研究》（2019）引用。

孙中山所著并由人民出版社于1956年出版的《孙中山选集》（下卷）被李赞等的《理解和把握新时代中华民族共同体观的三个基本维度探析》（2020）引用。

孙中山所著并由人民出版社于1981年出版的《孙中山选集》被郑师渠的《中华民族实现由自在转向自觉的鲜明标志——论李大钊的〈新中华民族主义〉》（2020）、张小军的《“中华民族共同体”的差序格局及其文化实践》（2020）、崔晨涛的《中华民族共同体的“人民性”论纲》（2021）、王萍等的《辛亥革命时期的民族认同及其对铸牢中华民族共同体意识的现实意蕴》（2021）、郑师渠的《中华民族共同体意识的近代思想论争——从傅斯年、顾颉刚到费孝通、白寿彝》（2022）引用。

孙中山所著并由人民出版社于1981年出版的《孙中山选集》（上册）被宋才发的《中华民族共同体意识是中华民族全面觉醒的体现》（2021）引用。

孙中山所著并由人民出版社于2011年出版的《孙中山选集》（上卷）被张积家、冯晓慧的《中华民族共同体认同的心理建构与影响因素》（2021），左鹏的《从“华夷之辨”到中华民族共同体意识》（2021）引用。

孙中山所著并由人民出版社于2011年出版的《孙中山选集》（下卷）被左鹏的《从“华夷之辨”到中华民族共同体意识》（2021）引用。

孙中山所著并由中华书局香港分社于1978年出版的《孙中山选集》

被张小军的《“中华民族共同体”的差序格局及其文化实践》（2020）引用。

孙中山所著（魏新柏编）并由中华书局于2011年出版的《孙中山著作选编》（上卷）被赵刚的《民族政策与中华民族共同体意识的建构》（2017）引用。

孙中山所著（魏新柏编）并由中华书局于2011年出版的《孙中山著作选编》（下卷）被赵刚的《民族政策与中华民族共同体意识的建构》（2017）引用。

孙中山所著（张磊编）并由中国人民大学出版社于2015年出版的《中国近代思想家文库：孙中山卷》被沈桂萍等的《中国共产党百年民族理论政策的继承与创新——以中央民族工作会议为主线》（2021）引用。

（6）云南大学西南边疆少数民族研究中心王文光教授的成果在党的十八大以来铸牢中华民族共同体意识研究领域的48次被引情况如图3-34所示，具体被引情况如下。

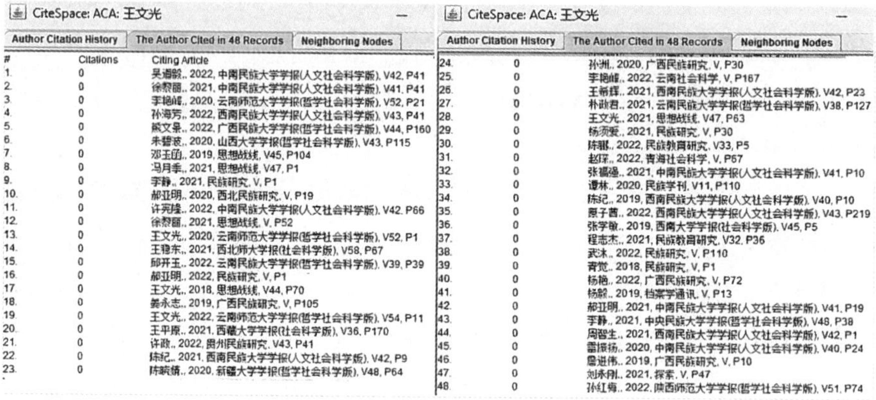

CiteSpace: ACA: 王文光

Author Citation History | The Author Cited in 48 Records | Neighboring Nodes

#	Citations	Citing Article
1.	0	吴道毅., 2022, 中南民族大学学报(人文社会科学版), V42, P41
2.	0	徐黎丽., 2021, 中南民族大学学报(人文社会科学版), V41, P41
3.	0	李艳峰., 2020, 云南师范大学学报(哲学社会科学版), V52, P21
4.	0	孙海芳., 2022, 西南民族大学学报(人文社会科学版), V43, P41
5.	0	熊文景., 2022, 广西民族大学学报(哲学社会科学版), V44, P160
6.	0	朱碧波., 2020, 山西大学学报(哲学社会科学版), V43, P115
7.	0	邓玉函., 2019, 思想战线, V45, P104
8.	0	冯月季., 2021, 思想战线, V47, P1
9.	0	李静., 2021, 民族研究, V, P1
10.	0	郝亚明., 2020, 西北民族研究, V, P19
11.	0	许宪隆., 2022, 中南民族大学学报(人文社会科学版), V42, P66
12.	0	徐黎丽., 2021, 思想战线, V, P52
13.	0	王文光., 2020, 云南师范大学学报(哲学社会科学版), V52, P1
14.	0	王稳东., 2021, 西北师大学报(社会科学版), V58, P67
15.	0	邱开玉., 2022, 云南民族大学学报(哲学社会科学版), V39, P39
16.	0	郝亚明., 2022, 民族研究, V, P1
17.	0	王文光., 2018, 思想战线, V44, P70
18.	0	姜永志., 2019, 广西民族研究, V, P105
19.	0	王文光., 2022, 云南师范大学学报(哲学社会科学版), V54, P11
20.	0	王平原., 2021, 西藏大学学报(社会科学版), V36, P170
21.	0	许政., 2022, 贵州民族研究, V43, P41
22.	0	陈纪., 2021, 西南民族大学学报(人文社会科学版), V42, P9
23.	0	陈晓婧., 2020, 新疆大学学报(哲学社会科学版), V48, P64

CiteSpace: ACA: 王文光

Author Citation History | The Author Cited in 48 Records | Neighboring Nodes

#	Citations	Citing Article
24.	0	孙洲., 2020, 广西民族研究, V, P30
25.	0	李艳峰., 2022, 云南社会科学, V, P167
26.	0	王希辉., 2021, 西南民族大学学报(人文社会科学版), V42, P23
27.	0	朴政君., 2021, 云南民族大学学报(哲学社会科学版), V38, P127
28.	0	王文光., 2021, 思想战线, V47, P63
29.	0	杨须爱., 2021, 民族研究, V, P30
30.	0	陈娜., 2022, 民族教育研究, V33, P5
31.	0	赵琛., 2022, 青海社会科学, V, P67
32.	0	张福强., 2021, 中南民族大学学报(人文社会科学版), V41, P10
33.	0	谭林., 2020, 民族学刊, V11, P110
34.	0	陈纪., 2019, 西南民族大学学报(人文社会科学版), V40, P10
35.	0	原子茜., 2022, 西南民族大学学报(人文社会科学版), V43, P219
36.	0	张学敏., 2019, 西南大学学报(社会科学版), V45, P5
37.	0	程志杰., 2021, 民族教育研究, V32, P36
38.	0	武沐., 2022, 民族研究, V, P110
39.	0	青觉., 2018, 民族研究, V, P1
40.	0	杨艳., 2022, 广西民族研究, V, P72
41.	0	杨毅., 2019, 档案学通讯, V, P13
42.	0	郝亚明., 2021, 中南民族大学学报(人文社会科学版), V41, P19
43.	0	李静., 2021, 中央民族大学学报(哲学社会科学版), V48, P38
44.	0	周智生., 2021, 西南民族大学学报(人文社会科学版), V42, P1
45.	0	雷振扬., 2020, 中南民族大学学报(人文社会科学版), V40, P24
46.	0	詹进伟., 2019, 广西民族研究, V, P10
47.	0	刘承刚., 2021, 探索, V, P47
48.	0	孙红梅., 2022, 陕西师范大学学报(哲学社会科学版), V51, P74

图 3-34　王文光的成果被引情况

王文光于2015年发表在《中国边疆史地研究》第25卷第4期的《“大一统”中国发展史与中国边疆民族发展的“多元一统”》被杨毅等的《中华民族档案：民族档案的时代内涵》（2019）、朱碧波的《建构论：中华民族共同体的理论新解》（2020）、徐黎丽等的《论中华民族共同体的现代含义》（2021）、王文光等的《中国古代大一统思想中正统观念与中华民族共同体意识研究》（2021）、邱开玉的《神话视域下中华民族共同体意识的形成与发展——以盘瓠神话的畲族叙述为例》（2022）、李艳峰的《习近平“四个共同”重要论述对新时代中国民族史研究范式转换的方法论价值》（2022）引用。

王文光等于 2005 年发表在《中国边疆史地研究》第 3 期的《“五帝”世系与秦汉时期“华夷共祖”思想》被王文光等的《中华民族共同体意识形成与发展的历史过程研究论纲》（2018）、熊文景的《以历史记忆铸牢中华民族共同体意识的逻辑理路》（2022）引用。

王文光等于2020年发表在《云南师范大学学报（哲学社会科学版）》第 52 卷第 3 期的《二十四史的边疆民族记述与中华民族共同体形成发展论纲》被刘永刚的《中华民族共同体意识的二维向度与演进逻辑》（2021）、孙海芳等的《路网与疆域：从新疆历代古道路网变迁看中华民族共同体的形成发展》（2022）、王文光的《中华民族共同体与中国边疆学研究笔谈・中华民族共同体研究三题》（2022）、李艳峰的《习近平“四个共同”重要论述对新时代中国民族史研究范式转换的方法论价值》（2022）引用。

王文光等于 2021 年发表在《云南师范大学学报（哲学社会科学版）》第 53 卷第 5 期的《近代中国民族思想史研究——以中华民族为中心的讨论》被许宪隆等的《近现代少数民族名人群体的国家认同》（2022）、陈鹏等的《中国共产党中华民族共同体意识教育的早期探索：基于创建延安民族学院的考察》（2022）引用。

王文光等于 2005 年发表在《思想战线》第 2 期的《西南民族的历史发展与中华民族多元一体格局关系述论》被邓玉函的《文化自信与新时代中华民族共同体建设的三重逻辑》（2019）、李艳峰的《习近平“四个共同”重要论述对新时代中国民族史研究范式转换的方法论价值》（2022）引用。

王文光等于 2021 年发表在《贵州社会科学》第 10 期的《元朝的大一统实践与中华民族共同体意识》被武沐等的《中国大一统思想及

各民族共创中华的集体记忆》（2022）、孙红梅的《中华民族共同体视域下的元代“中国”认同》（2022）引用。

王文光等于2021年发表在《思想战线》第47卷第3期的《中国古代大一统思想中正统观念与中华民族共同体意识研究》被冯月季等的《文化符号学视域下的中华民族共同体意识建构》（2021）、邱开玉的《神话视域下中华民族共同体意识的形成与发展——以盘瓠神话的畲族叙述为例》（2022）引用。

王文光等于2018年发表在《思想战线》第44卷第2期的《中华民族共同体意识形成与发展的历史过程研究论纲》被青觉等的《中华民族共同体意识：概念内涵、要素分析与实践逻辑》（2018）、邓玉函的《文化自信与新时代中华民族共同体建设的三重逻辑》（2019）、姜永志等的《中华民族共同体意识培育困境及心理学研究进路》（2019）、陈纪的《铸牢中华民族共同体意识：基于京津冀各民族共有资源建设的调查分析》（2019）、张学敏等的《民族教育发展与中华民族共同体意识建设的内生逻辑——新中国70年民族教育及其政策回溯与前瞻》（2019）、詹进伟的《论中华民族共同体意识的理论进路与生成逻辑》（2019）、郝亚明的《社会认同视域下的中华民族共同体意识探析》（2020）、陈晓婧的《社会表征视域下的中华民族共同体建构》（2020）、孙洲的《现状与图景：十八大以来国内学术界“中华民族共同体”研究》（2020）、谭林的《中华民族共同体意识视域下的民族地区“四史”教育——以甘孜藏区基层干部、中小学教师的调查为例》（2020）、雷振扬等的《铸牢中华民族共同体意识：研究现状与深化拓展》（2020）、李静的《中华民族共同体意识结构的心理学分析》（2021）、王平原的《网络社会中的民族国家认同——卡斯特网络国家理论对铸牢中华民族共同体意识的启示》（2021）、王希辉等的《中华民族共同体意识研究现状与趋势》（2021）、张福强的《中国共产党铸牢中华民族共同体意识的成功实践——以中央民族访问团为中心的考察》（2021）、程志杰等的《民族高校大学生铸牢中华民族共同体意识的文化路径》（2021）、郝亚明等的《中华民族共同体意识研究的热点分析与路径演化——基于 CiteSpace 的知识图谱分析》（2021）、李静等的《从自在、自觉到自为：中华民族发展的历史逻辑》（2021）、周智生等的《以“四个共同”为核心：全面推进中华民族共同体意识教育》（2021）、孙海芳等的《路网与疆域：从新疆历代古道路网变迁看中华民族共同体的形成发展》（2022）、郝亚明的《铸牢中华民族共同体意识的若干话语趋向》（2022）、许政等的《中华民族共同体的建设及其发展历程》（2022）、赵琛等的《从“传递观”到“仪式观”：铸牢中华民族共同体意识的传播学路径》（2022）、原子茜等的《后主体性理论视角下民族高校铸牢中华民族共同体意识教育研究》（2022）、杨艳等的《铸牢中华民族共同体意识的实践理性研究：基于民族团结进步示范创建的西南边疆个案》（2022）引用。

王文光等于 2020 年发表在《社会科学文摘》第 11 期的《二十四史的边疆民族记述与中华民族共同体形成发展论纲》被王稳东的《铸牢中华民族共同体意识的教育机理及其实现》（2021）引用。

王文光等于 2019 年发表在《云南师范大学学报（哲学社会科学版）》第 51 卷第 4 期的《汉代中南部政区扩展与民族关系变化研究》被李艳峰等的《中华民族共同体构建视角下魏晋“徙戎”思想的历史生成与反思》（2020）引用。

王文光等于 2016 年发表在《广西民族大学学报（哲学社会科学版）》第 38 卷第 6 期的《后汉武帝时代北部边疆汉匈民族关系述论》被朴政君的《近四十年中国古代民族关系研究的动态与展望》（2021）引用。

王文光等于 2018 年发表在《西南边疆民族研究》第 3 期的《继承与突破：中国西南古代民族的历史人类学研究前景及其可能》被李艳峰等的《中华民族共同体构建视角下魏晋“徙戎”思想的历史生成与反思》（2020）引用。

王文光等于 2013 年发表在《云南师范大学学报（哲学社会科学版）》第 45 卷第 6 期的《扩展、遏制与融合：〈新唐书·吐蕃传〉

中唐朝与吐蕃关系述论》被徐黎丽等的《文化润疆必须把握四个着眼点》（2021）引用。

王文光于2004年发表在《思想战线》第1期的《秦汉时期民族关系互动述论》被朴政君的《近四十年中国古代民族关系研究的动态与展望》（2021）引用。

李艳峰和王文光于2019年发表在《中南民族大学学报（人文社会科学版）》第39卷第2期的《商周时期华夏族的民族观、地理观与民族共同体意识》被王希辉等的《中华民族共同体意识研究现状与趋势》（2021）引用。

王文光等于2020年发表在《西南民族大学学报（人文社科版）》第41卷第10期的《十六国北朝时期的儒家文化认同与中华民族共同体孕育发展研究》被陈纪等的《论铸牢中华民族共同体意识的历史基础与实践目标》（2021）引用。

王文光等于2020年发表在《思想战线》第46卷第3期的《司马迁的民族思想与中华民族共同体发展的谱系建构述论》被王文光等的《二十四史的边疆民族记述与中华民族共同体形成发展论纲》（2020）引用。

王文光等于2013年发表在《云南师范大学学报（哲学社会科学版）》第30卷第5期的《魏晋南北朝时期正史中的民族传记及其特点研究》被王文光等的《二十四史的边疆民族记述与中华民族共同体形成发展论纲》（2020）引用。

王文光等于2021年发表在《学术探索》第7期的《新时代中华民族共同体意识研究述论》被王文光的《中华民族共同体与中国边疆学研究笔谈·中华民族共同体研究三题》（2022）引用。

谢翔和王文光于2019年发表在《思想战线》第45卷第2期的《中国古代民族思想与处理族际关系的智慧研究》被朴政君的《近四十年中国古代民族关系研究的动态与展望》（2021）引用。

王文光等于2012年发表在《思想战线》第38卷第4期的《中国民族史学发展述论》被杨须爱的《各民族交融汇聚史知识再生产的价值与路径——以铸牢中华民族共同体意识为视角》（2021）引用。

（7）广西民族大学民族学与社会学学院徐杰舜教授的成果在党的十八大以来铸牢中华民族共同体意识研究领域的 38 次被引情况如图 3–35 所示，具体被引情况如下。

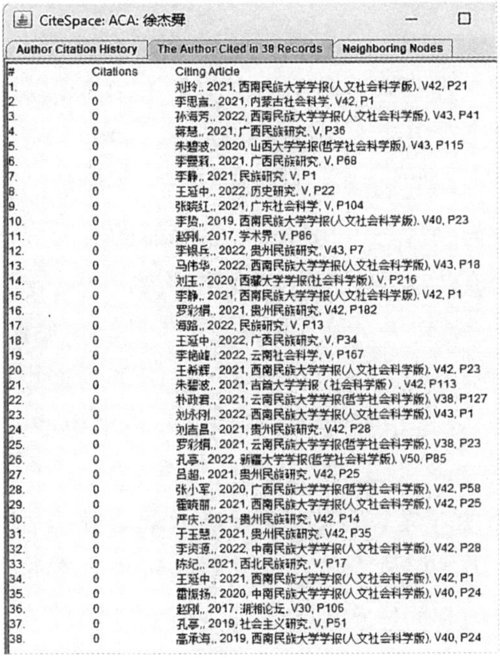

CiteSpace: ACA: 徐杰舜

Author Citation History | The Author Cited in 38 Records | Neighboring Nodes

#	Citations	Citing Article
1.	0	刘玲., 2021, 西南民族大学学报(人文社会科学版), V42, P21
2.	0	李思言., 2021, 内蒙古社会科学, V42, P1
3.	0	孙海芳., 2022, 西南民族大学学报(人文社会科学版), V43, P41
4.	0	蒋慧., 2021, 广西民族研究, V, P36
5.	0	朱碧波., 2020, 山西大学学报(哲学社会科学版), V43, P115
6.	0	李曼莉., 2021, 广西民族研究, V, P68
7.	0	李静., 2021, 民族研究, V, P1
8.	0	王延中., 2022, 历史研究, V, P22
9.	0	张晓红., 2021, 广东社会科学, V, P104
10.	0	李贽., 2019, 西南民族大学学报(人文社会科学版), V40, P23
11.	0	赵刚., 2017, 学术界, V, P86
12.	0	李银兵., 2022, 贵州民族研究, V43, P7
13.	0	马伟华., 2022, 西南民族大学学报(人文社会科学版), V43, P18
14.	0	刘玉., 2020, 西藏大学学报(社会科学版), V, P216
15.	0	李静., 2021, 西南民族大学学报(人文社会科学版), V42, P1
16.	0	罗彩娟., 2021, 贵州民族研究, V42, P182
17.	0	海路., 2022, 民族研究, V, P13
18.	0	王延中., 2022, 广西民族研究, V, P34
19.	0	李艳峰., 2022, 云南社会科学, V, P167
20.	0	王希辉., 2021, 西南民族大学学报(人文社会科学版), V42, P23
21.	0	朱碧波., 2021, 吉首大学学报（社会科学版）, V42, P113
22.	0	朴政君., 2021, 云南民族大学学报(哲学社会科学版), V38, P127
23.	0	刘永刚., 2022, 西南民族大学学报(人文社会科学版), V43, P1
24.	0	刘吉昌., 2021, 贵州民族研究, V42, P28
25.	0	罗彩娟., 2021, 云南民族大学学报(哲学社会科学版), V38, P23
26.	0	孔亭., 2022, 新疆大学学报(哲学社会科学版), V50, P85
27.	0	吕超., 2021, 贵州民族研究, V42, P25
28.	0	张小军., 2020, 广西民族大学学报(哲学社会科学版), V42, P58
29.	0	霍晓丽., 2021, 西南民族大学学报(人文社会科学版), V42, P25
30.	0	严庆., 2021, 贵州民族研究, V42, P14
31.	0	于玉慧., 2021, 贵州民族研究, V42, P35
32.	0	李资源., 2022, 中南民族大学学报(人文社会科学版), V42, P28
33.	0	陈纪., 2021, 西北民族研究, V, P17
34.	0	王延中., 2021, 西南民族大学学报(人文社会科学版), V42, P1
35.	0	雷振扬., 2020, 中南民族大学学报(人文社会科学版), V40, P24
36.	0	赵刚., 2017, 湖湘论坛, V30, P106
37.	0	孔亭., 2019, 社会主义研究, V, P51
38.	0	高承海., 2019, 西南民族大学学报(人文社会科学版), V40, P24

图 3–35　徐杰舜的成果被引情况

徐杰舜等所著并由民族出版社于 2017 年出版的《大象：中国民族团结南宁经验研究》被刘玲等的《“十三五”时期民族团结研究回顾与展望》（2021）引用。

徐杰舜等于 2017 年发表在《思想战线》第 2 期的《从多元走向一体与一体凝聚多元——中华民族共同体建设的理论和战略》被李思言等的《中华民族共同体意识研究中的四个问题》（2021）、朱碧波的《中华民族共同体：话语出场・概念真意・伦理底蕴》（2021）、李静等的《共同内群体认同视角下铸牢中华民族共同体意识研究》（2021）、刘吉昌等的《中华民族共同体意识研究述评》（2021）、张小军的《“中华民族共同体”的差序格局及其文化实践》（2020）

引用。

徐杰舜于2020年发表在《湖北民族大学学报（哲学社会科学版）》第4期的《“铸牢中华民族共同体意识”理论的内涵与学术支撑》被孙海芳等的《路网与疆域：从新疆历代古道路网变迁看中华民族共同体的形成发展》（2022）、蒋慧等的《“铸牢中华民族共同体意识”入法：理论阐释、规范考察与制度完善》（2021）、李银兵等的《铸牢中华民族共同体意识的方法论进路探赜》（2022）、刘吉昌等的《中华民族共同体意识研究述评》（2021）、王希辉等的《中华民族共同体意识研究现状与趋势》（2021）、霍晓丽的《历史记忆与中华民族共同体意识的生成：以湘西苗族家谱建构为例的讨论》（2021）、严庆的《主线、理念与作为：深刻把握与贯彻铸牢中华民族共同体意识》（2021）、李资源等的《中国共产党推进中华民族共同体建设的理论与实践》（2022）、陈纪等的《家国情怀与铸牢中华民族共同体意识》（2021）引用。

徐杰舜于2018年发表在《湖北民族大学学报（哲学社会科学版）》第3期的《铸牢中华民族意识：中国民族研究战略方向的反思》被李曼莉的《中华民族共同体意识的三维揭析》（2021）、李静的《中华民族共同体意识结构的心理学分析》（2021）、雷振扬等的《铸牢中华民族共同体意识：研究现状与深化拓展》（2020）、高承海的《中华民族共同体意识：内涵、意义与铸牢策略》（2019）引用。

徐杰舜于2008年发表在《西北民族大学学报（哲学社会科学版）》第1期的《结构与过程：再论中华民族从多元走向一体》被朱碧波的《建构论：中华民族共同体的理论新解》（2020）引用。

徐杰舜于2007年发表在《西北民族大学学报（哲学社会科学版）》第6期的《论中华民族从多元走向一体》被王延中等的《中华民族多元一体格局形成的经济、文化、心理因素析论》（2021）引用。

徐杰舜等于2020年发表在《广西民族大学学报（哲学社会科学版）》第1期的《“中华民族多元一体格局”理论定位研究》被于玉慧等的《“四个共同”：中华民族共同体理论阐释的新向度》（2021）引用。

徐杰舜于1995年发表在《广西民族学院学报（哲学社会科学版）》第S1期的《广西社会主义民族关系简论》被罗彩娟的《1949年以来广西壮族自治区加强民族交往交流交融的实践与启示》（2021）引用。

徐杰舜于2008年发表在《湖北民族学院学报（哲学社会科学版）》第3期的《文化基因：五论中华民族从多元走向一体》被孔亭的《中华民族共同体的历史生成及其文化基因》（2022）、张小军的《“中华民族共同体”的差序格局及其文化实践》（2020）引用。

宋兴烈和徐杰舜合著并于2010年发表在《湖北民族学院学报（哲学社会科学版）》第6期的《族际通婚：一个影响民族关系的重要因素——桂林龙胜里排壮寨族际通婚的人类学考察》被罗彩娟的《1949年以来广西壮族自治区加强民族交往交流交融的实践与启示》（2021）引用。

徐杰舜等于2008年发表在《民族研究》第2期的《“中华民族多元一体格局”理论研究述评》被马伟华等的《认知、情感与互信：铸牢中华民族共同体意识的三维视角思考》（2022）、张小军的《“中华民族共同体”的差序格局及其文化实践》（2020）引用。

徐杰舜于2002年发表在《民族研究》第1期的《论族群与民族》被王延中的《铸牢中华民族共同体意识的历史逻辑·正确认识中华民族历史观》（2022）、罗彩娟等的《一眼六千年——评徐杰舜教授主编〈汉民族史记〉》（2021）引用。

徐杰舜等于2005年发表在《广西民族学院学报（哲学社会科学版）》第5期的《族群结构简论》被罗彩娟等的《一眼六千年——评徐杰舜教授主编〈汉民族史记〉》（2021）引用。

徐杰舜等于2003年发表在《贵州民族学院学报（哲学社会科学版）》第3期的《汉族风俗特点论——汉族风俗研究之二》被罗彩娟等的《一眼六千年——评徐杰舜教授主编〈汉民族史记〉》（2021）引用。

徐杰舜等于2020年发表在《社会科学报》的《“前世”与“今生”：华人人类学的承前启后》被罗彩娟等的《一眼六千年——评徐杰舜教授主编〈汉民族史记〉》（2021）引用。

徐杰舜于1998年发表在《黑龙江民族丛刊》第2期的《关于中国民族政策史的若干问题》被赵刚的《民族政策与中华民族共同体意识的建构》（2017）、朴政君的《近四十年中国古代民族关系研究的动态与展望》（2021）、赵刚等的《中华民族共同体意识的政治属性解读》（2017）引用。

徐杰舜等所著并由广西师范大学出版社于2008年出版的《从多元走向一体：中华民族论》被张晓红等的《自在与自觉：中华民族共同体生成的历史脉络》（2021）、李艳峰的《习近平“四个共同”重要论述对新时代中国民族史研究范式转换的方法论价值》（2022）、刘永刚等的《政治仪式铸牢中华民族共同体意识的四个维度》（2022）、吕超的《贵州各民族融入中华民族共同体的历史进程研究》（2021）、孔亭等的《论中华民族共同体的基本内涵》（2019）引用。

徐杰舜等主编并由广西人民出版社于1992年出版的《中国民族政策史鉴》被李赞的《“中华民族共同体”叙事的逻辑结构和历史意义探析》（2019）引用。

徐杰舜等所著并由宁夏人民出版社于2014年出版的《中华民族认同论》被赵刚的《民族政策与中华民族共同体意识的建构》（2017）引用。

徐杰舜等于2004年发表在《西北民族研究》第3期的《加强中华民族历史观教育的现状考察与对策》被刘玉的《西藏高校思政课铸牢大学生中华民族共同体意识教育探析——以〈马克思主义“五观”教育概论〉为例》（2020）、海路等的《中华民族历史观教育：内涵、价值与实践路径》（2022）引用。

徐杰舜所著并由中国社会科学出版社于2019年出版的《汉民族史记·历史卷（上）》被罗彩娟等的《一眼六千年——评徐杰舜教授主编〈汉民族史记〉》（2021）引用。

徐杰舜所著并由中国社会科学出版社于2019年出版的《汉民族史记·族群卷（上）》被罗彩娟等的《一眼六千年——评徐杰舜教授主编〈汉民族史记〉》（2021）引用。

徐杰舜所著并由中国社会科学出版社于2019年出版的《汉民族

史记·文化卷（上）》被罗彩娟等的《一眼六千年——评徐杰舜教授主编〈汉民族史记〉》（2021）引用。

徐杰舜所著并由中国社会科学出版社于2019年出版的《汉民族史记·风俗卷（上）》被罗彩娟等的《一眼六千年——评徐杰舜教授主编〈汉民族史记〉》（2021）引用。

徐杰舜所著并由中国社会科学出版社于2019年出版的《汉民族史记·历史卷（下）》被罗彩娟等的《一眼六千年——评徐杰舜教授主编〈汉民族史记〉》（2021）引用。

徐杰舜所著并由中国社会科学出版社于2019年出版的《汉民族史记·海外移民卷》被罗彩娟等的《一眼六千年——评徐杰舜教授主编〈汉民族史记〉》（2021）引用。

吴晓萍与徐杰舜所著并由黑龙江人民出版社于2009年出版的《中华民族认同与认同中华民族》被罗彩娟等的《一眼六千年——评徐杰舜教授主编〈汉民族史记〉》（2021）引用。

徐杰舜于2019年发表在《民族艺术》第3期的《从汉民族研究到中华民族论——我的学术之路》被罗彩娟等的《一眼六千年——评徐杰舜教授主编〈汉民族史记〉》（2021）引用。

徐杰舜于1985年发表在《广西民族学院学报（哲学社会科学版）》第3期的《同胞观念与民族意识》被王延中等的《中华民族共同体的结构与秩序》（2022）引用。

徐杰舜于2020年发表在《贵州民族研究》第7期的《一部献给全球华人的历史长卷——〈汉民族史记〉卷首语》被罗彩娟等的《一眼六千年——评徐杰舜教授主编〈汉民族史记〉》（2021）引用。

徐杰舜于2019年发表在《中华读书报》的《〈汉民族史记〉：打破王朝史框架，建构汉民族专题史》被罗彩娟等的《一眼六千年——评徐杰舜教授主编〈汉民族史记〉》（2021）引用。

刘冰清、徐杰舜等于2015年发表在《广西民族大学学报（哲学社会科学版）》第6期的《汉民族研究：历史的建构与建构的历史——人类学学者访谈录之七十七》被罗彩娟等的《一眼六千年——评徐杰舜教授主编〈汉民族史记〉》（2021）引用。

（8）英国左派近代史学家埃里克·霍布斯鲍姆的成果在党的十八大以来铸牢中华民族共同体意识研究领域的34次被引情况如图3-36所示，具体被引情况如下。

CiteSpace: ACA: 埃里克·霍布斯鲍姆

Author Citation History | The Author Cited in 34 Records | Neighboring Nodes

#	Citations	Citing Article
1.	0	张淑娟,, 2020, 学术界, V, P78
2.	0	袁明旭,, 2020, 云南师范大学学报(哲学社会科学版), V52, P13
3.	0	关健英,, 2022, 伦理学研究, V, P112
4.	0	常安,, 2021, 西南民族大学学报(人文社会科学版), V, P1
5.	0	王宗礼,, 2020, 西北师大学报(社会科学版), V57, P13
6.	0	张亮,, 2021, 福建论坛(人文社会科学版), V, P24
7.	0	张亮,, 2022, 理论与改革, V, P22
8.	0	朱军,, 2021, 民族研究, V, P23
9.	0	赵刚,, 2017, 学术界, V, P86
10.	0	关凯,, 2022, 思想战线, V48, P23
11.	0	王伟,, 2021, 中央民族大学学报(哲学社会科学版), V48, P38
12.	0	杨四代,, 2022, 云南社会科学, V, P170
13.	0	赵文心,, 2021, 民族教育研究, V32, P42
14.	0	李学保,, 2021, 中南民族大学学报(人文社会科学版), V41, P98
15.	0	王平原,, 2021, 西藏大学学报(社会科学版), V36, P170
16.	0	周平,, 2021, 内蒙古社会科学, V42, P1
17.	0	张淑娟,, 2018, 广西民族研究, V, P41
18.	0	徐家贵,, 2021, 广西民族研究, V, P56
19.	0	贺海仁,, 2018, 甘肃社会科学, V, P130
20.	0	刘永刚,, 2022, 西南民族大学学报(人文社会科学版), V43, P1
21.	0	田烨,, 2021, 新疆大学学报(哲学社会科学版), V49, P43
22.	0	郑亮,, 2020, 编辑之友, V, P22
23.	0	郝亚明,, 2021, 学术界, V, P193
24.	0	青觉,, 2018, 民族研究, V, P1
25.	0	詹小美,, 2022, 西南民族大学学报(人文社会科学版), V43, P9
26.	0	孙保全,, 2022, 探索, V, P84
27.	0	黄金辉,, 2022, 探索, V, P63
28.	0	陈宇,, 2018, 广西民族研究, V, P24
29.	0	褚松燕,, 2022, 学术前沿, V, P92
30.	0	赵刚,, 2017, 湖湘论坛, V30, P106
31.	0	刘永刚,, 2021, 探索, V, P47
32.	0	周平,, 2020, 学术界, V, P5
33.	0	陈蒙,, 2021, 西南民族大学学报(人文社会科学版), V42, P10
34.	0	黄金辉,, 2021, 民族学刊, V12, P20

图3-36　埃里克·霍布斯鲍姆的成果被引情况

埃里克·霍布斯鲍姆所著（李金梅译）并由上海人民出版社于2000年出版的《民族与民族主义》被张淑娟的《论中华民族共同体意识的三重意涵》（2020）、袁明旭等的《中华民族共同体意识培育与边民国家认同意识再造》（2020）、张亮的《英国新左派的民族观念及其当代中国省思》（2021）、周平的《中华民族认知的四个维度》（2021）、张亮的《马克思主义哲学视域中的“铸牢中华民族共同体意识”》（2022）、朱军的《中华民族共同体意识共同性的现代性转化及发展》（2021）、张淑娟的《论中华民族共同体意识对近代中国民族主义的形塑与修正——以中国共产党为例》（2018）、郑亮的《建设性新闻视角下"中国故事"的叙事策略研究》(2020)、青觉等的《中华民族共同体意识：概念内涵、要素分析与实践逻辑》(2018)、褚松燕的《铸牢中华民族共同体意识的三重逻辑》(2022)、周平的《铸牢中华民族共同体意识的双重进路》(2020)引用。

埃里克·霍布斯鲍姆所著(李金梅译)并由上海人民出版社于2006年出版的《民族与民族主义》被常安的《论国家通用语言文字在民族地区的推广和普及——从权利保障到国家建设》(2021)、王宗礼的《国家建构视域下铸牢中华民族共同体意识研究》(2020)、赵刚的《民族政策与中华民族共同体意识的建构》(2017)、关凯等的《国家建设、现代性与民族学知识生产》(2022)、王伟等的《新时代中国共产党铸牢中华民族共同体意识研究：逻辑缘起、价值意蕴和实践路径》(2021)、赵文心等的《主体性视域下铸牢中华民族共同体意识的内在要求》(2021)、陈蒙等的《中华民族共同体意识的价值观基础探析》(2021)、李学保的《构建中华民族共同体研究的学术体系和话语体系》(2021)、王平原的《网络社会中的民族国家认同——卡斯特网络国家理论对铸牢中华民族共同体意识的启示》(2021)、徐家贵等的《党史学习教育与培育中华民族共同体意识的三个维度》(2021)、贺海仁的《中华民族共同体的法理解释》(2018)、刘永刚等的《政治仪式铸牢中华民族共同体意识的四个维度》(2022)、郝亚明的《族际关系中张力的来源与消解——兼论对铸牢中华民族共同体意识的政策启示》(2021)、黄金辉等的《国民意识培育：增进中华民族共同性的内核及其进路》(2022)、陈宇的《中华民族共同体的复合互嵌格局与多元一体交融》(2018)、刘永刚的《中华民族共同体意识的二维向度与演进逻辑》(2021)、赵刚等的《中华民族共同体意识的政治属性解读》(2017)、黄金辉等的《新时代党的民族工作的"纲"与"目"》(2021)引用。

埃里克·霍布斯鲍姆所著(李金梅译)并由上海人民出版社于2013年出版的《民族与民族主义》被孙保全的《中华民族共同体国民属性的形成与发展》(2022)引用。

埃里克·霍布斯鲍姆所著（李金梅译）并由上海人民出版社于2020年出版的《民族与民族主义》被关健英的《中华民族共同体的伦理认同研究论纲》（2022）引用。

埃里克·霍布斯鲍姆所著（梅俊杰译）并由中央编译出版社于2016年出版的《工业与帝国：英国的现代化历程》被张亮的《英国新左派的民族观念及其当代中国省思》（2021）引用。

埃里克·霍布斯鲍姆等所编（顾杭、庞冠群译）并由译林出版社于2004年出版的《传统的发明》被张亮的《英国新左派的民族观念及其当代中国省思》（2021）、田烨的《从文化整合到意识自发：构建中华民族共同体的理论逻辑与实践路径》（2021）、詹小美等的《何以“图说中华民族共同体”：基于语图互文的研究》（2022）引用。

埃里克·霍布斯鲍姆等所编（马俊亚、郭英剑译）并由上海人民出版社于2004年出版的《史学家：历史神话的终结者》被杨四代等的《20世纪早期新式中国通史编纂的背景特征与意义——兼论对中华民族共同体意识自觉之影响》（2022）引用。

（9）延边大学马克思主义学院博士生导师赵刚教授的成果在党的十八大以来铸牢中华民族共同体意识研究领域的23次被引情况如图3-37所示，具体被引情况如下。

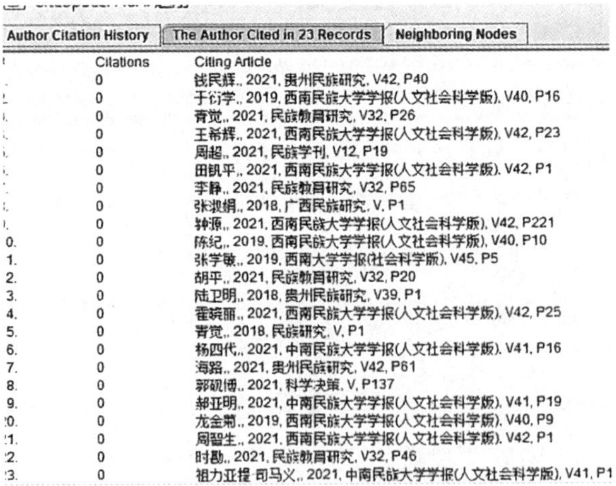

Author Citation History | The Author Cited in 23 Records | Neighboring Nodes

	Citations	Citing Article
	0	钱民辉., 2021, 贵州民族研究, V42, P40
	0	于衍学., 2019, 西南民族大学学报(人文社会科学版), V40, P16
	0	青觉., 2021, 民族教育研究, V32, P26
	0	王希辉., 2021, 西南民族大学学报(人文社会科学版), V42, P23
	0	周超., 2021, 民族学刊, V12, P19
	0	田钒平., 2021, 西南民族大学学报(人文社会科学版), V42, P1
	0	李静., 2021, 民族教育研究, V32, P65
	0	张淑娟., 2018, 广西民族研究, V, P1
	0	钟源., 2021, 西南民族大学学报(人文社会科学版), V42, P221
0.	0	陈纪., 2019, 西南民族大学学报(人文社会科学版), V40, P10
1.	0	张学敏., 2019, 西南大学学报(社会科学版), V45, P5
2.	0	胡平., 2021, 民族教育研究, V32, P20
3.	0	陆卫明., 2018, 贵州民族研究, V39, P1
4.	0	霍晓丽., 2021, 西南民族大学学报(人文社会科学版), V42, P25
5.	0	青觉., 2018, 民族研究, V, P1
6.	0	杨四代., 2021, 中南民族大学学报(人文社会科学版), V41, P16
7.	0	海路., 2021, 贵州民族研究, V42, P61
8.	0	郭砚博., 2021, 科学决策, V, P137
9.	0	郝亚明., 2021, 中南民族大学学报(人文社会科学版), V41, P19
0.	0	龙金菊., 2019, 西南民族大学学报(人文社会科学版), V40, P9
1.	0	周智生., 2021, 西南民族大学学报(人文社会科学版), V42, P1
2.	0	时勘., 2021, 民族教育研究, V32, P46
3.	0	祖力亚提·司马义., 2021, 中南民族大学学报(人文社会科学版), V41, P1

图3-37 赵刚的成果被引情况

赵刚于2016年发表在《云南民族大学学报（哲学社会科学版）》第33卷第3期的《“治理”话语与中国民族理论政策话语体系的丰富》被杨四代的《跨主体性视域下民族事务治理能力的提升》（2021）引用。

赵刚等于2018年发表在《江苏大学学报（社会科学版）》第20卷第2期的《抗战时期中共民族政策对朝鲜族中华民族共同体意识的影响》被王希辉等的《中华民族共同体意识研究现状与趋势》（2021）引用。

赵刚于2017年发表在《学术界》第2期的《民族政策与中华民族共同体意识的建构》被青觉等的《中华民族共同体意识：概念内涵、要素分析与实践逻辑》（2018）、张学敏等的《民族教育发展与中华民族共同体意识建设的内生逻辑——新中国70年民族教育及其政策回溯与前瞻》（2019）、王希辉等的《中华民族共同体意识研究现状与趋势》（2021）、钟源等的《中华民族共同体意识研究演化路径与热点领域分析》（2021）、胡平等的《中华民族共同体意识的培育路径：个体发展的视角》（2021）、郝亚明等的《中华民族共同体意识研究的热点分析与路径演化——基于CiteSpace的知识图谱分析》（2021）引用。

赵刚等于2020年发表在《民族教育研究》第31卷第4期的《中华民族共同体教育：概念、价值、内容与路径》被钱民辉等的《民族教育理论范式与中华民族共同体意识的话语建构》（2021）、海路等的《铸牢中华民族共同体意识视域下民族文化进校园的内涵及路径》（2021）、周智生等的《以“四个共同”为核心：全面推进中华民族共同体意识教育》（2021）、时勘等的《中华民族共同体意识与抗击新冠肺炎疫情的应对研究》（2021）引用。

赵刚等于2019年发表在《江苏大学学报（社会科学版）》第21卷第2期的《中华民族共同体意识的时代属性》被于衍学的《基于三个认知维度的中华民族共同体意识理论体系建构》（2019）、钱民辉等的《民族教育理论范式与中华民族共同体意识的话语建构》（2021）、王希辉等的《中华民族共同体意识研究现状与趋势》（2021）引用。

赵刚等于2017年发表在《湖湘论坛》第30卷第1期的《中华民族共同体意识的政治属性解读》被张淑娟的《建构与解构：中华民族

共同体意识培育中的民族主义因素》（2018）、陆卫明等的《铸牢中华民族共同体意识论略》（2018）、于衍学的《基于三个认知维度的中华民族共同体意识理论体系建构》（2019）、陈纪的《铸牢中华民族共同体意识：基于京津冀各民族共有资源建设的调查分析》（2019）、张学敏等的《民族教育发展与中华民族共同体意识建设的内生逻辑——新中国70年民族教育及其政策回溯与前瞻》（2019）、龙金菊等的《民族心态秩序构建：铸牢中华民族共同体意识的社会心理路径》（2019）、青觉等的《认知、情感与人格：高校铸牢中华民族共同体意识教育的政治心理建构》（2021）、王希辉等的《中华民族共同体意识研究现状与趋势》（2021）、周超等的《共生理论视阈下中华民族共同体建构的五维向度》（2021）、田钒平的《民法典视野下铸牢中华民族共同体意识的法理探讨》（2021）、李静的《铸牢中华民族共同体意识背景下高校教师素质提升路径》（2021）、霍晓丽的《历史记忆与中华民族共同体意识的生成：以湘西苗族家谱建构为例的讨论》（2021）、郭砚博等的《“中华民族共同体意识”知识图谱分析》（2021）、祖力亚提·司马义等的《中华民族共同体意识的结构层级及其关系》（2021）引用。

（10）希腊哲学的集大成者亚里士多德的成果在党的十八大以来铸牢中华民族共同体意识研究领域的18次被引情况如图3–38所示，具体被引情况如下。

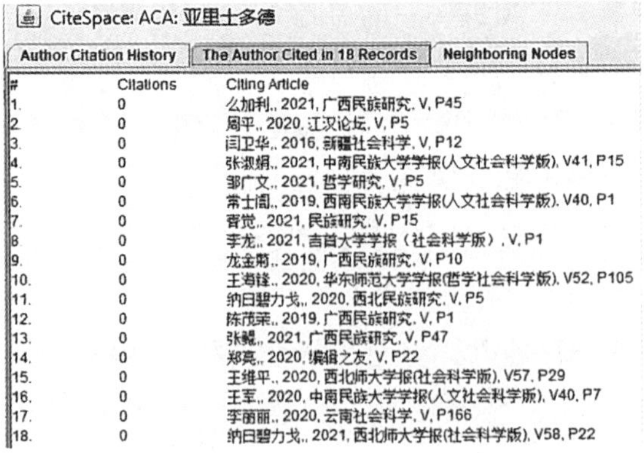

CiteSpace: ACA: 亚里士多德

Author Citation History | The Author Cited in 18 Records | Neighboring Nodes

#	Citations	Citing Article
1.	0	么加利., 2021, 广西民族研究, V, P45
2.	0	周平., 2020, 江汉论坛, V, P5
3.	0	闫卫华., 2016, 新疆社会科学, V, P12
4.	0	张淑娟., 2021, 中南民族大学学报(人文社会科学版), V41, P15
5.	0	邹广文., 2021, 哲学研究, V, P5
6.	0	常士訚., 2019, 西南民族大学学报(人文社会科学版), V40, P1
7.	0	青觉., 2021, 民族研究, V, P15
8.	0	李龙., 2021, 吉首大学学报（社会科学版）, V, P1
9.	0	龙金菊., 2019, 广西民族研究, V, P10
10.	0	王海锋., 2020, 华东师范大学学报(哲学社会科学版), V52, P105
11.	0	纳日碧力戈., 2020, 西北民族研究, V, P5
12.	0	陈茂荣., 2019, 广西民族研究, V, P1
13.	0	张鲲., 2021, 广西民族研究, V, P47
14.	0	郑亮., 2020, 编辑之友, V, P22
15.	0	王维平., 2020, 西北师大学报(社会科学版), V57, P29
16.	0	王军., 2020, 中南民族大学学报(人文社会科学版), V40, P7
17.	0	李丽丽., 2020, 云南社会科学, V, P166
18.	0	纳日碧力戈., 2021, 西北师大学报(社会科学版), V58, P22

图3–38 亚里士多德的成果被引情况

亚里士多德所著（方书春译）并由商务印书馆于1986年出版的《范畴篇·解释篇》被纳日碧力戈等的《“五通”铸牢中华民族共同体意识》（2020）引用。

亚里士多德所著（廖申白译）并由商务印书馆于2003年出版的《尼各马克伦理学》被龙金菊的《“共同体”语义下的中华民族共同体建设》（2019）引用。

亚里士多德所著（罗念生译）并由中国人民大学出版社于2000年出版的《诗学》被郑亮的《建设性新闻视角下“中国故事”的叙事策略研究》（2020）引用。

亚里士多德所著（苗力田译）并由中国人民大学出版社于2003年出版的《形而上学》被王海锋的《重大哲学命题与构建当代中国马克思主义哲学学术体系——基于学术史的历史性检视与反思》（2020）引用。

亚里士多德所著（罗念生译）并由生活·读书·新知三联书店于1991年出版的《修辞学》被王军等的《当代中国民族团结话语的演进及其理论源流》（2020）引用。

亚里士多德所著（苗力田主编，苗力田、徐开来、秦典华等译）并由中国人民大学出版社于1992年出版的《亚里士多德全集》第3卷被张鲲的《论传统祭祀铸牢中华民族共同体意识的机制》（2021）引用。

亚里士多德所著（苗力田主编）并由中国人民大学出版社于1994年出版的《亚里士多德全集》被邹广文的《论中华民族共同体的文化叙事结构》（2021）引用。

亚里士多德所著（秦典华译，苗力田主编）并由中国人民大学出版社于1990年出版的《亚里士多德全集·解释篇》（第一卷）被纳日碧力戈的《兼和相配，包容共生——论中华民族共同体精神的当代价值》（2021）引用。

亚里士多德所著（吴寿彭译）并由商务印书馆于1965年出版的《政治学》被李龙等的《法理与政理：中华民族共同体意识理论探微》（2021）、陈茂荣的《论“中华民族共同体”的基本内涵》（2019）、王维平等的《以政治认同持续推进中华民族共同体建构》（2020）、李丽丽的《重大疫情背景下的个人理性与共同体秩序：溯源与当代回响》（2020）引用。

亚里士多德所著（吴寿彭译）并由商务印书馆于1981年出版的《政治学》被龙金菊的《“共同体”语义下的中华民族共同体建设》（2019）引用。

亚里士多德所著（吴寿彭译）并由商务印书馆于1982年出版的《政治学》被常士訚的《中华民族共同体的现代多重建构及其逻辑》（2019）引用。

亚里士多德所著（吴寿彭译）并由商务印书馆于1983年出版的《政治学》被张淑娟等的《实体描述与能动构建：中华民族共同体建设的双重逻辑》（2021）、青觉等的《新时代多民族国家建设与铸牢中华民族共同体意识——以人民为中心的理论与实践》（2021）引用。

亚里士多德所著（吴寿彭译）并由商务印书馆于1996年出版的《政治学》被闫卫华等的《基于“三个意识”角度的新疆公民教育着力点研究》（2016）引用。

亚里士多德所著（吴寿彭译）并由商务印书馆于1997年出版的《政治学》被周平的《中华现代国家构建中的人口国民化》（2020）引用。

亚里士多德所著（颜一、秦典华译）并由中国人民大学出版社于2018年出版的《政治学》被么加利等的《文化共生观照下中华民族共同体的建构逻辑》（2021）引用。

（11）铜仁学院马克思主义学院龙金菊副教授的成果在党的十八大以来铸牢中华民族共同体意识研究领域的16次被引情况如图3-39所示，具体被引情况如下。

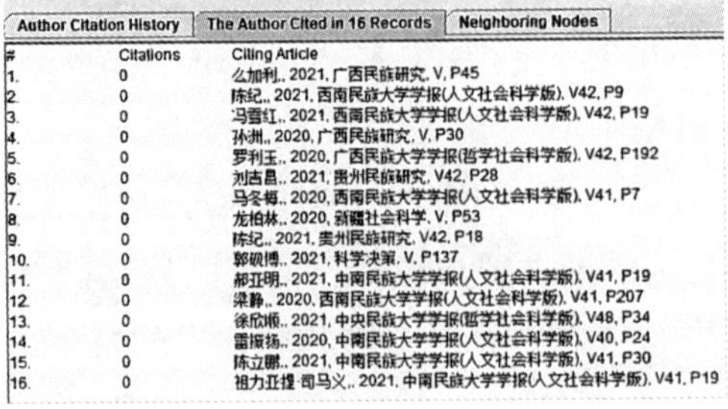

CiteSpace: ACA: 龙金菊

Author Citation History | The Author Cited in 16 Records | Neighboring Nodes

#	Citations	Citing Article
1.	0	么加利., 2021, 广西民族研究, V, P45
2.	0	陈纪., 2021, 西南民族大学学报(人文社会科学版), V42, P9
3.	0	冯雪红., 2021, 西南民族大学学报(人文社会科学版), V42, P19
4.	0	孙洲., 2020, 广西民族研究, V, P30
5.	0	罗利玉., 2020, 广西民族大学学报(哲学社会科学版), V42, P192
6.	0	刘吉昌., 2021, 贵州民族研究, V42, P28
7.	0	马冬梅., 2020, 西南民族大学学报(人文社会科学版), V41, P7
8.	0	龙柏林., 2020, 新疆社会科学, V, P53
9.	0	陈纪., 2021, 贵州民族研究, V42, P18
10.	0	郭硕博., 2021, 科学决策, V, P137
11.	0	郝亚明., 2021, 中南民族大学学报(人文社会科学版), V41, P19
12.	0	梁静., 2020, 西南民族大学学报(人文社会科学版), V41, P207
13.	0	徐欣顺., 2021, 中央民族大学学报(哲学社会科学版), V48, P34
14.	0	雷振扬., 2020, 中南民族大学学报(人文社会科学版), V40, P24
15.	0	陈立鹏., 2021, 中南民族大学学报(人文社会科学版), V41, P30
16.	0	祖力亚提·司马义., 2021, 中南民族大学学报(人文社会科学版), V41, P19

图3-39　龙金菊的成果被引情况

龙金菊等于2018年发表在《湖北民族大学学报（哲学社会科学版）》第36卷第5期的《中华民族共同体构建的复线逻辑——基于政治解释与文化解释的契合路径》被罗利玉的《民族院校打牢中华民族共同体意识的逻辑遵循和路径探析》（2020）、祖力亚提·司马义等的《中华民族共同体意识的结构层级及其关系》（2021）引用。

龙金菊于2019年发表在《广西民族研究》第2期的《“共同体”语义下的中华民族共同体建设》被孙洲的《现状与图景：十八大以来国内学术界“中华民族共同体”研究》（2020）引用。

龙金菊等于2019年发表在《广西民族研究》第6期的《记忆、认同与共生：兼论“爱国汞”精神与铸牢中华民族共同体意识的文化逻辑》被么加利等的《文化共生观照下中华民族共同体的建构逻辑》（2021）引用。

龙金菊等于2019年发表在《西南民族大学学报（人文社科版）》第40卷第12期的《民族心态秩序构建：铸牢中华民族共同体意识的社会心理路径》被马冬梅的《铸牢中华民族共同体意识的制度保障研究》（2020）、龙柏林等的《铸牢中华民族共同体意识的红色记忆维度》（2020）、梁静等的《跨民族友谊促进中华民族共同体意识的心理路径及培育机制研究》（2020）、雷振扬等的《铸牢中华民族共同体意识：研究现状与深化拓展》（2020）、陈纪等的《论铸牢中华民族共同体意识的历史基础与实践目标》（2021）、刘吉昌等的《中华民族共同体意识研究述评》（2021）、郭砚博等的《“中华民族共同体意识”知识图谱分析》（2021）、郝亚明等的《中华民族共同体意识研究的热点分析与路径演化——基于CiteSpace的知识图谱分析》（2021）、徐欣顺等的《以人民为中心：新时代民族事务治理的政治之道》（2021）、陈立鹏等的《基于心理测量学的中华民族共同体意识量表的编制》（2021）引用。

龙金菊于2019年发表在《贵州民族研究》第40卷第2期的《族性结构与民族心态秩序构建——民族互嵌型社区环境建设的社会心理维度》被冯雪红等的《民族互嵌研究现状与未来走向》（2021）、陈纪等的《各民族互嵌式社区建设：铸牢中华民族共同体意识的社会条件探析》（2021）引用。

（12）南北朝时期文学家、史学家魏收的成果在党的十八大以来铸牢中华民族共同体意识研究领域的 13 次被引情况如图 3-40 所示，具体被引情况如下。

CiteSpace: ACA: 魏收

Author Citation History | The Author Cited in 13 Records | Neighboring Nodes

#	Citations	Citing Article
1.	0	石硕,, 2021, 中国藏学, V, P27
2.	0	夏增民,, 2022, 华中科技大学学报(社会科学版), V36, P132
3.	0	李大龙,, 2022, 西南民族大学学报(人文社会科学版), V43, P1
4.	0	王文光,, 2021, 思想战线, V47, P63
5.	0	刘正寅,, 2022, 历史研究, V, P33
6.	0	武沐,, 2022, 民族研究, V, P110
7.	0	马慧,, 2021, 广西民族研究, V, P77
8.	0	彭丰文,, 2021, 西南民族大学学报(人文社会科学版), V42, P8
9.	0	曹利华,, 2021, 新疆大学学报(哲学社会科学版), V49, P74
10.	0	李静,, 2021, 中央民族大学学报(哲学社会科学版), V48, P38
11.	0	王绍东,, 2022, 内蒙古社会科学, V43, P75
12.	0	彭佳,, 2021, 广西民族研究, V, P73
13.	0	崔明德,, 2022, 西北民族研究, V, P72

图 3-40　魏收的成果被引情况

魏收所撰并由中华书局于 1974 年出版的《魏书·卷一》被夏增民等的《中华民族共同体形成与发展的历史地理基础——以疆域与交通为中心的考察》（2022）、王文光等的《中国古代大一统思想中正统观念与中华民族共同体意识研究》（2021）、马慧等的《家国同构：儒学中“中华民族共同体”的文化基因与话语体系》（2021）、彭丰文的《北魏的历史记忆整合与国家认同建构——铸牢中华民族共同体意识的历史经验探究》（2021）、李静等的《从自在、自觉到自为：中华民族发展的历史逻辑》（2021）、王绍东的《论长城对中华民族共同体意识的促进与影响》（2022）引用。

魏收所撰并由中华书局于 1974 年出版的《魏书·卷二》被王文光等的《中国古代大一统思想中正统观念与中华民族共同体意识研究》（2021）、彭丰文的《北魏的历史记忆整合与国家认同建构——铸牢中华民族共同体意识的历史经验探究》（2021）引用。

魏收所撰并由中华书局于 1974 年出版的《魏书·卷三》《魏书·卷二十四》《魏书·卷三十五》被彭丰文的《北魏的历史记忆整合与国

家认同建构——铸牢中华民族共同体意识的历史经验探究》（2021）引用。

魏收所撰并由中华书局于 1974 年出版的《魏书 · 卷二十三》《魏书 · 卷六十二》被刘正寅的《铸牢中华民族共同体意识的历史逻辑 · 中国历史上华夏认同的演进与升华》（2020）引用。

魏收所撰并由中华书局于 1974 年出版的《魏书 · 卷五十四》被王绍东的《论长城对中华民族共同体意识的促进与影响》（2022）、李大龙的《中华民族共同体属性与建设途径探究》（2022）引用。

魏收所撰并由中华书局于 1974 年出版的《魏书 · 卷九十五》《魏书 · 卷九十六》《魏书 · 卷九十七》《魏书 · 卷九十八》《魏书 · 卷一〇六》《魏书 · 卷一〇七》被王文光等的《中国古代大一统思想中正统观念与中华民族共同体意识研究》（2021）引用。

魏收所撰并由中华书局于 1974 年出版的《魏书 · 卷九十五》被崔明德等的《十六国时期各民族共创中华的形式及路径》（2022）引用。

魏收所撰并由中华书局于 1995 年出版的《魏书 · 卷九十五》《魏书 · 卷一〇〇》《魏书 · 卷一〇一》《魏书 · 卷一〇三》被武沐等的《中国大一统思想及各民族共创中华的集体记忆》（2022）引用。

魏收所撰并由中华书局于 1974 年出版的《魏书 · 卷一〇二》被曹利华的《从借词看晋唐时期吐鲁番地区的民族交往——以吐鲁番出土文书为中心》（2021）引用。

魏收所撰并由中华书局于 1974 年出版的《魏书 · 卷一〇三》被彭丰文的《北魏的历史记忆整合与国家认同建构——铸牢中华民族共同体意识的历史经验探究》（2021）引用。

魏收所撰并由中华书局于 1974 年出版的《魏书 · 卷一〇八》《魏书 · 卷一〇九》《魏书 · 卷一一三》《魏书 · 卷二十一》《魏书 · 卷七》被彭丰文的《北魏的历史记忆整合与国家认同建构——铸牢中华民族共同体意识的历史经验探究》（2021）引用。

魏收所撰并由中华书局于 1974 年出版的《魏书 · 卷一一四》被石硕、王鑫源的《推进藏传佛教中国化——认识藏传佛教在铸牢中华民族共同体意识中的历史与现实基础》（2021）引用。

第二节 以机构为标准的合作网络知识图谱分析

以机构为标准的合作网络知识图谱分析是以党的十八大以来铸牢中华民族共同体意识研究领域学术成果的发文机构为标准进行可视化梳理分析，以厘清党的十八大以来铸牢中华民族共同体意识研究领域的发文机构分布、高产发文机构分布及发文机构之间的合作等情况，从而为铸牢中华民族共同体意识研究领域的未来研究提供明确的机构合作对象和跨学科交叉的方向。如安徽师范大学文学院王小茜等的《近二十年国内档案学研究态势可视化分析——基于 CiteSpace 知识图谱可视化》① 一文通过对 2001—2021 年档案学相关博硕士学位论文的发文机构进行梳理分析，发现安徽大学、辽宁大学、黑龙江大学、山东大学、云南大学等是 2001—2021 年档案学学位论文领域的高产发文机构，认为决定学位论文发文量的重要因素是招生人数的多少；河北经贸大学党委组织部巴茜的《近 20 年来我国高校党政领导干部队伍建设研究可视化分析》② 一文通过对 2000—2020 年高校领导干部研究领域的发文机构的梳理分析，发现国家教育行政学院、天津师范大学、福州大学、清华大学、武汉大学等是 2000—2020 年高校领导干部研究领域的高产发文机构，发文机构之间的合作强度偏低；天津中医药大学第一附属医院、国家中医针灸临床医学研究中心的张静娴等的《基于 CiteSpace 中医药治疗放射性肺损伤的可视化分析》③ 一文通过对 2011 年 8 月—2021 年 8 月中医药治疗放射性肺损伤研究领域的发

---

① 王小茜，叶文举．近二十年国内档案学研究态势可视化分析——基于 CiteSpace 知识谱可视化 [J]. 档案，2022，346(9)：15-21.
② 巴茜．近 20 年来我国高校党政领导干部队伍建设研究可视化分析 [J]. 河北经贸大学学报（综合版），2022，22(4)：61-67.
③ 张静娴，易丹，李小江．基于 CiteSpace 中医药治疗放射性肺损伤的可视化分析 [J]. 中国民族民间医药，2022，31(23)：107-112.

文机构的梳理分析，发现成都中医药大学、湖南中医药大学、湖北中医药大学等是2011年8月—2021年8月中医药治疗放射性肺损伤研究领域的高产发文机构，并且这些高产发文机构集中于中医药高校及其附属医院，具有机构合作偏少、研究较分散等特点；哈尔滨师范大学管理学院刘岩芳等的《我国图书馆职业研究热点及主题演化研究》①一文通过对1982—2019年图书馆职业研究领域的发文机构进行梳理分析，发现西北民族大学、南开大学、武汉大学、云南省图书馆学会等发文机构是1982—2019年图书馆职业研究领域的高产发文机构，并具有发文机构间合作强度低、研究不够深入等特点；河北大学新闻传播学院王秋菊等的《多维视角下智能传播研究的学术图景与发展脉络——基于CiteSpace科学知识图谱的可视化分析》②一文通过对2011年—2021年10月20日国际智能传播研究领域的发文机构的梳理分析，发现国内的高产发文机构有中国传媒大学、清华大学、中国人民大学等；国外的高产发文机构有美国北伊利诺伊大学、荷兰阿姆斯特丹大学、美国俄勒冈大学等，并且这些发文机构主要来自高校及研究院，但是国内国外跨机构间的交流合作不深，尚未形成具有影响力的学术共同体等。本小节主要通过机构合作网络的整体性分析和机构合作网络的阶段性分析两方面对党的十八大以来铸牢中华民族共同体意识研究领域的发文机构进行可视化梳理分析。

一、机构合作网络的整体性分析

为了展示和厘清党的十八大以来铸牢中华民族共同体意识研究领域的研究机构（发文作者所在机构）的分布、高产研究机构、合作强度等情况，利用CiteSpace构建党的十八大以来铸牢中华民族共同体

① 刘岩芳，王欣欣，袁永久．我国图书馆职业研究热点及主题演化研究[J]. 图书馆工作与研究，2021(4)：65-72.

② 王秋菊，陈彦宇．多维视角下智能传播研究的学术图景与发展脉络——基于CiteSpace科学知识图谱的可视化分析[J]. 传媒观察，2022(9)：73-81.

意识研究领域的研究机构共现知识图谱。按照第一章第三节的内容对 CiteSpace 软件进行基本参数设置，然后分别将 Node Types（节点类型）设为 Institution（机构）、Pruning（视图裁剪）设为 Pathfinder（关键路径算法）、Selection Criteria（选择标准）设为 g-index（g 指数，k 值设为 10），其他参数默认，如图 3-41 所示。然后点击软件界面的“GO!”按钮构建党的十八大以来铸牢中华民族共同体意识研究领域的研究机构共现知识图谱，如图 3-42 所示。

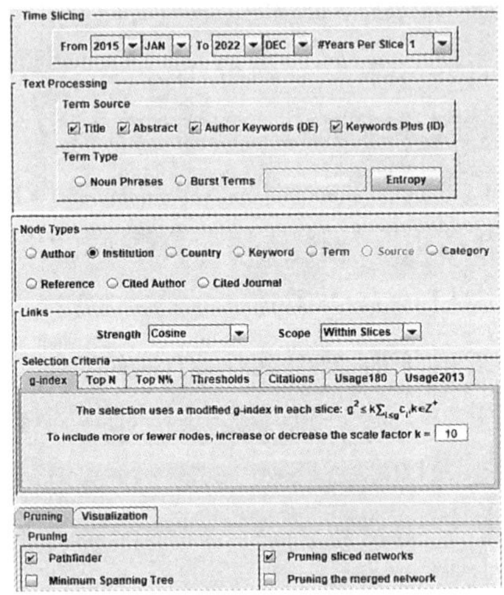

图 3-41　构建研究机构共现知识图谱时的 CiteSpace 参数设置

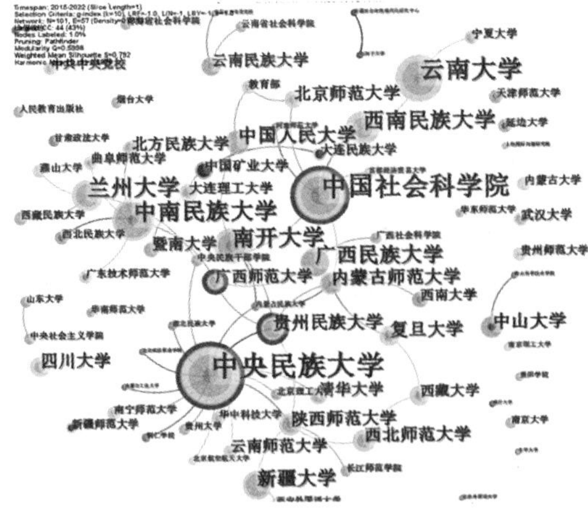

图 3-42　发文机构共现知识图谱

通过图 3-42 和表 3-3 可知，党的十八大以来铸牢中华民族共同体意识研究领域发文篇数最多的研究机构是中央民族大学（累计发文达 103 篇次），这说明了中央民族大学是党的十八大以来铸牢中华民族共同体意识研究领域的主要研究力量，为党的十八大以来铸牢中华民族共同体意识研究领域的发展起到了十分重要的作用。其后依次是中国社会科学院（累计发文达 73 篇次）、云南大学（累计发文达 56 篇次）、中南民族大学（累计发文达 46 篇次）等研究机构，这些研究机构也是党的十八大以来铸牢中华民族共同体意识研究领域的重要研究力量，也为党的十八大以来铸牢中华民族共同体意识研究领域的发展起到了较重要的作用。另外，从图 3-42 中节点的年轮颜色变化及表 3-3 中首发文年可知，西南民族大学、新疆师范大学等研究机构对铸牢中华民族共同体意识的研究起步相对较早。图 3-42 中深色节点表示突变值较大的研究机构，反映了这些研究机构在铸牢中华民族共同体意识研究领域的研究实力在突变年得到了有力提升，研究地位也发生了明显改变，这些研究机构包括中山大学（突变年为 2018—2019 年）、中国矿业大学（突变年为 2018—2020 年）、新疆师范大学（突变年为 2016—2019 年）和大连民族大学（突变年为 2019—2020 年）4 个研究机构，如表 3-3 和图 3-43 所示。

表 3-3　发文机构列表（被引次数≥ 10 或中心度≥ 0.1 或突变值 >0）

序号	发文篇次	突变值	突变起始年	突变截止年	中心度	机构名称	首发文年
1	103	0			0.19	中央民族大学	2017
2	73	0			0.1	中国社会科学院	2017
3	56	0			0.02	云南大学	2018
4	46	0			0.07	中南民族大学	2018
5	37	0			0.03	兰州大学	2017
6	35	0			0.02	南开大学	2019
7	32	0			0.03	西南民族大学	2015
8	27	0			0.02	广西民族大学	2018

续表

序号	发文篇次	突变值	突变起始年	突变截止年	中心度	机构名称	首发文年
9	21	0			0.02	新疆大学	2020
10	21	0			0.01	中国人民大学	2019
11	18	0			0.15	贵州民族大学	2017
12	16	2.47	2018	2019	0	中山大学	2018
13	15	0			0.08	内蒙古师范大学	2019
14	15	0			0.01	复旦大学	2018
15	13	0			0.07	陕西师范大学	2020
16	13	0			0.01	北京师范大学	2019
17	13	0			0.01	西北师范大学	2020
18	13	0			0	四川大学	2020
19	12	0			0	云南民族大学	2020
20	10	0			0.11	广西师范大学	2021
21	10	0			0	云南师范大学	2018
22	10	0			0	暨南大学	2020
23	10	0			0	北方民族大学	2021
24	10	0			0	清华大学	2021
25	8	2.1	2018	2020	0	中国矿业大学	2018
26	6	1.39	2019	2020	0	大连民族大学	2019
27	5	1.48	2016	2019	0	新疆师范大学	2016

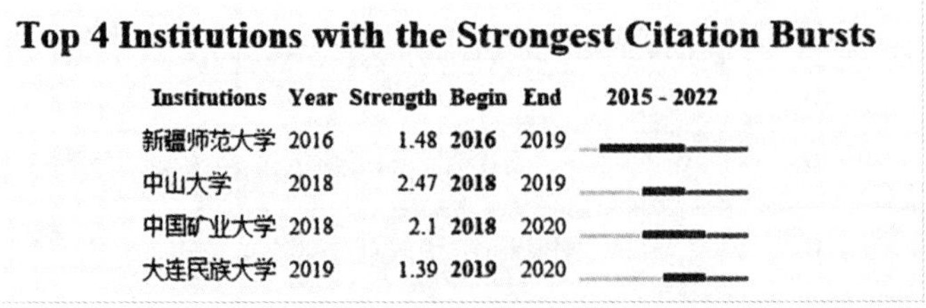

Top 4 Institutions with the Strongest Citation Bursts

Institutions	Year	Strength	Begin	End	2015 - 2022
新疆师范大学	2016	1.48	**2016**	2019	
中山大学	2018	2.47	**2018**	2019	
中国矿业大学	2018	2.1	**2018**	2020	
大连民族大学	2019	1.39	**2019**	2020	

图 3-43　突增发文机构知识图谱

从图 3-42 和表 3-3 中的中心度可知，中央民族大学（中心度为 0.19，发文 103 篇次）、贵州民族大学（中心度为 0.15，发文 18 篇次）、广西师范大学（中心度为 0.11，发文 10 篇次）、中国社会科学院（中心度为 0.1，发文 73 篇次）4 个研究机构是党的十八大以来铸牢中华民族共同体意识研究领域研究机构共现知识图谱网络中的关键性节点，其产出成果也为党的十八大以来铸牢中华民族共同体意识研究领域的发展起到了重要的支撑和促进作用。其中中央民族大学是最重要的关键性节点，其产出成果的引领力较大。

为了进一步展示和厘清党的十八大以来铸牢中华民族共同体意识研究领域研究机构的具体合作情况，利用 CiteSpace 提供的“Save as a Pajek .net with time intervals”功能导出 NetDraw 软件可处理的数据格式，然后利用 NetDraw 软件将刚从 CiteSpace 中导出的数据进行处理以构建党的十八大以来铸牢中华民族共同体意识领域的研究机构合作共现知识图谱，再利用 NetDraw 软件提供的“Delete Isolates”功能剔除无合作关系的节点（独立节点），如图 3-44 所示。

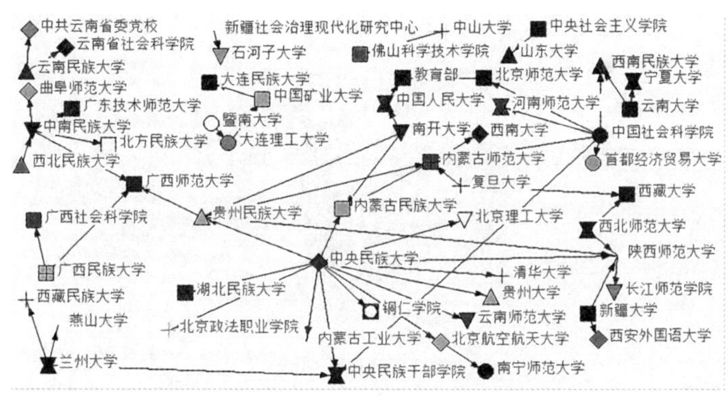

图 3-44　发文机构合作共现知识图谱

从图 3-44 可知，党的十八大以来铸牢中华民族共同体意识研究领域研究机构之间的合作强度高，研究机构之间有着比较广泛深度的交流合作，并取得了大量有价值的合作成果。党的十八大以来铸牢中华民族共同体意识研究领域主要形成了以云南民族大学、云南省社会科学院、中共云南省委党校等为代表的学术合作团体，以石河子大学、新疆社会治理现代化研究中心等为代表的学术合作团体，以中山大学、佛山科学技术学院为代表的学术合作团体，以山东大学、中央社会主义学院等为代表的学术合作团体，以中国矿业大学、大连民族大学、大连理工大学和暨南大学等为代表的学术合作团体，以中南民族大学、贵州民族大学、中央民族大学、内蒙古师范大学、陕西师范大学、中国社会科学院、兰州大学、中央民族干部学院等为代表的学术合作团队，等等。

二、机构合作网络的阶段性分析

为了进一步展示和厘清党的十八大以来铸牢中华民族共同体意识研究领域各个年份的研究机构分布、高产研究机构分布及研究机构之间的合作强度等情况，本小节特对党的十八大以来铸牢中华民族共同体意识研究领域的研究机构进行年度阶段性分析。党的十八大以来铸牢中华民族共同体意识研究领域各年度研究机构的时区知识图谱如图 3-45 所示。

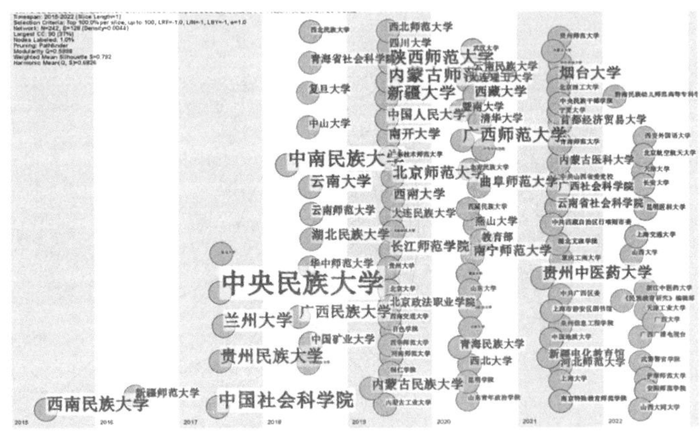

图 3-45　发文机构的时区知识图谱

从图 3-45 中可以明确地看出党的十八大以来铸牢中华民族共同体意识研究领域各年度研究机构的具体分布情况。为了进一步展示和厘清党的十八大以来铸牢中华民族共同体意识研究领域各年度研究机构的具体分布、合作强度等情况，接下来按年度对党的十八大以来铸牢中华民族共同体意识研究领域的研究机构进行梳理分析：

（1）2015 年发文机构知识图谱分析

按照第一章第三节的内容对 CiteSpace 软件进行基本参数设置，然后分别将 Time Slicing（时间区间）设定为 2015 年 1 月至 2015 年 12 月，Node Types（节点类型）选择 Institution（机构）、Selection Criteria（节点筛选方式）选择 Top N%（100%）和 Pruning（视图裁剪）方式选择 Pathfinder（关键路径算法），然后点击软件界面的“GO!”按钮构建党的十八大以来铸牢中华民族共同体意识研究领域 2015 年的发文机构共现知识图谱，如图 3–46 所示。

图 3–46　2015 年发文机构共现知识图谱

表 3–4　2015 年发文机构列表

序号	发文篇次	机构名称
1	1	西南民族大学

通过图 3–46 和表 3–4 可知，党的十八大以来铸牢中华民族共同体意识研究领域 2015 年的发文机构只有西南民族大学（累计发文为 1 篇次），这表明了西南民族大学为 2015 年铸牢中华民族共同体意识研究领域的发展起到了十分重要的作用。进一步分析发现，该发文机构的贡献者主要来自该机构的管理学院和党委宣传部，并得到了国家社会科学基金项目“网络社会与构建社会主义新型民族关系研究”（13BMZ006）、西南民族大学 2015 年学位点建设项目（2015XWD—S1204）等项目的资助。同时也说明了党的十八大以来铸牢中华民族共同体意识研究领域 2015 年不存在发文机构之间的合作关系。

（2）2016 年发文机构知识图谱分析

按照第一章第三节的内容对 CiteSpace 软件进行基本参数设置，

然后分别将 Time Slicing（时间区间）设定为 2016 年 1 月至 2016 年 12 月，Node Types（节点类型）选择 Institution（机构）、Selection Criteria（节点筛选方式）选择 Top N%（100%）和 Pruning（视图裁剪）方式选择 Pathfinder（关键路径算法），然后点击软件界面的“GO!”按钮构建党的十八大以来铸牢中华民族共同体意识研究领域 2016 年的发文机构共现知识图谱，如图 3-47 所示。为了进一步展示和厘清党的十八大以来铸牢中华民族共同体意识研究领域 2016 年的发文机构的具体合作情况，利用 CiteSpace 导出 NetDraw 软件可处理的数据格式，然后将刚才导出的数据再导入 NetDraw 软件以构建党的十八大以来铸牢中华民族共同体意识研究领域 2016 年的发文机构合作共现知识图谱，并利用 NetDraw 软件提供的“Delete Isolates”功能剔除无合作关系的节点（独立节点），如图 3-48 所示。

图 3-47　2016 年发文机构共现知识图谱

图 3-48　2016 年发文机构合作共现知识图谱

表 3-5　2016 年发文机构列表

序号	发文篇次	机构名称
1	1	石河子大学
2	1	新疆社会治理现代化研究中心
3	1	新疆师范大学

通过图 3-47 和表 3-5 可知，党的十八大以来铸牢中华民族共同体意识研究领域 2016 年的发文机构有石河子大学（累计发文为 1 篇次）、新疆社会治理现代化研究中心（累计发文为 1 篇次）、新疆师

范大学（累计发文为 1 篇次）等，这表明了这些发文机构为 2016 年铸牢中华民族共同体意识研究领域的发展起到了十分重要的作用。进一步分析发现，这些发文机构的贡献者主要来自这些发文机构的马克思主义学院、医学院等，并得到了国家社会科学基金西部项目“基于社会主义核心价值观的新疆公民教育研究”（13XKS032）、教育部规划基金项目“新疆少数民族青少年价值观调研报告”（12YJA10083）等项目的资助。

通过图 3-48 可知，党的十八大以来铸牢中华民族共同体意识研究领域 2016 年发文机构之间的学术合作团体只有石河子大学和新疆社会治理现代化研究中心构成的学术合作团队。结合来源数据库发现，这些学术合作团队发表的文献是刊载于《新疆社会科学》第 2 期的《基于“三个意识”角度的新疆公民教育着力点研究》一文，并得到了国家社会科学基金西部项目“基于社会主义核心价值观的新疆公民教育研究”（13XKS032）、教育部规划基金项目“新疆少数民族青少年价值观调研报告”（12YJA10083）等项目的资助。

（3）2017 年发文机构知识图谱分析

按照第一章第三节的内容对 CiteSpace 软件进行基本参数设置，然后分别将 Time Slicing（时间区间）设定为 2017 年 1 月至 2017 年 12 月，Node Types（节点类型）选择 Institution（机构）、Selection Criteria（节点筛选方式）选择 Top N%（100%）和 Pruning（视图裁剪）方式选择 Pathfinder（关键路径算法），然后点击软件界面的“GO!”按钮构建党的十八大以来铸牢中华民族共同体意识研究领域 2017 年的发文机构共现知识图谱，如图 3-49 所示。为了进一步展示和厘清党的十八大以来铸牢中华民族共同体意识研究领域 2017 年的发文机构的具体合作情况，利用 CiteSpace 导出 NetDraw 软件可处理的数据格式，然后将刚才导出的数据再导入 NetDraw 软件以构建党的十八大以来铸牢中华民族共同体意识研究领域 2017 年的发文机构合作共现知识图谱，并利用 NetDraw 软件提供的“Delete Isolates”功能剔除无合作关系的节点（独立节点），如图 3-50 所示。

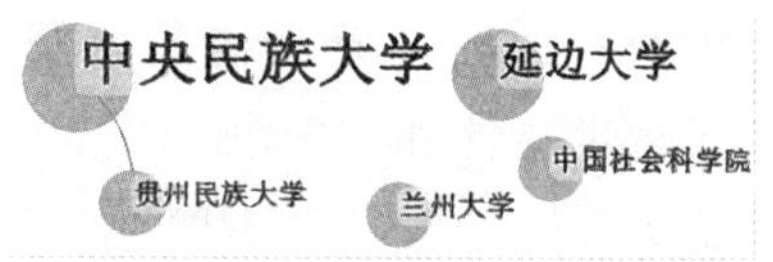

图 3-49　2017 年发文机构共现知识图谱

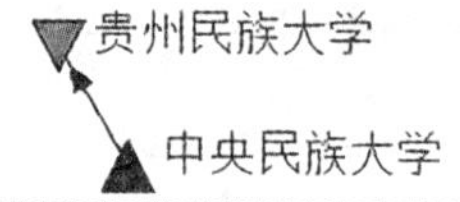

图 3-50　2017 年发文机构合作共现知识图谱

通过图 3-49 和表 3-6 可知，党的十八大以来铸牢中华民族共同体意识研究领域 2017 年的发文机构中发文篇数最多的是中央民族大学（累计发文为 3 篇次），这表明了中央民族大学为 2017 年铸牢中华民族共同体意识研究领域的发展起到了十分重要的作用，是不可忽视的重要研究力量。其次依次是延边大学（累计发文为 2 篇次）、贵州民族大学（累计发文为 1 篇次）、中国社会科学院（累计发文为 1 篇次）、兰州大学（累计发文为 1 篇次）等发文机构，这些发文机构也是促进 2017 年铸牢中华民族共同体意识研究领域发展的不可忽视的重要力量。进一步分析发现，这些发文机构的贡献者主要来自这些发文机构的马克思主义学院、中国民族理论与民族政策研究院等，并得到了国家民委民族问题研究项目“民族团结进步理论渊源和中国特色研究”（2017—GME—025）、云南民族大学民族团结进步理论与实践协同创新中心项目“云南民族团结进步的理论与实践研究”（16YMDXT018、16YMDXT019）、国家社会科学基金项目“中国朝鲜族中华民族共同体意识与民族政策研究”（15XMZ013）、2016 年中宣部文化名家暨“四个一批”人才工程项目“区域共同文化与中华民族文化认同”、吉林省教育厅“十三五”社会科学研究项目“影响中国朝鲜族树立中华民族共同体意识的民族政策研究”（吉教科文合字〔2016〕第 262 号）等项目的资助。

通过图 3-50 可知，党的十八大以来铸牢中华民族共同体意识研究领域 2017 年的发文机构之间的学术合作团体只有贵州民族大学和中央民族大学构成的学术合作团队。结合来源数据库发现，这些学术合作团队发表的文献是刊载于《西南民族大学学报（人文社科版）》第 11 期的《构筑各民族共有精神家园　培养中华民族共同体意识》一文，并得到了国家民委民族问题研究项目“民族团结进步理论渊源和中国特色研究”（2017—GME—025）、云南民族大学民族团结进步理论与实践协同创新中心项目“云南民族团结进步的理论与实践研究”（16YMDXT018、16YMDXT019）等项目的资助。

表 3-6　2017 年发文机构列表

序号	发文篇次	机构名称
1	3	中央民族大学
2	2	延边大学
3	1	贵州民族大学
4	1	中国社会科学院
5	1	兰州大学

（4）2018 年发文机构知识图谱分析

按照第一章第三节的内容对 CiteSpace 软件进行基本参数设置，然后分别将 Time Slicing（时间区间）设定为 2018 年 1 月至 2018 年 12 月，Node Types（节点类型）选择 Institution（机构）、Selection Criteria（节点筛选方式）选择 Top N%（100%）和 Pruning（视图裁剪）方式选择 Pathfinder（关键路径算法），然后点击软件界面的“GO!”按钮构建党的十八大以来铸牢中华民族共同体意识研究领域 2018 年的发文机构共现知识图谱，如图 3-51 所示。为了进一步展示和厘清党的十八大以来铸牢中华民族共同体意识研究领域 2018 年的发文机构的具体合作情况，利用 CiteSpace 导出 NetDraw 软件可处理的数据格式，然后将刚才导出的数据再导入 NetDraw 软件以构建党的十八大以来铸牢中华民族共同体意识研究领域 2018 年的发文机构合作共现知识图谱，并利用 NetDraw 软件提供的“Delete Isolates”功能剔除无合作关系的节点（独立节点），如图 3-52 所示。

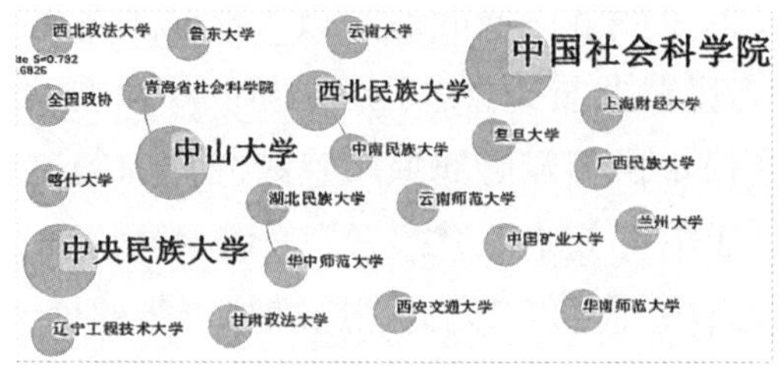

图 3-51　2018 年发文机构共现知识图谱

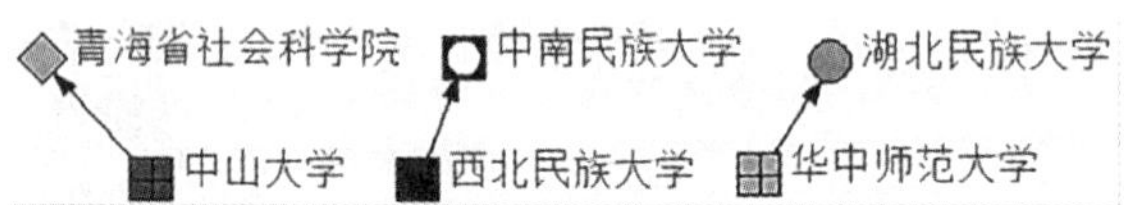

图 3-52　2018 年发文机构合作共现知识图谱

表 3-7　2018 年发文机构列表

序号	发文篇次	机构名称	序号	发文篇次	机构名称
1	4	中国社会科学院	13	1	鲁东大学
2	3	中山大学	14	1	喀什大学
3	3	中央民族大学	15	1	华南师范大学
4	2	西北民族大学	16	1	全国政协
5	1	华中师范大学	17	1	中国矿业大学
6	1	中南民族大学	18	1	甘肃政法大学
7	1	青海省社会科学院	19	1	上海财经大学
8	1	湖北民族大学	20	1	复旦大学
9	1	广西民族大学	21	1	西北政法大学
10	1	辽宁工程技术大学	22	1	兰州大学
11	1	云南师范大学	23	1	云南大学
12	1	西安交通大学			

通过图 3-51 和表 3-7 可知，党的十八大以来铸牢中华民族共同体意识研究领域 2018 年的发文机构中发文篇数最多的是中国社会科学院（累计发文为 4 篇次），这表明了中国社会科学院为 2018 年铸牢中华民族共同体意识研究领域的发展起到了十分重要的作用，是不可忽视的重要研究力量。其后依次是中山大学（累计发文为 3 篇次）、中央民族大学（累计发文为 3 篇次）、西北民族大学（累计发文为 2 篇次）、华中师范大学（累计发文为 1 篇次）、中南民族大学（累计发文为 1 篇次）、青海省社会科学院（累计发文为 1 篇次）、湖北民族大学（累计发文为 1 篇次）等发文机构，这些发文机构也是促进 2018 年铸牢中华民族共同体意识研究领域发展的不可忽视的重要力量。进一步分析发现，这些发文机构的贡献者主要来自这些发文机构的马克思主义学院、西北少数民族研究中心、国家民委武陵山片区民族理论与政策研究基地、政治与国际关系学院、民族学与社会学学院、西南边疆少数民族研究中心、新闻传播系、民族学与人类学研究所、法学院、政治与公共事务管理学院、人文学院等学院或子机构，并得到了国家社会科学基金专项课题“新时代培育和铸牢中华民族共同体意识研究”（18VSJ090）、教育部人文社科研究基地重大项目“河西走廊乡村民族社区发展与治理创新”（16JJD850004）、2012 年度国家社会科学基金西部项目“中国特色社会主义民生思想研究”（12XKS022）、国家社会科学基金青年项目“多民族文化交融视野下的云南宗祠调查与研究”（17CMZ020）、研究阐释党的十九大精神国家社会科学基金专项课题“新时代培育和铸牢中华民族共同体意识研究”（18VSJ090）、研究阐释党的十九大精神国家社会科学基金专项课题“中华民族共同体意识研究”（18VSJ092）、中央高校基本科研项目“‘四个自信’视阈下中国特色解决民族问题话语研究”（31920170097）、新疆维吾尔自治区普通高等学校人文社会科学重点研究基地喀什大学维吾尔优秀传统文化与现代文化研究中心重点项目“维吾尔传统文化的现代化研究”（XJEDU070215B03）、新疆维吾尔自治区社会科学基金项目“现代性语境下维吾尔诗歌研究新视野——以维吾尔新时期诗歌为例”（2015BZW075）、国家社会科学基金项目“维吾尔新时期诗歌推动民族进步作用研究”（16BZW187）、国家社会科学基金重大项目“当前主要社会思潮的最新发展动态及其批判研究”（16ZDA100）、教育部人文社会科学研究青年基金项目“多民族国家的族群认同与公民身份意识生成机制研究”（12YJC810005）、国家社会科学基金项目“现代国家治理体系构建中族际政治整合的宪制理路及制度发展研究”（14XZZ012）、甘肃政法学院科研资助重点项目“族群治理与多民族国家的宪制选择”（GZF2013XZDLW019）、2014年度国家社会科学基金重点项目“中国梦与中国道路、中国精神、中国力量研究”（14AKS005）、国家民委人文社会科学重点研究基地——少数民族哲学思想与文化传承创新研究基地资助项目“四川羌族文化认同与价值共识建构的利益机制研究”（2017SZJD08）、中国化马克思主义与传统文化研究中心项目“民族文化认同的意识形态期待及其深层动力研究”（ZMCY—YB201702）、国家社会科学基金重点项目“民主革命时期中国共产党领导核心形成的历史逻辑”（17ADJ007）、国家社会科学基金重大招标项目“中国古代民族志文献整理与研究”（12&ZD136）等项目的资助。

通过图3-52可知，党的十八大以来铸牢中华民族共同体意识研究领域2018年的发文机构之间的学术合作团体包括由中山大学和青海省社会科学院等构成的学术合作团队、由湖北民族大学和华中师范大学等构成的学术合作团队、由中南民族大学和西北民族大学等构成的学术合作团队等。结合来源数据库发现，这些学术合作团队发表的文献包括刊载于《青海社会科学》第3期的《“石榴籽”效应：铸牢中华民族共同体意识的应然视角》、刊载于《社会主义研究》第6期的《习近平铸牢中华民族共同体意识理路探析》、刊载于《贵州民族研究》第11期的《国家认同视域下中华民族共同体意识》等，并得到了国家社会科学基金专项课题“新时代培育和铸牢中华民族共同体意识研究”（18VSJ090）、2012年度国家社会科学基金西部项目“中国特色社会主义民生思想研究”（12XKS022）、国家社会科学基金“甘宁青民族地区法律执行和社会稳定研究”（13BMZ005）等项目的资助。

（5）2019 年发文机构知识图谱分析

按照第一章第三节的内容对 CiteSpace 软件进行基本参数设置，然后分别将 Time Slicing（时间区间）设定为 2019 年 1 月至 2019 年 12 月，Node Types（节点类型）选择 Institution（机构）、Selection Criteria（节点筛选方式）选择 Top N%（100%）和 Pruning（视图裁剪）方式选择 Pathfinder（关键路径算法），然后点击软件界面的“GO!”按钮构建党的十八大以来铸牢中华民族共同体意识研究领域 2019 年的发文机构共现知识图谱，如图 3-53 所示。为了进一步展示和厘清党的十八大以来铸牢中华民族共同体意识研究领域 2019 年的发文机构的具体合作情况，利用 CiteSpace 导出 NetDraw 软件可处理的数据格式，然后将刚才导出的数据再导入 NetDraw 软件以构建党的十八大以来铸牢中华民族共同体意识研究领域 2019 年的发文机构合作共现知识图谱，并利用 NetDraw 软件提供的“Delete Isolates”功能剔除无合作关系的节点（独立节点），如图 3-54 所示。

图 3-53　2019 年发文机构共现知识图谱

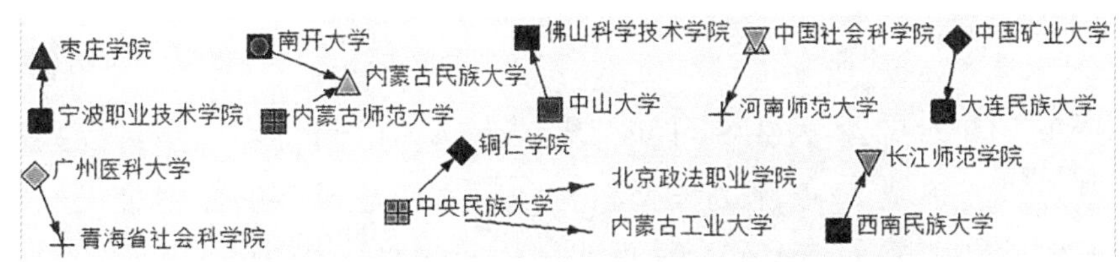

图 3-54　2019 年发文机构合作共现知识图谱

表 3-8 2019 年发文机构列表

序号	发文篇次	机构名称	序号	发文篇次	机构名称	序号	发文篇次	机构名称
1	8	中央民族大学	19	1	内蒙古民族大学	37	1	北京大学
2	7	中南民族大学	20	1	西南民族大学	38	1	福建师范大学
3	5	中国社会科学院	21	1	长江师范学院	39	1	青海大学
4	5	南开大学	22	1	北京政法职业学院	40	1	贵州大学
5	5	云南大学	23	1	宁波职业技术学院	41	1	沈阳工业大学
6	3	中国矿业大学	24	1	枣庄学院	42	1	广西科技师范学院
7	3	中山大学	25	1	内蒙古工业大学	43	1	西华师范大学
8	3	西南大学	26	1	佛山科学技术学院	44	1	福建社会科学院
9	3	中国人民大学	27	1	广州医科大学	45	1	华东师范大学
10	3	兰州大学	28	1	青海省社会科学院	46	1	石河子大学
11	2	内蒙古师范大学	29	1	大连海事大学	47	1	大理大学
12	2	河南师范大学	30	1	新疆大学	48	1	河北工业大学
13	2	铜仁学院	31	1	全国政协	49	1	吉林师范大学
14	2	大连民族大学	32	1	甘肃政法大学	50	1	陕西师范大学
15	2	新疆师范大学	33	1	江西师范大学	51	1	四川大学
16	2	西南交通大学	34	1	北京师范大学	52	1	河南理工大学
17	2	广东技术师范大学	35	1	广西民族大学	53	1	西北师范大学
18	2	天津师范大学	36	1	百色学院	54	1	黄冈师范学院

通过图 3-53 和表 3-8 可知，党的十八大以来铸牢中华民族共同体意识研究领域 2019 年的发文机构中发文篇数最多的是中央民族大学（累计发文为 8 篇次），这表明了中央民族大学为 2019 年铸牢中

华民族共同体意识研究领域的发展起到了十分重要的作用，是不可忽视的重要研究力量。其后依次是中南民族大学（累计发文为7篇次）、中国社会科学院（累计发文为5篇次）、南开大学（累计发文为5篇次）、云南大学（累计发文为5篇次）、中国矿业大学（累计发文为3篇次）、中山大学（累计发文为3篇次）、西南大学（累计发文为3篇次）、中国人民大学（累计发文为3篇次）、兰州大学（累计发文为3篇次）等发文机构，这些发文机构也是促进2019年铸牢中华民族共同体意识研究领域发展的不可忽视的重要力量。进一步分析发现，这些发文机构的贡献者主要来自这些发文机构的马克思主义学院、公共管理学院、中国民族理论与民族政策研究院、历史文化学院、历史与民族文化学院、政法学院、民族学与社会学学院、周恩来政府管理学院、教育科学学院、心理学院等学院或子机构，并得到了国家社会科学基金青年项目“中国梦与构建中华民族共有精神家园研究”（GSQ14004）、中央高校基本科研业务费专项基金项目“习近平‘铸牢中华民族共同体意识’相关论述研究”（CSQ18045）、国家社会科学基金重点项目“习近平总书记关于民族工作思想研究”（17AMZ004）、北京市习近平新时代中国特色社会主义思想研究中心2018年度重大项目“铸牢中华民族共同体意识研究”的阶段性研究成果、国家社会科学基金后期资助项目“新时代民族理论与政策研究”（18FMZ001）、国家社会科学基金青年项目“西部次边疆带和谐民族关系研究”（14CMZ037）、四川大学一流学科“区域历史与边疆学”学科群项目（xkqqn2018—20）、国家社会科学基金重大项目“我国民族团结和民族关系理论与实践研究”（16ZDA151）、国家民委委托项目“新疆民族关系现状调查与发展对策研究”（2017—GME—021）阶段成果、国家社会科学基金西部项目“西南地区苗族古经与中华民族共有精神家园建设研究”（17XMZ041）、贵州大学文科重点学科及特色学科重大科研项目“习近平民族思想对中国特色民族理论的创新研究”（GDZT201608）阶段性成果、国家社会科学基金十九大专项课题“新时代培育和铸牢中华民族共同体意识研究”（18VSJ090）、研究阐释党的十九大精神国家社会科学基金专项课题“中华民族共同体意识研究”（18VSJ092）的阶段性研究成果、国家社会科学基金重点项目“基于口述史的红旗渠精神生成逻辑与当代价值研究”（18AKS019）、2017年河南省高等教育教学改革研究与实践项目“高校思想政治理论课CPBN实践教学模式研究”（2017SJGLX044）、吉林省教育厅“十三五”社会科学研究规划项目（吉教科文合字〔2016〕第186号）、2018年度教育部人文社会科学研究规划基金项目“民族复兴视域下铸牢中华民族共同体意识研究”（18YJA710019）、全国教育科学“十二五”2015年度教育重点课题“大学生公共精神群体认同的传递机制及行为研究”（DEA150267）、2016年度浙江省哲学社会科学一般课题“大学生公共精神群体认同的传递机制及行为研究”（16NDJC112YB）、国家民委民族研究项目“习近平总书记关于民族工作的重要论述研究”（2019—GMB—001）、云南省哲学社会科学规划项目“习近平新时代民族工作思想的理论创新研究”（YB2018001）、国家社会科学基金一般项目“民族主义与中华民族共同体意识在近代中国的互动研究”（16BMZ003）、国家社会科学基金项目“中国土司制度与国家治理研究”（16BMZ017）、国家社会科学基金项目“中华民族共同体意识核心认同研究”（19XMZ002）、贵州省高等学校人文社会科学研究基地项目“贵州万山丹砂矿业文明核心价值研究”（2018JD146）等项目的资助。

通过图3-54可知，党的十八大以来铸牢中华民族共同体意识研究领域2019年的发文机构之间的学术合作团体包括由枣庄学院和宁波职业技术学院等构成的学术合作团队，由内蒙古民族大学、南开大学、内蒙古师范大学等构成的学术合作团队，由中央民族大学、铜仁学院、北京政法职业学院、内蒙古工业大学等构成的学术合作团队，由中国矿业大学和大连民族大学等构成的学术合作团队，由中国社会科学院和河南师范大学等构成的学术合作团队等。结合来源数据库发现，这些学术合作团队发表的文献包括刊载于《广西民族研究》第4期的《论中国共产党中华民族共同体意识的确立与文化自觉》、刊载于《贵州社会科学》第 9 期的《改土归流与中华民族共同体建设》、刊载于《民族研究》第 5 期的《践行守望相助理念与铸牢中华民族共同体意识——论内蒙古民族团结进步的理论与实践》、刊载于《广西民族研究》第 2 期的《从中华民族共同体到中华民族实体建设——兼论习近平中华民族共同体观的理论创新与实践要求》、刊载于《社会主义研究》第 6 期的《论中华民族共同体的基本内涵 》、刊载于《贵州社会科学》第 11 期的《铸牢中华民族共同体意识的文化实践 》、刊载于《广西民族研究》第 6 期的《记忆、认同与共生：兼论“爱国汞”精神与铸牢中华民族共同体意识的文化逻辑 》、刊载于《青海社会科学》第 5 期的《中华民族共同体意识：中国梦认同的民族意蕴》、刊载于《广西民族研究》第 3 期的《中华民族共同体意识培育困境及心理学研究进路》等，并得到了国家社会科学基金一般项目“民族主义与中华民族共同体意识在近代中国的互动研究”（16BMZ003）、国家社会科学基金项目“中国土司制度与国家治理研究”（16BMZ017）、国家社会科学基金项目“中华民族共同体意识核心认同研究”（19XMZ002）、国家社会科学基金重点项目“习近平总书记关于民族工作思想研究”（17AMZ004）、北京市习近平新时代中国特色社会主义思想研究中心 2018 年度重大项目“铸牢中华民族共同体意识研究”的阶段性研究成果、国家社会科学基金后期资助项目“新时代民族理论与政策研究”（18FMZ001）、2018 年度教育部人文社会科学研究规划基金项目“民族复兴视域下铸牢中华民族共同体意识研究”（18YJA710019）、全国教育科学“十二五”2015 年度教育重点课题“大学生公共精神群体认同的传递机制及行为研究”（DEA150267）、2016 年度浙江省哲学社会科学一般课题“大学生公共精神群体认同的传递机制及行为研究”（16NDJC112YB）、国家社会科学基金十九大专项课题“新时代培育和铸牢中华民族共同体意识研究”（18VSJ090）等项目的资助。

（6）2020 年发文机构知识图谱分析

按照第一章第三节的内容对 CiteSpace 软件进行基本参数设置，然后分别将 Time Slicing（时间区间）设定为 2020 年 1 月至 2020 年 12 月，

Node Types（节点类型）选择 Institution（机构）、Selection Criteria（节点筛选方式）选择 Top N%（100%）和 Pruning（视图裁剪）方式选择 Pathfinder（关键路径算法），然后点击软件界面的“GO!”按钮构建党的十八大以来铸牢中华民族共同体意识研究领域 2020 年的发文机构共现知识图谱，如图 3–55 所示。为了进一步展示和厘清党的十八大以来铸牢中华民族共同体意识研究领域 2020 年的发文机构的具体合作情况，利用 CiteSpace 导出 NetDraw 软件可处理的数据格式，然后将刚才导出的数据再导入 NetDraw 软件以构建党的十八大以来铸牢中华民族共同体意识研究领域 2020 年的发文机构合作共现知识图谱，并利用 NetDraw 软件提供的“Delete Isolates”功能剔除无合作关系的节点（独立节点），如图 3–56 所示。

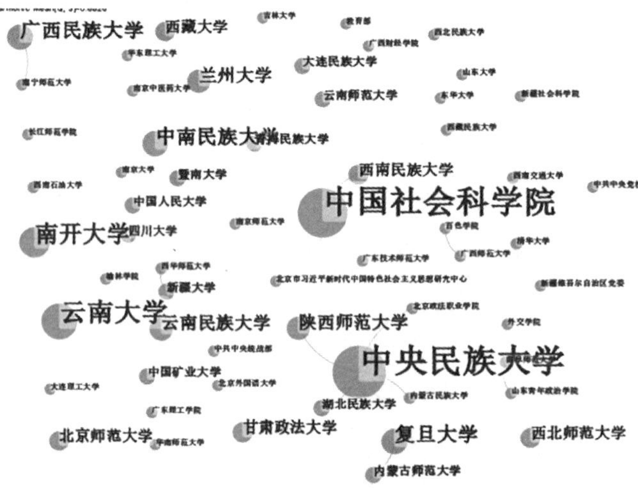

图 3–55　2020 年发文机构共现知识图谱

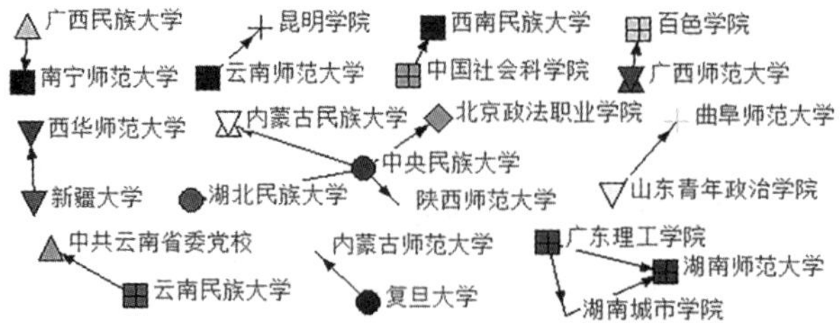

图 3–56　2020 年发文机构合作共现知识图谱

通过图 3–55 和表 3–9 可知，党的十八大以来铸牢中华民族共同体意识研究领域 2020 年的发文机构中发文篇数最多的是中央民族大学（累计发文为 21 篇次），这表明了中央民族大学为 2020 年铸牢中华民族共同体意识研究领域的发展起到了十分重要的作用，是不可忽视的重要研究力量。其后依次是中国社会科学院（累计发文为 18 篇次）、云南大学（累计发文为 10 篇次）、南开大学（累计发文为 7 篇次）、广西民族大学（累计发文为 5 篇次）、复旦大学（累计发文为 5 篇次）、中南民族大学（累计发文为 5 篇次）、云南民族大学（累计发文为 4 篇次）、陕西师范大学（累计发文为 4 篇次）、兰州大学（累计发文为 4 篇次）、西南民族大学（累计发文为 3 篇次）、甘肃政法大学（累计发文为 3 篇次）、北京师范大学（累计发文为 3 篇次）、西藏大学（累计发文为 3 篇次）、西北师范大学（累计发文为 3 篇次）等发文机构，这些发文机构也是促进 2020 年铸牢中华民族共同体意识研究领域发展的不可忽视的重要力量。进一步分析发现，这些发文机构的贡献者主要来自这些发文机构的铸牢中华民族共同体意识研究中心、新闻与文化传播学院、国家电影智库、教育学院、马克思主义学院、民族学与社会学学院、政治学研究所、政府管理学院、政治与公共管理学院、体育学院、民族理论与民族政策研究院、民族学与人类学研究所、哲学与政法学院、教育科学学院、政治与公共事务管理学院、历史文化学院、中国边疆民族历史研究院等学院或子机构，并得到了国家民委重点课题“民族团结进步创建工作研究”（2020—GM—001）、广西中华民族共同体意识研究院开放性课题重大项目“深化民族团结进步教育与建设各民族共有精神家园研究”（2020GXMGY0102）、中国社会科学院创新工程重大科研规划项目“国家治理体系与治理能力现代化研究”（2019ZDGH014）、国家社会科学基金一般项目“民族主义与中华民族共同体意识在近代中国的互动研究”（16BMZ003）、北京社科基金重点项目“‘一带一路’背景下影视中的国家形象建构与传播研究”（19JDYTA003）的阶段性成果、国家民委民族问题研究项目“网络信息的传播与中华民族共同体建设研究”（2018—GMB—017）、2019 年度北京高校思想政治理论课高精尖创新中心重点项目“《马克思主义基本原理概论》第三章唯物史观讲授中需要注意的若干重要理论问题”（19GJJB026）、2019年度中国人民大学科学研究重大项目“新中国（1949—2019）发展观的演变”（19XNL003）、国家社会科学基金一般项目“中国特色民族团结理论的架构与解析研究”（19BMZ005）、国家社会科学基金重点项目（19VXJ026）、国家社会科学基金项目“新时代边疆民族地区铸牢中华民族共同体意识面临的问题与对策研究”（18BKS121）、湖南省教育科学“十二五”规划课题（XJK012BTM001）、2017年国家社会科学基金一般项目“西南边境民族地区农村贫困家庭子女贫困再生产的发生归因及其干预研究”（17BSH070）、国家社会科学基金重点项目“新中国70年民族团结进步教育理论与实践研究”（19AMZ005）、国家社会科学基金重大项目“打牢中华民族共同体思想基础研究”（GSD20001）、国家社会科学基金一般项目“中华优秀传统文化传承提振文化自信路径研究”（19BKS210）、2018年国家社会科学基金项目“新时代铸牢中华民族共同体意识理论基础与实践进路研究”（18BZZ055）、国家社会科学基金重点项目“改革开放四十年中国民族理论发展研究”（18BGL100）、2019年国家民委民族研究项目“顾颉刚中华民族理论整理与研究”（2019—GMC—006）、国家社会科学基金重大项目“中国民族思想史研究”（18ZDA158）、国家社会科学基金重大项目“构建中华各民族共有精神家园的少数民族视域研究”（17ZDA152）、教育部人文社会科学重点研究基地重大项目“民族地区教育优先发展的职业教育支撑系统研究”（12JJD880015）、国家社会科学基金“习近平关于加强党内政治文化建设思想研究”（18BZZ018）、教育部人文社会科学研究基金“西南地区边境村落社会变迁与治理转型”（17XJA810002）、云南大学边疆治理与地缘政治学科（群）特区高端科研成果培育基金“边疆治理与政治文化研究”（Z2018—01）、国家社会科学基金重大项目“边疆多民族地区红色文化资源调查、保护与传承研究”（18ZDA270）、国家社会科学基金项目“岭南民族交往交流交融的历史与现状研究”（19BMZ125）、广西哲学社会科学规划研究课题“中越边境固边睦邻建设与壮族边民国家意识研究”（18BMZ006）等项目的资助。

表 3-9　2020 年发文机构列表

序号	发文篇次	机构名称	序号	发文篇次	机构名称	序号	发文篇次	机构名称
1	21	中央民族大学	21	2	中国矿业大学	41	1	南京师范大学
2	18	中国社会科学院	22	2	大连民族大学	42	1	吉林大学
3	10	云南大学	23	2	暨南大学	43	1	清华大学
4	7	南开大学	24	2	中国人民大学	44	1	长江师范学院
5	5	广西民族大学	25	2	四川大学	45	1	北京市习近平新时代中国特色社会主义思想研究中心
6	5	复旦大学	26	1	广东理工学院	46	1	东华大学
7	5	中南民族大学	27	1	湖南城市学院	47	1	中共中央党校
8	4	云南民族大学	28	1	湖南师范大学	48	1	北京外国语大学
9	4	陕西师范大学	29	1	曲阜师范大学	49	1	山东大学
10	4	兰州大学	30	1	北京政法职业学院	50	1	广西财经学院
11	3	西南民族大学	31	1	百色学院	51	1	南京中医药大学
12	3	甘肃政法大学	32	1	山东青年政治学院	52	1	中共中央统战部
13	3	北京师范大学	33	1	广西师范大学	53	1	新疆维吾尔自治区党委
14	3	西藏大学	34	1	南宁师范大学	54	1	新疆社会科学院
15	3	西北师范大学	35	1	西华师范大学	55	1	西南交通大学
16	2	新疆大学	36	1	内蒙古民族大学	56	1	外交学院
17	2	内蒙古师范大学	37	1	中共云南省委党校	57	1	华东理工大学
18	2	湖北民族大学	38	1	昆明学院	58	1	广东技术师范大学
19	2	云南师范大学	39	1	南京大学	59	1	榆林学院
20	2	青海民族大学	40	1	教育部	60	1	西北民族大学

续表

序号	发文篇次	机构名称	序号	发文篇次	机构名称	序号	发文篇次	机构名称
61	1	西藏民族大学	69	1	上海理工大学	77	1	天津师范大学
62	1	大连理工大学	70	1	国家民族事务委员会	78	1	武汉大学
63	1	西南石油大学	71	1	广西艺术学院	79	1	中国传媒大学
64	1	华南师范大学	72	1	中南财经政法大学	80	1	浙江师范大学
65	1	上海师范大学	73	1	厦门大学	81	1	西南政法大学
66	1	西北大学	74	1	北方民族大学	82	1	广州大学
67	1	北京电影学院	75	1	中山大学	83	1	燕山大学
68	1	大理大学	76	1	贵州民族大学			

通过图 3-56 可知，党的十八大以来铸牢中华民族共同体意识研究领域2020年的发文机构之间的学术合作团体包括由广西民族大学、南宁师范大学等构成的学术合作团队，由昆明学院、云南师范大学等构成的学术合作团队，由中央民族大学、陕西师范大学、北京政法职业学院、内蒙古民族大学、湖北民族大学等构成的学术合作团队，由湖南师范大学、广东理工学院、湖南城市学院等构成的学术合作团队，等等。结合来源数据库发现，这些学术合作团队发表的文献包括刊载于《广西民族研究》第 2 期的《公民认同需求梯度化：铸牢少数民族学生中华民族共同体意识实现路径》、刊载于《中央民族大学学报（哲学社会科学版）》第 1 期的《三维铸牢中华民族共同体意识》、刊载于《武汉体育学院学报》第 2 期的《民族传统体育铸牢中华民族共同体意识研究》、刊载于《广西民族研究》第 2 期的《理解和把握新时代中华民族共同体观的三个基本维度探析》、刊载于《云南师范大学学报（哲学社会科学版）》第 3 期的《中华民族共同体构建视角下魏晋“徙戎”思想的历史生成与反思》、刊载于《中国藏学》第 3 期的《全民抗战中边疆女性的典范——藏族妇女冯云仙评述》、刊载

于《云南民族大学学报（哲学社会科学版）》第5期的《习近平新时代中华民族共同体理论的多维阐释》、刊载于《云南民族大学学报（哲学社会科学版）》第6期的《边疆民族地区实现高质量发展与铸牢中华民族共同体意识的辩证逻辑》、刊载于《广西民族研究》第3期的《论铸牢中华民族共同体意识的三个基本问题》、刊载于《广西民族研究》第5期的《论加强各民族交往交流交融的内涵辨析、理论释析与教育路径探析》等，并得到了国家社会科学基金一般项目“中国特色民族团结理论的架构与解析研究”（19BMZ005）、教育部人文社会科学重点研究基地重大项目“民族地区教育优先发展的职业教育支撑系统研究”（12JJD880015）、2017年国家社会科学基金一般项目“西南边境民族地区农村贫困家庭子女贫困再生产的发生归因及其干预研究”（17BSH070）、国家社会科学基金重点项目“改革开放四十年中国民族理论发展研究”（18BGL100）、国家社会科学基金项目“新时代边疆民族地区铸牢中华民族共同体意识面临的问题与对策研究”（18BKS121）、国家社会科学基金一般项目“中华优秀传统文化传承提振文化自信路径研究”（19BKS210）、内蒙古民族大学思想政治理论教育研究项目“内蒙古高校蒙古族大学生中华民族共同体意识培养研究”（JG2018015）阶段成果、国家社会科学基金重大项目“构建中华各民族共有精神家园的少数民族视域研究”（17ZDA152）、国家社会科学基金项目（16BTY061）、湖南省教育厅一般项目（19C0353）、湖南省教育科学“十二五”规划课题（XJK012BTM001）、国家社会科学基金重大项目“中国民族思想史研究”（18ZDA158）等项目的资助。

（7）2021年发文机构知识图谱分析

按照第一章第三节的内容对CiteSpace软件进行基本参数设置，然后分别将Time Slicing（时间区间）设定为2021年1月至2021年12月，Node Types（节点类型）选择Institution（机构）、Selection Criteria（节点筛选方式）选择Top N%（100%）和Pruning（视图裁剪）方式选择Pathfinder（关键路径算法），然后点击软件界面的“GO!”

按钮构建党的十八大以来铸牢中华民族共同体意识研究领域 2021 年的发文机构共现知识图谱，如图 3-57 所示。为了进一步展示和厘清党的十八大以来铸牢中华民族共同体意识研究领域 2021 年的发文机构的具体合作情况，利用 CiteSpace 导出 NetDraw 软件可处理的数据格式，然后将刚才导出的数据再导入 NetDraw 软件以构建党的十八大以来铸牢中华民族共同体意识研究领域 2021 年的发文机构合作共现知识图谱，并利用 NetDraw 软件提供的“Delete Isolates”功能剔除无合作关系的节点（独立节点），如图 3-58 所示。

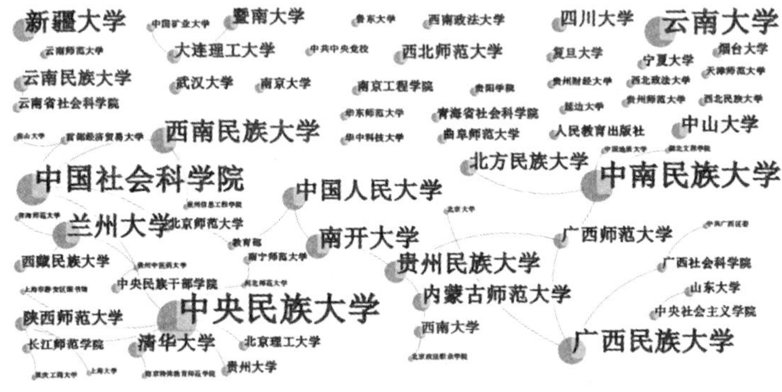

图 3-57　2021 年发文机构共现知识图谱

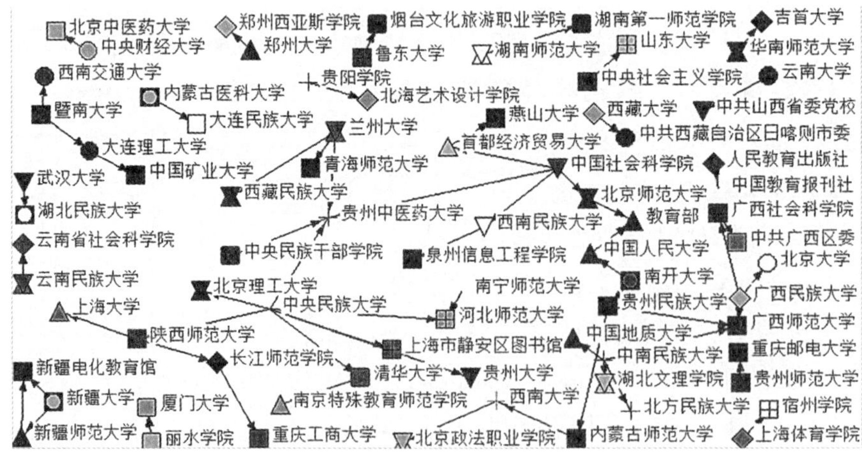

图 3-58　2021 年发文机构合作共现知识图谱

表 3-10　2021 年发文机构列表

序号	发文篇次	机构名称	序号	发文篇次	机构名称	序号	发文篇次	机构名称
1	40	中央民族大学	24	4	西藏民族大学	47	2	鲁东大学
2	26	中国社会科学院	25	4	武汉大学	48	2	中国矿业大学
3	26	中南民族大学	26	3	长江师范学院	49	2	贵阳学院
4	24	云南大学	27	3	北京师范大学	50	2	南宁师范大学
5	18	广西民族大学	28	3	广西社会科学院	51	2	西藏大学
6	18	兰州大学	29	3	山东大学	52	2	华南师范大学
7	16	西南民族大学	30	3	云南省社会科学院	53	2	贵州财经大学
8	15	南开大学	31	3	人民教育出版社	54	2	中共中央党校
9	14	新疆大学	32	3	贵州大学	55	2	华东师范大学
10	13	中国人民大学	33	3	北京理工大学	56	2	天津师范大学
11	12	贵州民族大学	34	3	中央民族干部学院	57	2	华中科技大学
12	8	内蒙古师范大学	35	3	中央社会主义学院	58	2	延边大学
13	7	清华大学	36	3	南京大学	59	2	西北政法大学
14	7	北方民族大学	37	3	烟台大学	60	2	西北民族大学
15	7	中山大学	38	3	复旦大学	61	2	云南师范大学
16	6	广西师范大学	39	3	南京工程学院	62	1	贵州中医药大学
17	6	暨南大学	40	3	西南政法大学	63	1	河北师范大学
18	6	云南民族大学	41	3	曲阜师范大学	64	1	新疆师范大学
19	6	四川大学	42	3	宁夏大学	65	1	新疆电化教育馆
20	5	陕西师范大学	43	3	青海省社会科学院	66	1	泉州信息工程学院
21	5	大连理工大学	44	2	教育部	67	1	北京政法职业学院
22	5	西北师范大学	45	2	首都经济贸易大学	68	1	中共山西省委党校
23	4	西南大学	46	2	贵州师范大学	69	1	湖北民族大学

续表

序号	发文篇次	机构名称	序号	发文篇次	机构名称	序号	发文篇次	机构名称
70	1	湖南第一师范学院	91	1	中共西藏自治区日喀则市委	112	1	中国音乐学院
71	1	郑州大学	92	1	北京中医药大学	113	1	西北工业大学
72	1	大连民族大学	93	1	中国地质大学	114	1	兰州交通大学
73	1	烟台文化旅游职业学院	94	1	宿州学院	115	1	四川师范大学
74	1	中央财经大学	95	1	厦门大学	116	1	中共中央党史和文献研究院
75	1	郑州西亚斯学院	96	1	中共广西区委	117	1	天津理工大学
76	1	湖南师范大学	97	1	上海市静安区图书馆	118	1	国家民族事务委员会
77	1	重庆邮电大学	98	1	吉首大学	119	1	西藏自治区人民政府
78	1	上海体育学院	99	1	南京师范大学	120	1	中共新疆维吾尔自治区委党校
79	1	中国教育报刊社	100	1	南京艺术学院	121	1	中共重庆市委党校
80	1	燕山大学	101	1	西藏文化产业协会	122	1	安徽大学
81	1	上海大学	102	1	东北大学	123	1	内蒙古大学
82	1	丽水学院	103	1	内蒙古财经大学	124	1	青海民族大学
83	1	北京大学	104	1	攀枝花学院	125	1	吉林大学
84	1	北海艺术设计学院	105	1	青海大学	126	1	河南大学
85	1	西南交通大学	106	1	西南林业大学	127	1	浙江大学
86	1	内蒙古医科大学	107	1	西安财经大学	128	1	广西社会主义学院
87	1	湖北文理学院	108	1	东北师范大学	129	1	百色学院
88	1	重庆工商大学	109	1	北京邮电大学	130	1	对外经济贸易大学
89	1	南京特殊教育师范学院	110	1	新疆农业大学	131	1	上海国际问题研究院
90	1	青海师范大学	111	1	山东农业大学	132	1	华东理工大学

续表

序号	发文篇次	机构名称	序号	发文篇次	机构名称	序号	发文篇次	机构名称
133	1	广东技术师范大学	138	1	东南大学	143	1	中共湖北省委
134	1	广西科技师范学院	139	1	云南艺术学院	144	1	中国文学艺术界联合会
135	1	温州大学	140	1	华南农业大学	145	1	广州医科大学
136	1	西华师范大学	141	1	黑龙江大学			
137	1	上海师范大学	142	1	内蒙古科技大学			

通过图 3–57 和表 3–10 可知，党的十八大以来铸牢中华民族共同体意识研究领域 2021 年的发文机构中发文篇数最多的是中央民族大学（累计发文为 40 篇次），这表明了中央民族大学为 2021 年铸牢中华民族共同体意识研究领域的发展起到了十分重要的作用，是不可忽视的重要研究力量。其后依次是中国社会科学院（累计发文为 26 篇次）、中南民族大学（累计发文为 26 篇次）、云南大学（累计发文为 24 篇次）、广西民族大学（累计发文为 18 篇次）、兰州大学（累计发文为 18 篇次）、西南民族大学（累计发文为 16 篇次）、南开大学（累计发文为 15 篇次）、新疆大学（累计发文为 14 篇次）、中国人民大学（累计发文为 13 篇次）、贵州民族大学（累计发文为 12 篇次）等发文机构，这些发文机构也是促进 2021 年铸牢中华民族共同体意识研究领域发展的不可忽视的重要力量。进一步分析发现，这些发文机构的贡献者主要来自这些发文机构的社会学与公共管理学院、社会发展系、民族学与人类学研究所、马克思主义新闻观研究宣传教育基地、新闻传播学院、新媒体与文化研究中心、人文学院、学报编辑部、马克思主义学院、中国史博士后流动站、民族学与社会学学院、社会科学学院、民族学与人类学研究所、铸牢中华民族共同体意识研究基地、社会学院等学院或子机构，并得到了国家社会科学基金重大项目“改土归流与中华民族共同体建设的历史文献整理与研究”（19ZDA182）、工业和信息化部党的政治建设研究中心 2019 年重

点项目（19GZY2017）、陕西省社科基金项目（2015A026）、国家社会科学基金2019年度一般项目“学校民族团结进步教育评价指标体系研究”（19BMZ081）、国家社会科学基金项目“媒介新变迁与新消费主义”（18BXW085）、国家社会科学基金专项研究项目“历史经验与铸牢中华民族共同意识——中华民族共同体的形成和发展研究”（20VMZ001）、中国社会科学院重大科研项目“铸牢中华民族共同体意识重大问题研究”（2019ZDGH017）、教育部哲学社会科学研究重大课题攻关项目“健全民族团结进步教育常态化机制研究”（18JZD054）的阶段性成果、教育部示范优秀教学科研团队建设重点项目“习近平同志系列重要讲话精神和治国理政新理念新思想新战略进思想政治理论课有效机制研究”（17JDSZK010）、2021年度国家民委民族研究青年项目“‘两个大局’视域下高校铸牢中华民族共同体意识研究”（2021—GMC—045）、教育部后期资助项目“延安时期马克思主义新闻观中国化话语体系发展研究”（19JHQ080）、国家社会科学基金项目“延安时期中国共产党新闻传播思想史研究”（12BXW014）、教育部哲学社会科学研究重大课题攻关项目“中国共产党关于民族教育的理论与实践研究”（19JZD048）、2020年贵州省教育科学规划课题“教育安置方式对贵州省易地扶贫搬迁儿童社会融入的影响研究”（2020B200）、教育部人文社会科学专项任务项目“党的十九大精神引领的新全球化进程与新发展主义研究”（18JF242）、北京中医药大学马克思主义学院学科建设专项课题“习近平关于乡村振兴的理论与实践研究”（2021—XKZX—10）、国家社会科学基金项目“贡山独龙族怒族自治县贫困治理经验及其可持续发展研究”（20BMZ136）、贵阳市科技局贵阳学院专项资金（GYUKY—2021）、国家社会科学基金青年项目“新中国70年中国共产党‘中华民族’话语体系的构建历程及其内在逻辑研究”（19CMZ003）、国家社会科学基金重大招标项目“滇藏缅印交角地区交流互动发展史研究”（15ZDB122）、2020年度国家社会科学基金项目“民族高校铸牢中华民族共同体意识教育研究”（20VSZ091）、国家社会科学基金重大专项“‘五个认同’

视域下西南民族地区各民族有序参与基层治理的理论逻辑及实践路径研究”（20VMZ004）、国家社会科学基金一般项目“公益传播力构建的理论、路径与测评研究”（19BXW090）、国家社会科学基金重点项目——研究阐释党的十九大精神专项“新疆各民族铸牢中华民族共同体意识研究”（18VSJ091）、教育部课题“民族地区中小学中华民族共同体意识构建机制研究”（MJZXHZ19008）、宁夏社会主义学院课题“中华民族传统节日与铸牢中华民族共同体意识”（2019W01）、2020 年国家社会科学基金“改革开放以来新疆高校意识形态工作基本经验研究”（20BKS098）、新疆维吾尔自治区高校科研计划人文社会科学重点项目“第二次中央新疆工作座谈会以来新疆治理体系与治理能力现代化研究”（XJEDU2018SI001）、研究阐释党的十九大精神国家社会科学基金专项课题“中华民族共同体意识研究”（18VSJ092）、烟台大学博士科研经费项目“中华民族核心文化认同建设”（MY20B53）等项目的资助。

通过图 3–58 可知，党的十八大以来铸牢中华民族共同体意识研究领域2021 年的发文机构之间的学术合作团体包括由大连理工大学、暨南大学、西南交通大学、中国矿业大学等构成的学术合作团队，由新疆大学、新疆师范大学、新疆电化教育馆等构成的学术合作团队，由贵阳学院、北海艺术设计学院等构成的学术合作团队，由吉首大学、华南师范大学等构成的学术合作团队以及以中央民族大学、贵州中医药大学、中国社会科学院、中南民族大学、广西师范大学等为中心构成的学术合作团体，等等。结合来源数据库发现，这些学术合作团队发表的文献包括刊载于《民族学刊》第 6 期的《铸牢中华民族共同体意识研究的三个维度》、刊载于《民族学刊》第 9 期的《中华民族共同体意识建构中新闻媒体角色定位与责任担当》、刊载于《民族学刊》第 5 期的《从节日影像志看中华民族共同体文化与认同》、刊载于《中国藏学》第 1 期的《铸牢中华民族共同体意识视域下的藏传佛教中国化》、刊载于《中央民族大学学报（哲学社会科学版）》第 6 期的《新时代中国共产党铸牢中华民族共同体意识研究：逻辑缘起、价值意蕴和实践路径》、刊载于《民族学刊》第 1 期的《铸牢中华民族共同体意识：理论逻辑、现实基础和实践路径》、刊载于《民族教育研究》第 5 期的《铸牢中华民族共同体意识的文化心理场研究：价值澄明与实践路径》、刊载于《青海社会科学》第 6 期的《辛亥革命时期的民族认同及其对铸牢中华民族共同体意识的现实意蕴》、刊载于《中南民族大学学报（人文社会科学版）》第 8 期的《流动与互嵌：铸牢中华民族共同体意识的结构维度——基于贡山独龙族怒族自治县的田野考察》、刊载于《广西民族研究》第 1 期的《历史方位与培育目标：中华民族共同体意识培育的基础与方向》、刊载于《西南民族大学学报（人文社会科学版）》第 7 期的《“两个大局”视角下高校铸牢中华民族共同体意识的价值意蕴与实现路径》等，并得到了国家社会科学基金专项研究项目“历史经验与铸牢中华民族共同意识——中华民族共同体的形成和发展研究”（20VMZ001）、教育部人文社会科学专项任务项目“党的十九大精神引领的新全球化进程与新发展主义研究”（18JF242）、北京中医药大学马克思主义学院学科建设专项课题“习近平关于乡村振兴的理论与实践研究”（2021—XKZX—10）、2021 年度国家民委民族研究青年项目“‘两个大局’视域下高校铸牢中华民族共同体意识研究”（2021—GMC—045）、教育部哲学社会科学研究重大课题攻关项目“中国共产党关于民族教育的理论与实践研究”（19JZD048）、教育部示范优秀教学科研团队建设重点项目“习近平同志系列重要讲话精神和治国理政新理念新思想新战略进思想政治理论课有效机制研究”（17JDSZK010）、2020 年贵州省教育科学规划课题“教育安置方式对贵州省易地扶贫搬迁儿童社会融入的影响研究”（2020B200）、贵阳市科技局贵阳学院专项资金（GYUKY—2021）、中国社会科学院重大科研项目“铸牢中华民族共同体意识重大问题研究”（2019ZDGH017）、教育部课题“民族地区中小学中华民族共同体意识构建机制研究”（MJZXHZ19008）、宁夏社会主义学院课题“中华民族传统节日与铸牢中华民族共同体意识”（2019W01）、国家社会科学基金项目“媒介新变迁与新消费主义”（18BXW085）、国家社会科学基金项目“贡山独龙族怒族自治县贫困治理经验及其可持续发展研究”（20BMZ136）、教育部后期资助项目“延安时期马克思主义新闻观中国化话语体系发展研究”（19JHQ080）、国家社会科学基金项目“延安时期中国共产党新闻传播思想史研究”（12BXW014）等项目的资助。

（8）2022 年发文机构知识图谱分析

按照第一章第三节的内容对 CiteSpace 软件进行基本参数设置，然后分别将 Time Slicing（时间区间）设定为 2022 年 1 月至 2022 年 12 月，Node Types（节点类型）选择 Institution（机构）、Selection Criteria（节点筛选方式）选择 Top N%（100%）和 Pruning（视图裁剪）方式选择 Pathfinder（关键路径算法），然后点击软件界面的“GO!”按钮构建党的十八大以来铸牢中华民族共同体意识研究领域 2022 年的发文机构共现知识图谱，如图 3-59 所示。为了进一步展示和厘清党的十八大以来铸牢中华民族共同体意识研究领域 2022 年的发文机构的具体合作情况，利用 CiteSpace 导出 NetDraw 软件可处理的数据格式，然后将刚才导出的数据再导入 NetDraw 软件以构建党的十八大以来铸牢中华民族共同体意识研究领域 2022 年的发文机构合作共现知识图谱，并利用 NetDraw 软件提供的“Delete Isolates”功能剔除无合作关系的节点（独立节点），如图 3-60 所示。

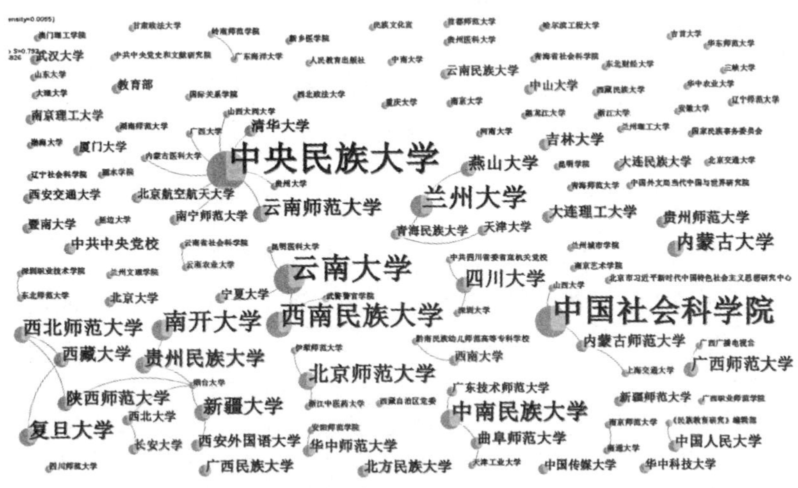

图 3-59　2022 年发文机构共现知识图谱

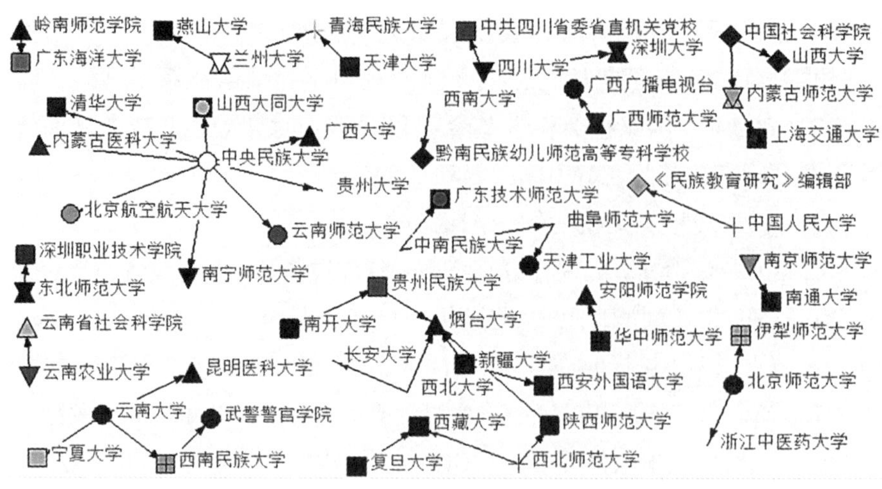

图 3-60 2022 年发文机构合作共现知识图谱

表 3-11 2022 年发文机构列表

序号	发文篇次	机构名称	序号	发文篇次	机构名称	序号	发文篇次	机构名称
1	28	中央民族大学	13	5	西北师范大学	25	3	华中师范大学
2	19	中国社会科学院	14	5	云南师范大学	26	3	中共中央党校
3	16	云南大学	15	5	内蒙古大学	27	3	贵州师范大学
4	12	西南民族大学	16	4	陕西师范大学	28	3	广西民族大学
5	10	兰州大学	17	4	西藏大学	29	3	大连理工大学
6	8	南开大学	18	4	燕山大学	30	3	北方民族大学
7	7	中南民族大学	19	4	广西师范大学	31	3	吉林大学
8	6	北京师范大学	20	3	内蒙古师范大学	32	2	西北大学
9	6	复旦大学	21	3	曲阜师范大学	33	2	青海民族大学
10	5	贵州民族大学	22	3	中国人民大学	34	2	西南大学
11	5	新疆大学	23	3	清华大学	35	2	天津大学
12	5	四川大学	24	3	西安外国语大学	36	2	北京航空航天大学

续表

序号	发文篇次	机构名称	序号	发文篇次	机构名称	序号	发文篇次	机构名称
37	2	宁夏大学	58	1	黔南民族幼儿师范高等专科学校	79	1	广西大学
38	2	南宁师范大学	59	1	《民族教育研究》编辑部	80	1	南京大学
39	2	广东技术师范大学	60	1	东北师范大学	81	1	中国外文局当代中国与世界研究院
40	2	长安大学	61	1	上海交通大学	82	1	辽宁师范大学
41	2	教育部	62	1	深圳大学	83	1	南京艺术学院
42	2	西安交通大学	63	1	武警警官学院	84	1	山东大学
43	2	大连民族大学	64	1	云南省社会科学院	85	1	哈尔滨工程大学
44	2	武汉大学	65	1	岭南师范学院	86	1	新乡医学院
45	2	中国传媒大学	66	1	伊犁师范大学	87	1	西藏民族大学
46	2	华中科技大学	67	1	云南农业大学	88	1	首都师范大学
47	2	北京大学	68	1	贵州大学	89	1	广西职业师范学院
48	2	新疆师范大学	69	1	内蒙古医科大学	90	1	澳门理工学院
49	2	南京理工大学	70	1	广东海洋大学	91	1	华东师范大学
50	2	暨南大学	71	1	浙江中医药大学	92	1	四川师范大学
51	2	云南民族大学	72	1	安阳师范学院	93	1	大理大学
52	2	厦门大学	73	1	山西大同大学	94	1	中共中央党史和文献研究院
53	2	中山大学	74	1	山西大学	95	1	国家民族事务委员会
54	1	烟台大学	75	1	深圳职业技术学院	96	1	湖南师范大学
55	1	昆明医科大学	76	1	天津工业大学	97	1	昆明学院
56	1	南京师范大学	77	1	中共四川省委省直机关党校	98	1	贵州医科大学
57	1	南通大学	78	1	广西广播电视台	99	1	国际关系学院

续表

序号	发文篇次	机构名称	序号	发文篇次	机构名称	序号	发文篇次	机构名称
100	1	东北财经大学	109	1	浙江大学	118	1	民族文化宫
101	1	安徽大学	110	1	甘肃政法大学	119	1	兰州城市学院
102	1	渤海大学	111	1	兰州文理学院	120	1	黑龙江大学
103	1	人民教育出版社	112	1	丽水学院	121	1	吉首大学
104	1	北京交通大学	113	1	中南大学	122	1	三峡大学
105	1	重庆大学	114	1	延边大学	123	1	兰州理工大学
106	1	河南大学	115	1	西北政法大学	124	1	青海省社会科学院
107	1	西藏自治区党委	116	1	青海师范大学	125	1	华中农业大学
108	1	北京市习近平新时代中国特色社会主义思想研究中心	117	1	辽宁社会科学院			

通过图 3-59 和表 3-11 可知，党的十八大以来铸牢中华民族共同体意识研究领域 2022 年的发文机构中发文篇数最多的是中央民族大学（累计发文为 28 篇次），这表明了中央民族大学为 2022 年铸牢中华民族共同体意识研究领域的发展起到了十分重要的作用，是不可忽视的重要研究力量。其后依次是中国社会科学院（累计发文为 19 篇次）、云南大学（累计发文为 16 篇次）、西南民族大学（累计发文为 12 篇次）、兰州大学（累计发文为 10 篇次）、南开大学（累计发文为 8 篇次）、中南民族大学（累计发文为 7 篇次）、北京师范大学（累计发文为 6 篇次）、复旦大学（累计发文为 6 篇次）、贵州民族大学（累计发文为 5 篇次）、新疆大学（累计发文为 5 篇次）、四川大学（累计发文为 5 篇次）、西北师范大学（累计发文为 5 篇次）、云南师范大学（累计发文为 5 篇次）、内蒙古大学（累计发文为 5 篇

次）等发文机构，这些发文机构也是促进2022年铸牢中华民族共同体意识研究领域发展的不可忽视的重要力量。进一步分析发现，这些发文机构的贡献者主要来自这些发文机构的马克思主义学院、社会发展与公共政策学院、民族学与社会学学院、历史与民族文化学院、中国语言文学学院、铸牢中华民族共同体研究基地、文法学院、西北少数民族研究中心、中华民族共同体研究院、周恩来政府管理学院、哲学学院、岳麓书院、西藏教育发展研究中心、教育学与心理学学院、人文学院、民族学人类学学院、政治与公共管理学院、基础教育学院、艺术学院等学院或子机构，并得到了国家社会科学基金重大项目“近代浙江畲族文书的搜集、整理与研究”（20&ZD213）、浙江省哲学社会科学规划项目“畲族盘瓠神话的政治文化研究”（21NDQN285YB）、国家社会科学基金项目“蒙晋冀长城金三角区域民族文化遗产结构与价值谱系研究”（21BMZ134）、国家社会科学基金重点项目“中国共产党培育中华民族共同体意识的百年历程与基本经验研究”（21AMZ002）、国家社会科学基金项目“当代中国价值共识形成机制研究”（18CKS051）、国家社会科学基金·中国历史研究院重大研究专项（“兰台学术计划”）委托项目“明清时期中华民族的形成及其历史意义”（20@WTH021）、国家社会科学基金重大项目“构建中华各民族共有精神家园的少数民族视域研究”（17ZDA152）、甘肃省民委委托河西学院项目“河西走廊民族团结和历史文化研究”（H2020027）、国家社会科学基金一般项目“体育人类学学科体系与基础理论研究”（19BTY006）、2017年国家社会科学基金重大项目“环孟加拉湾沿岸国家安全格局对我国实施‘一带一路’倡议的影响研究”（17ZDA045）、2016年教育部人文社科重点研究基地重大项目“南亚国家政治法律环境与‘一带一路’建设研究”（16JJDGJW014）、国家社会科学基金重大招标项目“美英涉藏档案文献整理与研究”（18ZDA192）、国家社会科学基金铸牢中华民族共同体意识研究专项“铸牢中华民族共同体意识对多民族国家建设的重大意义研究”（21VMZ014）、国家社会科学基金重大项目“马克思主义经典作家关于民族国家与多民族国家的重要文献整理及当代意义研究”（21&ZD211）、河北省社科发展研究重点课题“习近平关于铸牢中华民族共同体意识重要论述研究”（20210101035）、西南民族大学中央高校基本科研业务费专项资金国家级项目或奖项培育专项“清代西南边疆治理研究：文治教化视角”（2019XMJXPY01）、中国社会科学院2022年创新工程重点项目“新时代民族工作干部队伍建设”（2022MZS001）、国家社会科学基金社科学术社团学术活动资助项目“中国共产党民族理论政策百年演进与赓续发展”（21STA014）、国家社会科学基金项目“民族团结进步教育的云南经验研究”（20BMZ073）、国家社会科学基金重大滚动项目“中国边境口岸志资料收集与整理研究”（17ZDA157）、国家社会科学基金重点项目“传统‘和合’思想与中华民族共同体基本内涵的学理逻辑及其培育机制研究”（18AZZ009）、四川省社会科学“十三五”规划重大项目“中华优秀传统文化对构建人类命运共同体贡献研究”（SC20ZDZW003）、国家民委民族研究项目“丝绸之路各民族交往交流交融与中华民族共同体研究”（2020—GMB—004）、北京市社会科学基金重大项目“新时代铸牢中华民族共同体意识实践路径研究”（21ZDA10）、国家社会科学基金一般项目“中华民族共同体视域下西南边疆民族地区地方政府治理研究”（21BKS158）、国家社会科学基金重大项目“构建中华各民族共有精神家园的少数民族视域研究”（17ZDA152）、广西师范大学珠江—西江经济带发展研究院研究生创新项目（ZX20200220）、国家民委民族研究基地项目“促进各民族交往交流交融研究”（2021—GMG—035）、国家社会科学基金重大委托项目“新时代增强各族人民中华民族认同的法制保障机制研究”（19@ZH020）、国家社会科学基金重点项目“打牢中华民族共同体思想基础制度安排与路径设计研究”（20AZD026）、2017年度国家哲学社会科学基金项目“中南亚地区民族宗教问题对‘一带一路’建设的影响与对策”（17CMZ049）、国家社会科学基金重点项目“新时代中国特色社会主义民族理论学科体系建构研究”（18AZD019）、国家社会科学基金项目“中华民族共同体意识的知识社会学基础研究”（21BMZ105）、国家社会科学基金重大项目“新中国成立后各民族人口流动与深度交融的动力机制研究”（21&ZD212）、国家社会科学基金重点项目“楼兰地区史前遗存的多学科研究”（17AKG002）、广西哲学社会科学规划研究课题“广西学校民族团结进步教育经验研究”（21FMZ035）等项目的资助。

通过图 3-60 可知，党的十八大以来铸牢中华民族共同体意识研究领域 2022 年的发文机构之间的学术合作团体包括由兰州大学、天津大学、燕山大学、青海民族大学等构成的学术合作团队，由四川大学、深圳大学、中共四川省委省直机关党校等构成的学术合作团队，由中国社会科学院、山西大学、内蒙古师范大学、上海交通大学等构成的学术合作团队，由北京师范大学、浙江中医药大学、伊犁师范大学等构成的学术合作团队，由中央民族大学、清华大学、贵州大学、山西大同大学、云南师范大学、北京航空航天大学等构成的学术合作团队，由云南大学、西南民族大学、宁夏大学、武警警官学院等构成的学术合作团队，由烟台大学、新疆大学、贵州民族大学、陕西师范大学、西藏大学、复旦大学、长安大学等构成的学术合作团队，由安阳师范学院、华中师范大学等构成的学术合作团队，等等。结合来源数据库发现，这些学术合作团队发表的文献包括刊载于《开放时代》第 4 期的《作为方法的云贵高原——从费孝通的区域板块研究看中华民族共同体》、刊载于《民族学刊》第 1 期的《清代西南边疆儒学教化思想形成与影响——兼及对中华民族共同体意识的历史贡献》、刊载于《贵州民族研究》第 3 期的《构建中华民族共同体的价值、挑战与策略》、刊载于《民族学刊》第 1 期的《中华民族共同体视域下阿富汗重建对新疆民族地区安全与发展的影响及应对》、刊载于《中南民族大学学报（人文社会科学版）》第 1 期的《高质量铸牢中华民族共同体意识的两个视域》、刊载于《广西民族研究》第 3 期的《铸牢中华民族共同体意识视角下非物质文化遗产区域性整体保护》、刊载于《广西民族研究》第 1 期的《学前儿童中华民族共同体意识教育：意义旨归与实践逻辑》、刊载于《青海社会科学》第2期的《铸牢中华民族共同体意识的影像表达——以新疆少数民族题材电影为例》、刊载于《西南民族大学学报（人文社会科学版）》第4期的《路网与疆域：从新疆历代古道路网变迁看中华民族共同体的形成发展》、刊载于《理论学刊》第2期的《以深化“两个结合”推进中华民族共同体建设》、刊载于《云南社会科学》第5期的《20世纪早期新式中国通史编纂的背景特征与意义——兼论对中华民族共同体意识自觉之影响》、刊载于《学术界》第6期的《“铸牢中华民族共同体意识”政策议程设置研究——基于多源流理论模型的分析》、刊载于《贵州民族研究》第1期的《以铸牢中华民族共同体意识为主线，推动新时代党的民族工作高质量发展》等，并得到了国家社会科学基金项目“蒙晋冀长城金三角区域民族文化遗产结构与价值谱系研究”（21BMZ134）、国家社会科学基金重大项目“构建中华各民族共有精神家园的少数民族视域研究”（17ZDA152）、甘肃省民委委托河西学院项目“河西走廊民族团结和历史文化研究”（H2020027）、广西师范大学珠江—西江经济带发展研究院研究生创新项目（ZX20200220）、国家社会科学基金重大项目“新中国成立后各民族人口流动与深度交融的动力机制研究”（21&ZD212）、国家社会科学基金重点项目“楼兰地区史前遗存的多学科研究”（17AKG002）、国家社会科学基金项目“中华民族共同体意识的知识社会学基础研究”（21BMZ105）、国家社会科学基金重大委托项目“新时代增强各族人民中华民族认同的法制保障机制研究”（19@ZH020）、国家社会科学基金重点项目“打牢中华民族共同体思想基础制度安排与路径设计研究”（20AZD026）、2017年度国家哲学社会科学基金项目“中南亚地区民族宗教问题对‘一带一路’建设的影响与对策”（17CMZ049）、国家社会科学基金重点项目“新时代中国特色社会主义民族理论学科体系建构研究”（18AZD019）、北京市社会科学基金重大项目“新时代铸牢中华民族共同体意识实践路径研究”（21ZDA10）、中央支持地方高校改革发展资金资助“高水平人才培养计划”项目（2018GSP104）、2017

年国家社会科学基金重大项目“环孟加拉湾沿岸国家安全格局对我国实施‘一带一路’倡议的影响研究”（17ZDA045）、2016年教育部人文社科重点研究基地重大项目“南亚国家政治法律环境与‘一带一路’建设研究”（16JJDGJW014）、西南民族大学中央高校基本科研业务费专项资金国家级项目或奖项培育专项“清代西南边疆治理研究：文治教化视角”（2019XMJXPY01）、国家社会科学基金重大项目“马克思主义经典作家关于民族国家与多民族国家的重要文献整理及当代意义研究”（21&ZD211）、河北省社科发展研究重点课题“习近平关于铸牢中华民族共同体意识重要论述研究”（20210101035）等项目的资助。

本章小结

本章节从发文作者和发文机构两方面对党的十八大以来铸牢中华民族共同体意识研究领域的高产发文作者、发文作者合作、机构合作，以及它们之间的合作强度等方面进行了梳理分析，发现：（1）党的十八大以来铸牢中华民族共同体意识研究领域虽然形成了包括郝亚明、严庆、张淑娟、纳日碧力戈、高永久、青觉、王延中、詹小美等在内的高产发文作者，但还未形成具有较高影响力的核心作者群。因此，为了促进铸牢中华民族共同体意识研究得更深更实和产出更多高质量有影响力的学术成果，未来应该进一步吸引更多的相关研究者（特别是跨学科）加入该研究领域，以为铸牢中华民族共同体意识研究领域的核心作者和核心作者群的形成提供有力的支撑；（2）国家级、省部级、厅局级等各级资助项目十分关注和重视铸牢中华民族共同体意识研究领域的发展，不仅为党的十八大以来铸牢中华民族共同体意识研究领域的深入研究与实践提供了重要的支撑，而且未来还将继续支撑铸牢中华民族共同体意识研究领域的新发展；（3）从2015年开始，铸牢中华民族共同体意识研究领域就开始出现了发文作者之间的合作，并且发文作者之间（特别是跨机构、跨领域的发文作者之间）的合作强度逐年增大，这为铸牢中华民族共同体意识研究领域高质量学术成果的产出做出了非常大的贡献；（4）党的十八大以来铸牢中华民族共同体意识研究领域的主要研究力量包括中央民族大学、中国社会科学院、云南大学、中南民族大学等研究机构，这些研究机构为党的十八大以来铸牢中华民族共同体意识研究领域的发展起到了十分重要的作用；（5）铸牢中华民族共同体意识研究领域机构之间的合作始于 2016 年，并且机构之间（特别是跨机构、跨领域的机构之间）的合作呈现逐年增长的趋势，这也为铸牢中华民族共同体意识研究领域高质量学术成果的产出做出了非常大的贡献。

第四章

情报源的知识图谱

情报源的知识图谱分析是以党的十八大以来铸牢中华民族共同体意识研究领域的学术成果的载文期刊和学术成果中参考文献的来源为标准进行可视化梳理分析，以展示和厘清党的十八大以来铸牢中华民族共同体意识研究领域的情报源分布、关键性情报源和高产情报源等，从而为铸牢中华民族共同体意识研究领域的未来研究提供资料来源参考对象。如南昌大学管理学院信息管理系龚花萍等《基于共现分析的国内应急管理与危机管理研究热点比较》① 通过对 2011—2015 年国内应急管理与危机管理研究领域的载文情报源的梳理分析，发现《中国行政管理》《环境保护》《系统工程理论与实践》等是 2011—2015 年国内应急管理研究领域的高载文情报源，并形成了以《中国行政管理》《环境保护》《系统工程理论与实践》《科技管理研究》《情报杂志》等 8 种载文情报源为主的核心情报源群，2011—2015 年国内危机管理研究领域的高载文情报源包括《中国行政管理》《科技管理研究》《图书情报工作》《图书馆工作与研究》等；西南民族大学杨超超等《党的十八大以来图书馆文化扶贫与乡村振兴研究的知识图谱：现状、热点及趋势》② 通过对 2013—2021 年图书馆文化扶贫与乡村振兴研究领域的载文情报源的梳理分析，发现对 2013—2021 年图书馆文化扶贫与乡村振兴研究领域的学术成果的发表和传播起十分重要支撑作用的高载文情报源包括《图书馆论坛》《图书馆》《图书馆建设》《图书情报知识》《图书馆杂志》《图书情报工作》和《图书馆学研究》7 种载文情报源，对 2013—2021 年图书馆文化扶贫与乡村振兴研究领域的学术成果提供重要知识源泉的高被引情报源包括《图书馆论坛》《图书馆》《图书馆杂志》《中国图书馆学报》《图书情报工作》等，并指出这些高载文情报源和高被引情报源主要来自图书情报类期刊；上海行政学院董幼鸿等《国内精细化治理研究的主题演进及未来

① 龚花萍，王英 . 基于共现分析的国内应急管理与危机管理研究热点比较 [J]. 现代情报，2016，36(8)：151-159.
② 杨超超，李俊 . 党的十八大以来图书馆文化扶贫与乡村振兴研究的知识图谱：现状、热点及趋势 [J]. 西南民族大学学报（人文社会科学版），2022，43(9)：232-240.

展望——基于 CiteSpace 的可视化分析》[①] 通过对 2006—2021 年国内精细化治理研究领域的载文情报源的梳理分析，发现 2006—2021 年国内精细化治理研究领域共涉及 113 种载文情报源，以《领导科学》《中国行政管理》《上海行政学院学报》等为主要载文情报源；西安工程大学胡伟华等《国际媒体中的中国形象研究二十年之流变——基于 CiteSpace 的科学知识图谱分析》[②] 通过对 2001—2020 年国际媒体中的中国形象研究领域载文情报源的梳理分析，发现对 2001—2020 年国际媒体中的中国形象研究领域的发表和传播起重要支撑作用的高载文情报源包括报纸、杂志（期刊）、电视台新闻、电影、戏剧、专著、政府报告、学术论文等，其中载文情报源中载文最多的情报源是报纸；等等。本章主要通过载文情报源知识图谱分析、被引情报源知识图谱分析两方面对党的十八大以来铸牢中华民族共同体意识研究领域的情报源进行可视化梳理分析。

第一节　以载文为标准的情报源知识图谱分析

据统计，与党的十八大以来铸牢中华民族共同体意识研究有关的 962 篇样本文献共涉及 124 种载文情报源（如表 4-2 所示），累计载文 962 篇，载文情报源的均载文约 8 篇，其中载文量大于等于 8 篇的载文情报源有 28 种（占总载文情报源的 22.58%），累计载文为 771 篇（占总载文的 80.15%，远大于 50%[③]），这一定程度上说明了党的十八大以来铸牢中华民族共同体意识研究领域已经形成了核心载文情报源对铸牢中华民族共同体意识研究领域的持续性关注和支持，并刊载了大量十分有价值和学术影响力的学术成果。

---

① 董幼鸿，周彦如 . 国内精细化治理研究的主题演进及未来展望——基于 CiteSpace 的可视化分析 [J]. 上海行政学院学报，2022，23(6)：97-109.

② 胡伟华，徐英捷 . 国际媒体中的中国形象研究二十年之流变——基于 CiteSpace 的科学知识图谱分析 [J]. 外语电化教学，2022,206(4)：42-51.

③ 李文以 .《档案管理》1995—2005 年核心作者群分析 [J]. 档案管理，2006(4)：48-50.

结合表 4–1 和表 4–2 可知：（1）党的十八大以来铸牢中华民族共同体意识研究领域载文最多的载文情报源是《中南民族大学学报（人文社会科学版）》（累计载文高达 81 篇），这表明了《中南民族大学学报（人文社会科学版）》不仅为党的十八大以来铸牢中华民族共同体意识研究领域学术成果的对外发布和传播起到了十分重要的作用，也有力地推动了党的十八大以来铸牢中华民族共同体意识研究领域的发展。此后，依次是《广西民族研究》（累计载文 78 篇）、《西南民族大学学报（人文社会科学版）》（累计载文 75 篇）、《西北民族研究》（累计载文 64 篇）、《民族学刊》（累计载文 53 篇）、《民族研究》（累计载文 42 篇）、《贵州民族研究》（累计载文 40 篇）、《中央民族大学学报（哲学社会科学版）》（累计载文 37 篇）、《民族教育研究》（累计载文 36 篇）、《云南民族大学学报（哲学社会科学版）》（累计载文 33 篇）、《青海社会科学》（累计载文 22 篇）、《新疆大学学报（哲学人文社会科学版）》（累计载文 19 篇）、《西北师大学报（社会科学版）》（累计载文 17 篇）、《西藏大学学报（社会科学版）》（累计载文 17 篇）、《广西民族大学学报（哲学社会科学版）》（累计载文 16 篇）、《云南师范大学学报（哲学社会科学版）》（累计载文 16 篇）、《思想战线》（累计载文 14 篇）、《内蒙古社会科学》（累计载文 13 篇）、《宁夏社会科学》（累计载文 13 篇）、《青海民族研究》（累计载文 12 篇）、《人民日报·理论版》（累计载文 11 篇）、《新疆社会科学》（累计载文 10 篇）、《学术界》（累计载文 10 篇），等等。这些载文情报源也为党的十八大以来铸牢中华民族共同体意识研究领域学术成果的对外发布和传播起到了不可忽视的作用，并对党的十八大以来铸牢中华民族共同体意识研究领域的发展起到了较重要的支撑作用。（2）载文量大于等于 8 篇的载文情报源有 28 种，包括《中南民族大学学报（人文社会科学版）》《广西民族研究》《西南民族大学学报（人文社会科学版）》《西北民族研究》《民族学刊》《民族研究》《贵州民族研究》《中央民族大学学报（哲学社会科学版）》《民族教育研究》《云南民族大学学报（哲学社会科学版）》《青海社会科学》《新疆大学学报（哲学人文社会科学版）》，等等。（3）依据布拉德福定律将党的十八大以来铸牢中华民族共同体意识研究领域的载文情报源划分为 3 个区，如表 4–1 所示。3 个分区的载文情报源种数的比例为 5 ∶ 13 ∶ 106=1 ∶ 2.6 ∶ 21.2，不符合布拉德福常数 a ≈ 3，这说明了党的十八大以来铸牢中华民族共同体意识研究领域的文献统计分析不符合布拉德福定律。但从载文情报源分布角度可知，已经形成了包括《中南民族大学学报（人文社会科学版）》《广西民族研究》《西南民族大学学报（人文社会科学版）》《西北民族研究》《民族学刊》等在内的核心区载文情报源群，这些核心载文情报源群所载与铸牢中华民族共同体意识研究有关的学术成果一定程度上代表了党的十八大以来铸牢中华民族共同体意识研究领域的研究热点和前沿趋势。因此，未来在开展铸牢中华民族共同体意识相关领域研究时，应该更多地关注前述核心载文情报源所载与铸牢中华民族共同体意识研究有关的学术成果，以便及时把握铸牢中华民族共同体意识研究领域的热点和前沿趋势。

表 4–1　载文情报来源分区表

分区	情报来源种数	总载文量（篇）	载文量比例
核心区 N1	5	351	36.49%
相关区 N2	13	322	33.47%
外围区 N3	106	289	30.04%

表 4–2　载文情报源列表

序号	载文情报来源	载文篇数	累计占总发文的百分比	序号	载文情报来源	载文篇数	累计占总发文的百分比
1	中南民族大学学报（人文社会科学版）	81	8.42%	3	西南民族大学学报（人文社会科学版）	75	24.32%
2	广西民族研究	78	16.53%	4	西北民族研究	64	30.98%

续表

序号	载文情报来源	载文篇数	累计占总发文的百分比	序号	载文情报来源	载文篇数	累计占总发文的百分比
5	民族学刊	53	36.49%	22	新疆社会科学	10	74.74%
6	民族研究	42	40.85%	23	学术界	10	75.78%
7	贵州民族研究	40	45.01%	24	人民论坛	9	76.72%
8	中央民族大学学报（哲学社会科学版）	37	48.86%	25	云南社会科学	9	77.65%
9	民族教育研究	36	52.60%	26	红旗文稿	8	78.48%
10	云南民族大学学报（哲学社会科学版）	33	56.03%	27	民族文学研究	8	79.31%
11	青海社会科学	22	58.32%	28	探索	8	80.15%
12	新疆大学学报（哲学人文社会科学版）	19	60.29%	29	中国藏学	7	80.87%
13	西北师大学报（社会科学版）	17	62.06%	30	甘肃社会科学	6	81.50%
14	西藏大学学报（社会科学版）	17	63.83%	31	贵州社会科学	6	82.12%
15	广西民族大学学报（哲学社会科学版）	16	65.49%	32	理论视野	5	82.64%
16	云南师范大学学报（哲学社会科学版）	16	67.15%	33	历史研究	5	83.16%
17	思想战线	14	68.61%	34	民族艺术	5	83.68%
18	内蒙古社会科学	13	69.96%	35	陕西师范大学学报（哲学社会科学版）	5	84.20%
19	宁夏社会科学	13	71.31%	36	新疆师范大学学报（哲学社会科学版）	5	84.72%
20	青海民族研究	12	72.56%	37	吉首大学学报（社会科学版）	4	85.14%
21	人民日报·理论版	11	73.70%	38	马克思主义研究	4	85.55%

续表

序号	载文情报来源	载文篇数	累计占总发文的百分比	序号	载文情报来源	载文篇数	累计占总发文的百分比
39	求是	4	85.97%	59	江西社会科学	2	92.20%
40	史学史研究	4	86.38%	60	民族语文	2	92.41%
41	思想教育研究	4	86.80%	61	南开学报（哲学社会科学版）	2	92.62%
42	体育学刊	4	87.21%	62	思想理论教育导刊	2	92.83%
43	中国边疆史地研究	4	87.63%	63	文学评论	2	93.04%
44	北京行政学院学报	3	87.94%	64	现代传播（中国传媒大学学报）	2	93.24%
45	党建	3	88.25%	65	语言文字应用	2	93.45%
46	华中科技大学学报（社会科学版）	3	88.57%	66	中国编辑	2	93.66%
47	科学社会主义	3	88.88%	67	中国高等教育	2	93.87%
48	课程・教材・教法	3	89.19%	68	中国人民大学学报	2	94.07%
49	理论与改革	3	89.50%	69	中州学刊	2	94.28%
50	人民论坛・学术前沿	3	89.81%	70	安徽史学	1	94.39%
51	上海行政学院学报	3	90.12%	71	北京体育大学学报	1	94.49%
52	社会主义研究	3	90.44%	72	北京舞蹈学院学报	1	94.59%
53	思想理论教育	3	90.75%	73	编辑之友	1	94.70%
54	学习与探索	3	91.06%	74	当代中国史研究	1	94.80%
55	政治学研究	3	91.37%	75	档案学通讯	1	94.91%
56	当代电影	2	91.58%	76	电视研究	1	95.01%
57	湖南科技大学学报（社会科学版）	2	91.79%	77	东岳论丛	1	95.11%
58	暨南学报（哲学社会科学版）	2	92.00%	78	福建论坛（人文社会科学版）	1	95.22%

续表

序号	载文情报来源	载文篇数	累计占总发文的百分比	序号	载文情报来源	载文篇数	累计占总发文的百分比
79	公共管理与政策评论	1	95.32%	97	马克思主义理论学科研究	1	97.19%
80	光明日报·理论版	1	95.43%	98	毛泽东邓小平理论研究	1	97.30%
81	广东社会科学	1	95.53%	99	人文杂志	1	97.40%
82	河北学刊	1	95.63%	100	山西大学学报（哲学社会科学版）	1	97.51%
83	河海大学学报（哲学社会科学版）	1	95.74%	101	深圳大学学报（人文社会科学版）	1	97.61%
84	河南师范大学学报（哲学社会科学版）	1	95.84%	102	实践(思想理论版)	1	97.71%
85	湖北大学学报（哲学社会科学版）	1	95.95%	103	史学集刊	1	97.82%
86	湖南大学学报（社会科学版）	1	96.05%	104	世界民族	1	97.92%
87	湖湘论坛	1	96.15%	105	世界宗教研究	1	98.02%
88	华东师范大学学报（哲学社会科学版）	1	96.26%	106	体育学研究	1	98.13%
89	江汉论坛	1	96.36%	107	天津社会科学	1	98.23%
90	教育研究	1	96.47%	108	图书馆论坛	1	98.34%
91	经济社会体制比较	1	96.57%	109	外语教学	1	98.44%
92	开放时代	1	96.67%	110	文化遗产	1	98.54%
93	科学决策	1	96.78%	111	武汉体育学院学报	1	98.65%
94	理论导报	1	96.88%	112	西南大学学报（社会科学版）	1	98.75%
95	理论学刊	1	96.99%	113	湘潭大学学报（哲学社会科学版）	1	98.86%
96	伦理学研究	1	97.09%	114	学前教育研究	1	98.96%

续表

序号	载文情报来源	载文篇数	累计占总发文的百分比	序号	载文情报来源	载文篇数	累计占总发文的百分比
115	学术研究	1	99.06%	120	中国高校社会科学	1	99.58%
116	哲学研究	1	99.17%	121	中国特色社会主义研究	1	99.69%
117	郑州大学学报（哲学社会科学版）	1	99.27%	122	中国文艺评论	1	99.79%
118	中国出版	1	99.38%	123	中国行政管理	1	99.90%
119	中国电化教育	1	99.48%	124	中央音乐学院学报	1	100.00%

第二节　以被引为标准的情报源知识图谱分析

为了展示和厘清党的十八大以来铸牢中华民族共同体意识研究领域被引情报源（被引文献出处）的分布、共被引及被引年分布等情况，利用 CiteSpace 构建党的十八大以来铸牢中华民族共同体意识研究领域的被引情报源共现知识图谱。按照第一章第三节的内容对 CiteSpace 软件进行基本参数设置，然后分别将 Node Types（节点类型）设为 Cited Journal（被引期刊）、Pruning（视图裁剪）设为 Pathfinder（关键路径算法）、Selection Criteria（选择标准）设为 g-index（g 指数，k 值设为 10），其他参数默认，如图 4-1 所示。然后点击软件界面的“GO!”按钮构建党的十八大以来铸牢中华民族共同体意识研究领域的被引情报源共现知识图谱，如图 4-2 所示。

通过图 4-2 和表 4-3 可知，党的十八大以来铸牢中华民族共同体意识研究领域的被引情报源被引次数最高的是《民族研究》（累计被引达到了 311 次），这表明了《民族研究》所载文献为党的十八大以来铸牢中华民族共同体意识研究领域的发展提供了十分重要的理论源泉。其后依次是《西南民族大学学报（人文社会科学版）》（累计被引 256 次）、《中南民族大学学报（人文社会科学版）》（累计被引

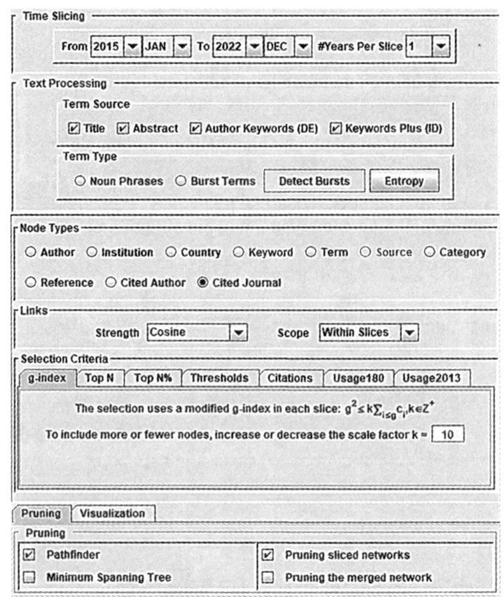

图 4-1 构建被引情报源共现知识图谱时的 CiteSpace 参数设置情况

图 4-2 被引情报源共现知识图谱

231次）、《广西民族研究》（累计被引178次）、《西北民族研究》（累计被引177次）、《中央民族大学学报（哲学社会科学版）》（累计被引171次）、《思想战线》（累计被引155次）、《贵州民族研究》（累计被引155次）、《北京大学学报（哲学社会科学版）》（累计被引152次）、《中华民族多元一体格局》（累计被引137次）、《民族教育研究》（累计被引135次），等等。这些被引情报源所载文献为党的十八大以来铸牢中华民族共同体意识研究领域的发展也提供了比较重要的理论源泉。上述被引情报源所载文献不仅为党的十八大以来铸牢中华民族共同体意识研究领域的发展提供了重要的理论源泉，也是未来开展铸牢中华民族共同体意识相关研究的重要理论来源和参考对象。另外，从图4–2中各个节点之间的连线可知，《民族教育研究》《中华民族多元一体格局》《宁夏社会科学》等被引情报源之间存在共被引，《民族与民族主义》《孙中山全集（第2卷）》《中国共产党主要领导人论民族问题》等被引情报源之间存在共被引，等等。

表4–3　被引情报源列表

序号	被引次数	中心度	被引情报源	首被引年	序号	被引次数	中心度	被引情报源	首被引年
1	311	0.07	民族研究	2017	6	171	0.15	中央民族大学学报（哲学社会科学版）	2017
2	256	0.11	西南民族大学学报（人文社会科学版）	2017	7	155	0.09	思想战线	2018
3	231	0.04	中南民族大学学报（人文社会科学版）	2019	8	155	0.06	贵州民族研究	2018
4	178	0.11	广西民族研究	2017	9	152	0.03	北京大学学报（哲学社会科学版）	2018
5	177	0.01	西北民族研究	2019	10	137	0.13	中华民族多元一体格局	2016

续表

序号	被引次数	中心度	被引情报源	首被引年	序号	被引次数	中心度	被引情报源	首被引年
11	135	0.13	民族教育研究	2019	20	77	0.05	新疆师范大学学报（哲学社会科学版）	2019
12	113	0.09	北方民族大学学报	2018	21	74	0.05	政治学研究	2018
13	112	0.11	中国社会科学	2018	22	71	0.04	湖北民族大学学报（哲学社会科学版）	2019
14	108	0.05	中央民族工作会议精神学习辅导读本	2018	23	71	0.07	马克思恩格斯选集（第1卷）	2017
15	96	0.04	决胜全面建成小康社会　夺取新时代中国特色社会主义伟大胜利——在中国共产党第十九次全国代表大会上的报告	2018	24	70	0.02	在全国民族团结进步表彰大会上的讲话（2019 年 9 月 27 日）	2020
16	92	0.07	学术界	2019	25	69	0.01	民族学刊	2021
17	87	0.15	云南民族大学学报（哲学社会科学版）	2018	26	65	0.02	求是	2019
18	85	0.13	黑龙江民族丛刊	2018	27	65	0.1	广西民族大学学报（哲学社会科学版）	2019
19	84	0.03	西北民族大学学报（哲学社会科学版）	2018	28	62	0.03	中国民族	2019

续表

序号	被引次数	中心度	被引情报源	首被引年	序号	被引次数	中心度	被引情报源	首被引年
29	61	0.09	中央社会主义学院学报	2018	40	48	0.02	习近平谈治国理政（第1卷）	2018
30	59	0.12	毛泽东选集（第2卷）	2018	41	44	0.17	民族与民族主义	2017
31	56	0.01	习近平谈治国理政（第3卷）	2020	42	42	0.02	新疆社会科学	2019
32	56	0.05	共同体与社会：纯粹社会学的基本概念	2019	43	40	0.04	马克思恩格斯文集（第1卷）	2020
33	52	0.02	想象的共同体：民族主义的起源与散布	2019	44	39	0.01	中国民族教育	2019
34	51	0.09	中国边疆史地研究	2018	45	37	0.01	习近平谈治国理政（第2卷）	2018
35	50	0	云南师范大学学报（哲学社会科学版）	2020	46	37	0.06	青海社会科学	2020
36	50	0.08	青海民族研究	2019	47	35	0.02	民族论坛	2019
37	49	0.02	西北师大学报（社会科学版）	2021	48	35	0.04	青海民族大学学报（社会科学版）	2018
38	49	0.06	民族问题献汇编：（一九二一·七—一九四九·九）	2018	49	35	0.05	中华民族多元一体格局（修订本）	2019
39	49	0.08	习近平关于社会主义政治建设论述摘编	2019	50	33	0.03	邓小平文选（第3卷）	2020

续表

序号	被引次数	中心度	被引情报源	首被引年	序号	被引次数	中心度	被引情报源	首被引年
51	33	0.05	社会主义研究	2019	54	30	0.04	新疆大学学报（哲学社会科学版）	2020
52	31	0.07	世界民族	2019	55	27	0.11	史记	2021
53	30	0.08	江苏大学学报（社会科学版）	2019					

通过表 4–3 可知，党的十八大以来铸牢中华民族共同体意识研究领域起关键性作用的被引情报源包括《民族与民族主义》（中心度为 0.17）、《中央民族大学学报（哲学社会科学版）》（中心度为 0.15）、《云南民族大学学报（哲学社会科学版）》（中心度为 0.15）、《中华民族多元一体格局》（中心度为 0.13）、《民族教育研究》（中心度为 0.13）、《黑龙江民族丛刊》（中心度为 0.13）、《毛泽东选集（第 2 卷）》（中心度为 0.12）、《西南民族大学学报（人文社会科学版）》（中心度为 0.11）、《广西民族研究》（中心度为 0.11）、《中国社会科学》（中心度为 0.11）、《史记》（中心度为 0.11）、《广西民族大学学报（哲学社会科学版）》（中心度为 0.1）12 种被引情报源，这些关键性被引情报源也为党的十八大以来铸牢中华民族共同体意识研究领域的发展提供了十分重要的理论源泉，有力地推动了党的十八大以来铸牢中华民族共同体意识研究领域的发展。

本章小结

本章从载文情报源和被引情报源两方面对党的十八大以来铸牢中华民族共同体意识研究领域的情报源分布、关键性情报源和高产情报源等方面进行了梳理分析，发现：（1）党的十八大以来铸牢中华民族共同体意识研究领域虽然形成了包括《中南民族大学学报（人文社会科学版）》《广西民族研究》《西南民族大学学报（人文社会科学版）》《西北民族研究》《民族学刊》《民族研究》《贵州民族研究》《中央民族大学学报（哲学社会科学版）》《民族教育研究》《云南民族大学学报（哲学社会科学版）》等在内的高产载文情报源和核心区载文情报源，但还未形成核心载文情报源群。因此，未来在开展铸牢中华民族共同体意识相关领域研究时，应该进一步加大宣传力度以吸引更多载文情报源对铸牢中华民族共同体意识研究领域的关注和重视，并积极主动地吸纳和刊载铸牢中华民族共同体意识研究领域的学术成果，以为构建核心载文情报源群对铸牢中华民族共同体意识研究领域进行持续性跟踪和研究打下坚实的基础。（2）《民族研究》《西南民族大学学报（人文社会科学版）》《中南民族大学学报（人文社会科学版）》《广西民族研究》《西北民族研究》《中央民族大学学报（哲学社会科学版）》《思想战线》《贵州民族研究》《北京大学学报（哲学社会科学版）》《中华民族多元一体格局》《民族教育研究》等被引情报源不仅为党的十八大以来铸牢中华民族共同体意识研究领域的发展提供了非常重要的理论源泉，也是未来开展铸牢中华民族共同体意识相关研究的重要理论来源和参考对象。（3）《民族与民族主义》《中央民族大学学报（哲学社会科学版）》《云南民族大学学报（哲学社会科学版）》《中华民族多元一体格局》《民族教育研究》《黑龙江民族丛刊》《毛泽东选集（第 2 卷）》《西南民族大学学报（人文社会科学版）》《广西民族研究》《中国社会科学》《史记》《广西民族大学学报（哲学社会科学版）》12 种关键性情报源不仅推动了党的十八大以来铸牢中华民族共同体意识研究领域的发展，而且将为未来铸牢中华民族共同体意识研究领域的发展提供一定的知识基础。

第五章

研究热点与前沿的知识图谱

研究热点与前沿的知识图谱分析是以党的十八大以来铸牢中华民族共同体意识研究领域的关键词为标准进行可视化梳理分析，以展示和厘清党的十八大以来铸牢中华民族共同体意识研究领域的关键词分布、高频次关键词分布及研究前沿演化过程等情况。如曲阜师范大学传媒学院刘爰媛等《国内外认知计算研究现状及其在图情领域应用研究》①通过对2006—2021年国内外认知计算研究领域的关键词的梳理分析，发现国内外认知计算研究领域的研究热点大致分为三类：宏观理论概念主题方面（包括认知计算、人工智能、认知科学等）、认知计算技术方面（包括云计算、深度学习、神经网络、算法、机器学习等）、认知计算的应用与服务方面（包括IBM、物联网、系统、管理、风险等）。中山大学附属第一医院王禹尧等《基于CiteSpace的互联网医疗研究可视化分析》②通过对2012—2021年互联网医疗研究领域的关键词进行梳理分析，发现2012—2021年互联网医疗研究领域的研究热点包括“互联网+”“互联网”“智慧医疗”“移动医疗”“大数据”等，突变关键词包括“动力机制”“移动医疗”“人工智能”及“现状”四个关键词，并形成了以“互联网”“大数据”“互联网+”“医疗保险”“远程医疗”等为中心的关键词聚类。河南师范大学教育学部张英丽等《2006—2020年国内学术不端研究进展与文献述评》③通过对2006—2020年国内学术不端相关研究领域的关键词进行梳理分析，发现2006—2020年国内学术不端相关研究领域的研究热点包括“科技期刊”“学术期刊”“学术不端行为”“编辑”“研究生”“治理”等，主要分为三类：（1）与学术论文相关的、高校与研究生的学术不端；（2）学术不端的对策与治理；（3）如何运用学术规范教育、科研诚信建设和检测系统来防治学术不端。淮阴师范学院教师教育学院吉婷

① 刘爰媛，郭顺利，房旭辉．国内外认知计算研究现状及其在图情领域应用研究 [J]. 情报科学，2022，40(9)：137-146.

② 王禹尧，缪家清，李礼安，等．基于 CiteSpace 的互联网医疗研究可视化分析 [J]. 现代医院，2022，22(12)：1925-1928.

③ 张英丽，戎华刚．2006—2020 年国内学术不端研究进展与文献述评 [J]. 中国科技期刊研究，2021，32(7)：917-926.

婷《我国地理学科核心素养研究的格局演进——基于关键词的知识图谱分析》[①]通过对2010—2019年我国地理学科核心素养研究领域的关键词的梳理分析，发现2010—2019年我国地理学科核心素养研究领域的研究热点包括“核心素养”“地理核心素养”“高中地理”“地理教学”“地理实践力”“综合思维”“初中物理”“学科核心素养”等，主要形成了地理实践类、学科核心要素类、初中物理类、地球运动类、地理学习类、地理课程类、地理学科核心素养类、深度教学类、乡土地理类、地理核心素养类10个研究主题聚类。南京大学信息管理学院王贵海等《我国阅读推广研究演进路径、热点与趋势分析——基于CiteSpace的可视化分析》[②]通过对2004—2018年我国阅读推广研究领域的突变关键词进行梳理分析，发现2004—2018年我国阅读推广研究领域的研究热点分为三个阶段：起步阶段（2006—2008）、高速发展阶段（2009—2015）、平稳发展阶段（2016—2018）。本章主要通过研究热点的知识图谱分析、研究前沿的知识图谱分析两方面对党的十八大以来铸牢中华民族共同体意识研究领域的研究热点和研究前沿进行可视化梳理分析。

第一节　研究热点的知识图谱分析

一、研究热点的整体性分析

为了展示和厘清党的十八大以来铸牢中华民族共同体意识研究领域的研究热点，特对党的十八大以来铸牢中华民族共同体意识研究领域的关键词进行共现知识图谱分析。利用CiteSpace构建党的十八大

①吉婷婷．我国地理学科核心素养研究的格局演进——基于关键词的知识图谱分析[J].地理教学，2020(17)：4-9.

②王贵海，孙鹏．我国阅读推广研究演进路径、热点与趋势分析——基于CiteSpace的可视化分析[J].图书馆工作与研究，2020(3)：49-54.

以来铸牢中华民族共同体意识研究领域的关键词共现知识图谱。按照第一章第三节的内容对 CiteSpace 软件进行基本参数设置，然后分别将 Node Types（节点类型）设为 Keyword（关键词）、Pruning（视图裁剪）设为 Pathfinder（关键路径算法）、Selection Criteria（选择标准）设为 g-index（g 指数，k 值设为 10），其他参数默认，如图 5-1 所示。然后点击软件界面的“GO!”按钮构建党的十八大以来铸牢中华民族共同体意识研究领域的关键词共现知识图谱，如图 5-2 所示。

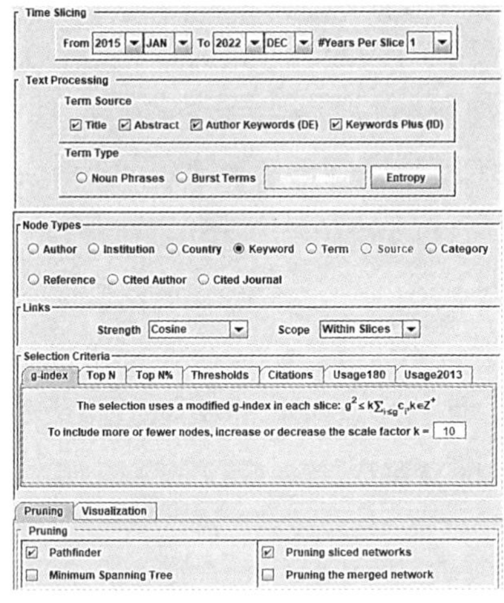

图 5-1 构建关键词共现知识图谱时的 CiteSpace 参数设置

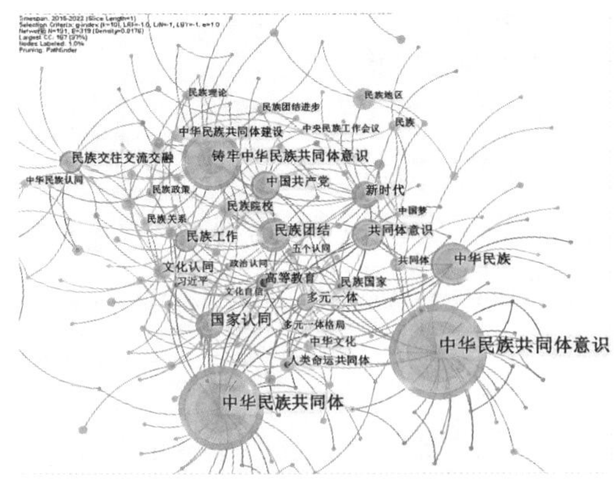

图 5-2 关键词共现知识图谱

表 5-1　关键词列表

序号	出现频次	突增度	中心度	关键词	首出现年
1	386	0	0.57	中华民族共同体意识	2016
2	290	0	0.52	中华民族共同体	2015
3	151	0	0.28	铸牢中华民族共同体意识	2019
4	101	0.61	0.17	中华民族	2016
5	46	0	0.11	共同体意识	2015
6	44	0	0.22	民族团结	2018
7	39	0	0.15	中国共产党	2018
8	33	0	0.07	文化认同	2018
9	26	0	0.25	国家认同	2018
10	26	0	0.21	新时代	2019
11	25	0	0.04	民族地区	2020
12	24	0	0.14	民族交往交流交融	2019
13	24	0	0.17	民族工作	2019
14	23	1.1	0.17	多元一体	2016
15	21	0	0.05	共同体	2018
16	19	1.44	0.08	人类命运共同体	2019
17	16	0	0.05	民族院校	2019
18	15	2.46	0.17	高等教育	2015
19	14	0	0.06	中华民族共同体建设	2021
20	13	0	0.01	交往交流交融	2020
21	12	0	0.04	五个认同	2018
22	12	0	0.01	西藏	2020
23	11	0	0.09	中华文化	2018

续表

序号	出现频次	突增度	中心度	关键词	首出现年
24	11	0	0.05	民族	2021
25	10	1.47	0.1	民族国家	2018
26	9	0	0.02	民族政策	2019
27	9	0	0.04	民族团结进步	2020
28	9	0	0.01	民族认同	2019
29	9	0	0.01	少数民族	2020
30	9	0	0.01	共同性	2021

注：出现频次≥ 9 次或中心度≥ 0.1

通过图 5–2 和表 5–1 可以发现：（1）党的十八大以来铸牢中华民族共同体意识研究领域的研究热点主要包括“中华民族共同体意识”（出现 386 次，主要关注中华民族共同体意识的具象化、精神谱系、实践确证、理论基础、培育路径与策略、历史观等）、“中华民族共同体”（出现 290 次，主要关注中华民族共同体的族际生态、文化交融、制度规约、价值与挑战、历史制度机制及其启示、国民属性等）、“铸牢中华民族共同体意识”（出现 151 次，主要关注铸牢中华民族共同体意识的族际交往、教育的行动逻辑与实践路径、文化路径、治理现代化、传播挑战与路径、文学行动、法治基础等）、“中华民族”（出现 101 次，主要关注中华民族的共同体属性、建设途径、话语分析、历史观、认知维度和发展的历史逻辑等）、“共同体意识”（出现 46 次，主要关注共同体意识的理论意涵、外部影响、整体布局、演进逻辑等）、“民族团结”（出现 44 次，主要关注民族团结的法治进路、族际关系、教育等）、“中国共产党”（出现 39 次，主要关注中国共产党探索培育中华民族共同体意识的路径、方案及实践等）、“文化认同”（出现 33 次，主要关注文化认同的现状调查分析、教育与实践等）、“国家认同”（出现 26 次，主要关注国家认同的现状调查分析、教育、民族认同建构、实践等）、“新时代”（出现 26 次，主要关注新时代的民族工作、民族团结进步教育、铸牢中华民族共同体意识的新时代价值意蕴等）、“民族地区”（出现 25 次，主要关注民族地区的职业教育、经济高质量发展、国家通用语言文字的普及路径、基层治理现代化等）、“民族交往交流交融”（出现 24 次，主要关注民族交往交流交融的历史演进、内在逻辑、实践逻辑、教育教学等）、“民族工作”（出现 24 次，主要关注民族工作的创新、话语体系、发展道路等），等等。（2）从中心度看，党的十八大以来铸牢中华民族共同体意识研究领域的关键词包括“中华民族共同体意识”（中心度为 0.57）、“中华民族共同体”（中心度为 0.52）、“铸牢中华民族共同体意识”（中心度为 0.28）、“国家认同”（中心度为 0.25）、“民族团结”（中心度为 0.22）、“新时代”（中心度为 0.21）、“中华民族”（中心度为 0.17）、“民族工作”（中心度为 0.17）、“多元一体”（中心度为 0.17）、“高等教育”（中心度为 0.17）、“中国共产党”（中心度为 0.15）、“民族交往交流交融”（中心度为 0.14）、“共同体意识”（中心度为 0.11）、“民族国家”（中心度为 0.1）等，这些关键词为党的十八大以来铸牢中华民族共同体意识研究领域各关键词之间起到了十分重要的桥梁作用，也是党的十八大以来铸牢中华民族共同体意识研究领域的研究热点。（3）通过上述分析及图 5-2 可发现，党的十八大以来铸牢中华民族共同体意识研究领域已经形成了以“中华民族共同体意识”“中华民族共同体”“铸牢中华民族共同体意识”“中国共产党”“民族团结”“中华民族”“新时代”等为中心的研究星团云，并还在不断地向外衍生出新的研究星团云，这些一定程度上表明了党的十八大以来铸牢中华民族共同体意识研究领域已经被各界从不同视角和不同层面进行了十分全面深入的研讨，并不断地向外衍生壮大，取得了大量价值不菲的高质量研究成果。

二、研究热点的阶段性分析

为了进一步展示和厘清党的十八大以来铸牢中华民族共同体意识

研究领域各个年份的研究热点的分布情况，本小节特对党的十八大以来铸牢中华民族共同体意识研究领域的关键词进行年度阶段性分析。党的十八大以来铸牢中华民族共同体意识研究领域各年度的关键词时区知识图谱如图 5-3 所示。

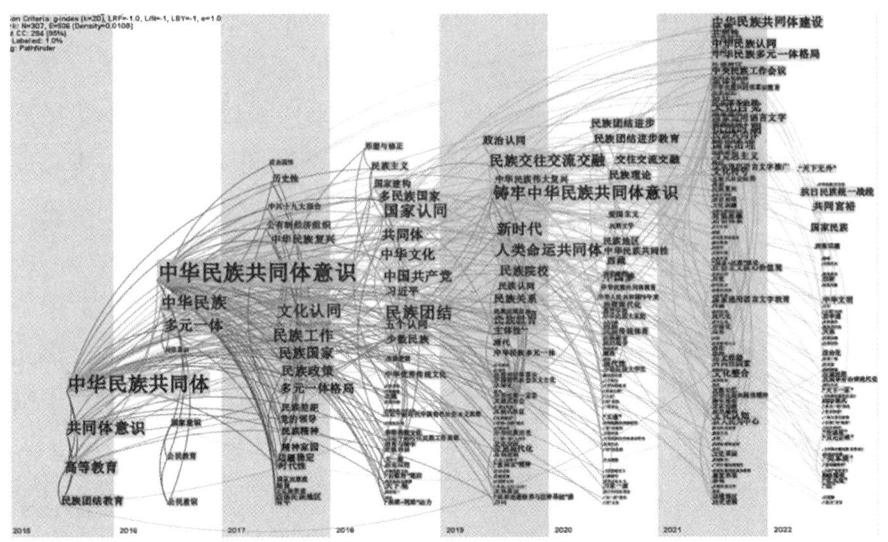

图 5-3 各年度关键词时区图谱

从图 5-3 中可以明确地看出党的十八大以来铸牢中华民族共同体意识研究领域各年度的研究热点的具体分布情况。为了进一步展示和厘清党的十八大以来铸牢中华民族共同体意识研究领域每个年份研究热点的具体分布情况，接下来按年度对党的十八大以来铸牢中华民族共同体意识研究领域的研究热点进行分析。

（1）2015 年研究热点分析

按照第一章第三节的内容对 CiteSpace 软件进行基本参数设置，然后分别将 Time Slicing（时间区间）设定为 2015 年 1 月至 2015 年 12 月，Node Types（节点类型）选择 Keyword（关键词）、Selection Criteria（节点筛选方式）选择 Top N%（100%）和 Pruning（视图裁剪）方式选择 Pathfinder（关键路径算法），然后点击软件界面的“GO!”按钮构建党的十八大以来铸牢中华民族共同体意识研究领域 2015 年的关键词共现知识图谱，如图 5-4 所示。表 5-2 为 2015 年的关键词列表。

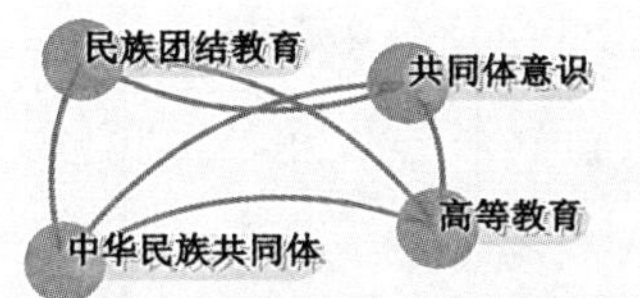

图 5-4　2015 年关键词共现知识图谱

表 5-2　2015 年关键词列表

序号	出现频次	中心度	关键词
1	1	0	中华民族共同体
2	1	0	高等教育
3	1	0	民族团结教育
4	1	0	共同体意识

结合图 5-4 和表 5-2 可知，2015 年的研究热点主要包括“中华民族共同体”（出现 1 次）、“高等教育”（出现 1 次）、“民族团结教育”（出现 1 次）、“共同体意识”（出现 1 次）等。

（2）2016 年研究热点分析

按照第一章第三节的内容对 CiteSpace 软件进行基本参数设置，然后分别将 Time Slicing（时间区间）设定为 2016 年 1 月至 2016 年 12 月，Node Types（节点类型）选择 Keyword（关键词）、Selection Criteria（节点筛选方式）选择 Top N%（100%）和 Pruning（视图裁剪）方式选择 Pathfinder（关键路径算法），然后点击软件界面的“GO!”按钮构建党的十八大以来铸牢中华民族共同体意识研究领域 2016 年的关键词共现知识图谱，如图 5-5 所示。表 5-3 为 2016 年的关键词列表。

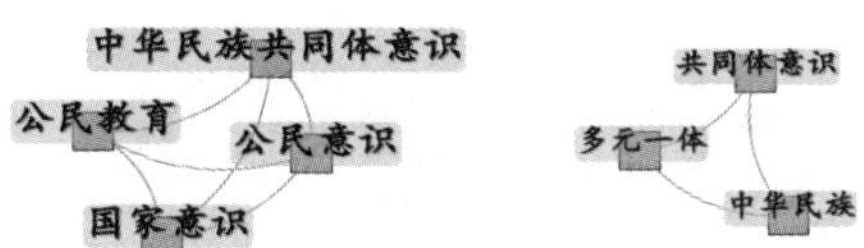

图 5-5　2016 年关键词共现知识图谱

表 5-3 2016 年关键词列表

序号	出现频次	中心度	关键词
1	1	0	中华民族共同体意识
2	1	0	国家意识
3	1	0	公民意识
4	1	0	公民教育
5	1	0	中华民族
6	1	0	共同体意识
7	1	0	多元一体

结合图 5-5 和表 5-3 可知，2016 年的研究热点主要包括“中华民族共同体意识”（出现 1 次）、“国家意识”（出现 1 次）、“公民意识”（出现 1 次）、“公民教育”（出现 1 次）、“中华民族”（出现 1 次）、“共同体意识”（出现 1 次）、“多元一体”（出现 1 次）等。

（3）2017 年研究热点分析

按照第一章第三节的内容对 CiteSpace 软件进行基本参数设置，然后分别将 Time Slicing（时间区间）设定为 2017 年 1 月至 2017 年 12 月，Node Types（节点类型）选择 Keyword（关键词）、Selection Criteria（节点筛选方式）选择 Top N%（100%）和 Pruning（视图裁剪）方式选择 Pathfinder（关键路径算法），然后点击软件界面的“GO!”按钮构建党的十八大以来铸牢中华民族共同体意识研究领域 2017 年的关键词共现知识图谱，如图 5-6 所示。表 5-4 为 2017 年的关键词列表。

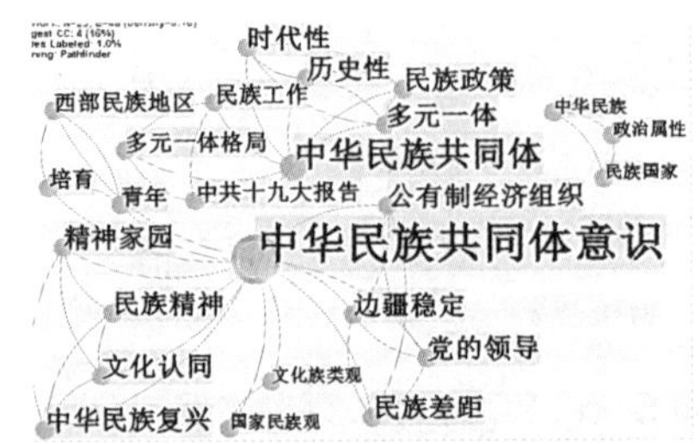

图 5-6 2017 年关键词共现知识图谱

表 5-4　2017 年关键词列表

序号	出现频次	中心度	关键词
1	4	0.45	中华民族共同体意识
2	2	0.09	中华民族共同体
3	1	0	文化认同
4	1	0	民族政策
5	1	0	民族差距
6	1	0	历史性
7	1	0	公有制经济组织
8	1	0	民族精神
9	1	0	多元一体
10	1	0	边疆稳定
11	1	0	中华民族复兴
12	1	0	党的领导
13	1	0	时代性
14	1	0	精神家园
15	1	0	中共十九大报告
16	1	0	民族工作
17	1	0	青年
18	1	0	西部民族地区
19	1	0	培育
20	1	0	多元一体格局
21	1	0	文化族类观
22	1	0	政治属性
23	1	0	中华民族
24	1	0	国家民族观
25	1	0	民族国家

结合图 5-6 和表 5-4 可知，2017 年的研究热点主要包括“中华民族共同体意识”（出现 4 次）、“中华民族共同体”（出现 2 次）、“文化认同”（出现 1 次）、“民族政策”（出现 1 次）、“民族差距”（出现 1 次）、“历史性”（出现 1 次）、“公有制经济组织”（出现 1 次）、“民族精神”（出现 1 次）、“多元一体”（出现 1 次）、“边疆稳定”（出现 1 次）、“中华民族复兴”（出现 1 次）、“党的领导”（出现 1 次）、“时代性”（出现 1 次）、“精神家园”（出现 1 次）等，其中“中华民族共同体意识”的中心度高达 0.45，这表明了“中华民族共同体意识”在 2017 年铸牢中华民族共同体意识研究领域各关键词之间起到了十分重要的桥梁作用，也是 2017 年铸牢中华民族共同体意识研究领域的研究热点。

（4）2018 年研究热点分析

按照第一章第三节的内容对 CiteSpace 软件进行基本参数设置，然后分别将 Time Slicing（时间区间）设定为 2018 年 1 月至 2018 年 12 月，Node Types（节点类型）选择 Keyword（关键词）、Selection Criteria（节点筛选方式）选择 Top N%（100%）和 Pruning（视图裁剪）方式选择 Pathfinder（关键路径算法），然后点击软件界面的“GO!”按钮构建党的十八大以来铸牢中华民族共同体意识研究领域 2018 年的关键词共现知识图谱，如图 5-7 所示。表 5-5 为 2018 年的关键词列表。

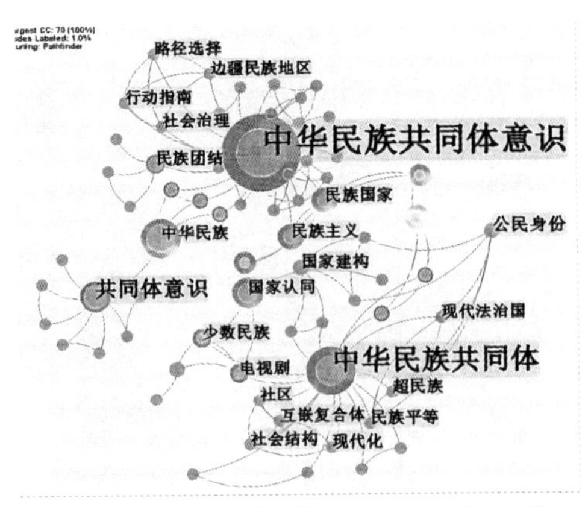

图 5-7 2018 年关键词共现知识图谱

表 5-5 2018 年关键词列表

序号	出现频次	中心度	关键词	序号	出现频次	中心度	关键词
1	18	1.53	中华民族共同体意识	23	1	0.24	少数民族
2	7	0.86	中华民族共同体	24	1	0	社会治理
3	6	0.42	中华民族	25	1	0	互嵌复合体
4	4	0.39	共同体意识	26	1	0.15	天下观
5	3	0.53	国家认同	27	1	0	民族文化认同
6	2	0.07	公民身份	28	1	0	中华优秀传统文化
7	2	0.17	民族团结	29	1	0.42	形塑与修正
8	2	0.05	国家建构	30	1	0.53	民族认同
9	2	0.49	民族国家	31	1	0.18	社会主义
10	2	0.49	民族主义	32	1	0	文化方略
11	2	0.4	中国共产党	33	1	0	精神家园
12	2	0.06	文化认同	34	1	0.05	北魏
13	1	0.04	民族平等	35	1	0.15	多民族国家
14	1	0	现代化	36	1	0	中华传统文化
15	1	0	社区	37	1	0	方法策略
16	1	0.04	超民族	38	1	0	族群认同
17	1	0	边疆民族地区	39	1	0	价值内涵
18	1	0.24	电视剧	40	1	0	价值共识
19	1	0.04	现代法治国	41	1	0	中华文化
20	1	0	社会结构	42	1	0.18	习近平新时代中国特色社会主义思想
21	1	0	行动指南	43	1	0	“思想·利益”动力
22	1	0	路径选择	44	1	0	生成逻辑

续表

序号	出现频次	中心度	关键词	序号	出现频次	中心度	关键词
45	1	0.05	政治转型	58	1	0	民族团结示范区
46	1	0	新疆文学	59	1	0	多元一体格局
47	1	0	法权架构	60	1	0	民族理论
48	1	0	民族区域自治	61	1	0	国家统一
49	1	0	要素分析	62	1	0	成长
50	1	0	“石榴籽”效应	63	1	0	培育与铸牢
51	1	0	习近平新时代民族工作思想	64	1	0.15	大一统
52	1	0	五个认同	65	1	0	历史过程
53	1	0	实践逻辑	66	1	0	共同体
54	1	0	习近平	67	1	0	少数民族文化
55	1	0	宁夏探索	68	1	0	伟大复兴中国梦
56	1	0	费孝通	69	1	0	民族关系
57	1	0	民国时期	70	1	0	少数民族女性文学

结合图 5-7 和表 5-5 可知，2018 年的研究热点主要包括“中华民族共同体意识”（出现 18 次）、“中华民族共同体”（出现 7 次）、“中华民族”（出现 6 次）、“共同体意识”（出现 4 次）、“国家认同”（出现 3 次）、“公民身份”（出现 2 次）、“民族团结”（出现 2 次）、“国家建构”（出现 2 次）、“民族国家”（出现 2 次）、“民族主义”（出现 2 次）、“中国共产党”（出现 2 次）、“文化认同”（出现 2 次）、“民族平等”（出现 1 次）、“现代化”（出现 1 次）、“社区”（出现 1 次）、“超民族”（出现 1 次）、“边疆民族地区”（出现 1 次）、“电视剧”（出现 1 次）、“现代法治国”（出现 1 次）、“社会结构”（出现 1 次）、“行动指南”（出现 1 次）、“路径选择”（出现 1 次）、“少数民族”（出现 1 次）、“社会治理”（出现 1 次）、“互嵌复合体”

（出现 1 次）等，其中“中华民族共同体意识”（中心度为 1.53）、“中华民族共同体”（中心度为 0.86）、“国家认同”（中心度为 0.53）、“民族认同”（中心度为 0.53）、“民族国家”（中心度为 0.49）、“民族主义”（中心度为 0.49）、“中华民族”（中心度为 0.42）、“形塑与修正”（中心度为 0.42）、“中国共产党”（中心度为 0.4）、“共同体意识”（中心度为 0.39）、“电视剧”（中心度为 0.24）、“少数民族”（中心度为 0.24）、“社会主义”（中心度为 0.18）、“习近平新时代中国特色社会主义思想”（中心度为 0.18）、“民族团结”（中心度为 0.17）、“天下观”（中心度为 0.15）、“多民族国家”（中心度为 0.15）、“大一统”（中心度为 0.15）等在 2018 年铸牢中华民族共同体意识研究领域各关键词之间起到了十分重要的桥梁作用，也是 2018 年铸牢中华民族共同体意识研究领域的研究热点。

（5）2019 年研究热点分析

按照第一章第三节的内容对 CiteSpace 软件进行基本参数设置，然后分别将 Time Slicing（时间区间）设定为 2019 年 1 月至 2019 年 12 月，Node Types（节点类型）选择 Keyword（关键词）、Selection Criteria（节点筛选方式）选择 Top N%（100%）和 Pruning（视图裁剪）方式选择 Pathfinder（关键路径算法），然后点击软件界面的“GO!”按钮构建党的十八大以来铸牢中华民族共同体意识研究领域 2019 年的关键词共现知识图谱，如图 5-8 所示。表 5-6 为 2019 年的关键词列表。

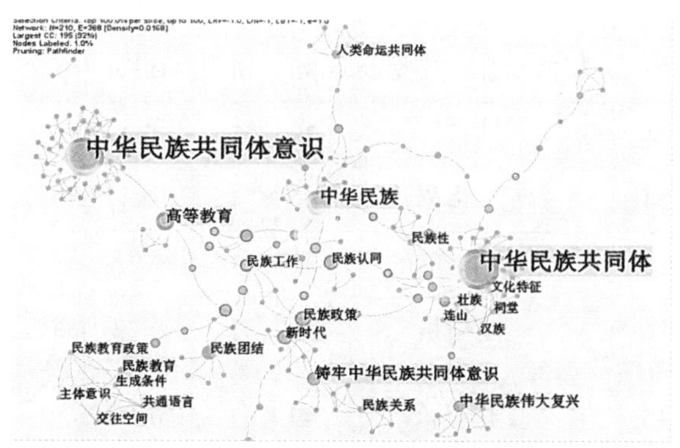

图 5-8　2019 年关键词共现知识图谱

表 5-6　2019 年关键词列表

序号	出现频次	中心度	关键词	序号	出现频次	中心度	关键词
1	34	0.82	中华民族共同体	23	2	0.11	国家认同
2	34	0.66	中华民族共同体意识	24	2	0.11	多元一体
3	12	0.71	中华民族	25	2	0.1	民族国家
4	8	0.07	民族团结	26	2	0.1	民族院校
5	5	0.24	民族政策	27	2	0.09	民族教育
6	4	0.72	高等教育	28	2	0.09	文化认同
7	4	0.31	新时代	29	2	0.07	清代
8	4	0.26	民族认同	30	2	0.05	民族关系
9	4	0.15	铸牢中华民族共同体意识	31	2	0.05	民族性
10	3	0.36	习近平	32	2	0.05	文化路径
11	3	0.3	民族工作	33	2	0.03	政治认同
12	3	0.23	大学生	34	2	0.02	中国特色社会主义文化
13	3	0.1	中华民族伟大复兴	35	2	0.02	民族共同体意识
14	3	0.07	人类命运共同体	36	2	0.02	全球化
15	3	0.05	多民族国家	37	1	0.42	民族意识
16	3	0.04	民族交往交流交融	38	1	0.36	共同体
17	2	0.36	建设	39	1	0.3	民族问题
18	2	0.24	多元一体格局	40	1	0.3	正确民族观
19	2	0.24	共同体意识	41	1	0.22	现代性
20	2	0.16	主体性	42	1	0.22	社会主义核心价值观
21	2	0.15	文化自信	43	1	0.16	“思想道德修养与法律基础”课
22	2	0.12	民族区域自治	44	1	0.15	公共性

续表

序号	出现频次	中心度	关键词	序号	出现频次	中心度	关键词
45	1	0.14	统一多民族国家	59	1	0	交往空间
46	1	0.12	新中国 70 年	60	1	0	文化特征
47	1	0.12	思想政治教育	61	1	0	主体意识
48	1	0.11	民族理论	62	1	0	民族教育政策
49	1	0.1	文化创造	63	1	0	培育能力
50	1	0.08	共同繁荣	64	1	0	路径认知
51	1	0.02	共有资源建设	65	1	0	康德美学
52	1	0.02	京津冀	66	1	0	民族自信
53	1	0	共通语言	67	1	0	民族事务治理
54	1	0	生成条件	68	1	0	边疆地区
55	1	0	祠堂	69	1	0	中国各民族
56	1	0	汉族	70	1	0	国家制度建设
57	1	0	壮族	71	1	0	价值认知
58	1	0	连山	72	1	0	美好生活

结合图 5-8 和表 5-6 可知，2019 年的研究热点主要包括 “中华民族共同体”（出现 34 次）、“中华民族共同体意识”（出现 34 次）、“中华民族”（出现 12 次）、“民族团结”（出现 8 次）、“民族政策”（出现 5 次）、“高等教育”（出现 4 次）、“新时代”（出现 4 次）、“民族认同”（出现 4 次）、“铸牢中华民族共同体意识”（出现 4 次）、“习近平”（出现 3 次）、“民族工作”（出现 3 次）、“大学生”（出现 3 次）、“中华民族伟大复兴”（出现 3 次）、“人类命运共同体”（出现 3 次）、“多民族国家”（出现 3 次）、“民族交往交流交融”（出现 3 次）、“建设”（出现 2 次）、“多元一体格局”（出现 2 次）、“共同体意识”（出现 2 次）、“主体性”（出现 2 次）、“文化自信”（出

现2次）、“民族区域自治”（出现2次）、“国家认同”（出现2次）、“多元一体”（出现2次）、“民族国家”（出现2次）、“民族院校”（出现2次）、“民族教育”（出现2次）、“文化认同”（出现2次）、“清代”（出现2次）、“民族关系”（出现2次），等等。其中“中华民族共同体”（中心度为0.82）、“高等教育”（中心度为0.72）、“中华民族”（中心度为0.71）、“中华民族共同体意识”（中心度为0.66）、“民族意识”（中心度为0.42）、“习近平”（中心度为0.36）、“建设”（中心度为0.36）、“共同体”（中心度为0.36）、“新时代”（中心度为0.31）、“民族工作”（中心度为0.3）、“民族问题”（中心度为0.3）、“正确民族观”（中心度0.3）、“民族认同”（中心度为0.26）、“民族政策”（中心度为0.24）、“多元一体格局”（中心度为0.24）、“共同体意识”（中心度为0.24）、“大学生”（中心度为0.23）、“现代性”（中心度为0.22）、“社会主义核心价值观”（中心度为0.22）、“主体性”（中心度为0.16）、“‘思想道德修养与法律基础’课”（中心度为0.16）、“铸牢中华民族共同体意识”（中心度为0.15）、“文化自信”（中心度为0.15）、“公共性”（中心度为0.15）、“统一多民族国家”（中心度为0.14）、“民族区域自治”（中心度为0.12）、“新中国70年”（中心度为0.12）、“思想政治教育”（中心度为0.12）、“国家认同”（中心度为0.11）、“多元一体”（中心度为0.11）、“民族理论”（中心度为0.11）、“中华民族伟大复兴”（中心度为0.1）、“民族国家”（中心度为0.1）、“民族院校”（中心度为0.1）、“文化创造”（中心度为0.1）等在2019年铸牢中华民族共同体意识研究领域各关键词之间起到了十分重要的桥梁作用，也是2019年铸牢中华民族共同体意识研究领域的研究热点。

（6）2020年研究热点分析

按照第一章第三节的内容对CiteSpace软件进行基本参数设置，然后分别将Time Slicing（时间区间）设定为2020年1月至2020年12月，Node Types（节点类型）选择Keyword（关键词）、Selection Criteria（节点筛选方式）选择Top N%（100%）和Pruning（视图裁剪）

方式选择 Pathfinder（关键路径算法），然后点击软件界面的“GO!”按钮构建党的十八大以来铸牢中华民族共同体意识研究领域 2020 年的关键词共现知识图谱，如图 5-9 所示。表 5-7 为 2020 年关键词列表。

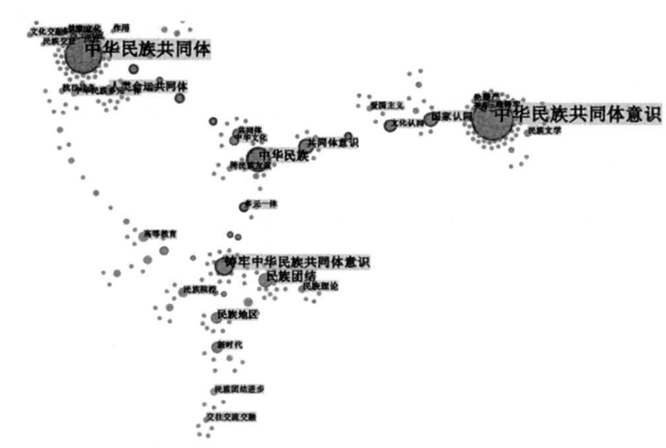

图 5-9　2020 年关键词共现知识图谱

表 5-7　2020 年关键词列表（出现频次≥ 2 次或中心度≥ 0.1）

序号	出现频次	中心度	关键词	序号	出现频次	中心度	关键词
1	69	0.71	中华民族共同体意识	10	5	0.14	新时代
2	54	0.73	中华民族共同体	11	5	0.07	高等教育
3	19	1.09	中华民族	12	5	0.06	民族院校
4	11	0.69	铸牢中华民族共同体意识	13	4	0.7	文化认同
5	8	0.18	民族团结	14	4	0.05	西藏
6	7	0.74	共同体意识	15	4	0.03	民族工作
7	6	0.69	国家认同	16	4	0	河西走廊
8	6	0.1	人类命运共同体	17	3	0.34	中华文化
9	5	0.2	民族地区	18	3	0.34	共同体

续表

序号	出现频次	中心度	关键词	序号	出现频次	中心度	关键词
19	3	0.12	高等学校	38	2	0.02	文化交融
20	3	0.08	民族团结进步	39	2	0.02	中华民族多元一体
21	3	0.05	民族理论	40	2	0.02	少数民族
22	3	0.04	民族文学	41	2	0.02	学校教育
23	3	0.03	民族团结进步教育	42	2	0.02	建构
24	3	0.02	历史进程	43	2	0.02	治理现代化
25	2	0.64	民族传统体育	44	2	0.01	民族国家
26	2	0.63	回族	45	2	0	国家建构
27	2	0.61	多元一体	46	1	0.69	后现代
28	2	0.09	抗日战争	47	1	0.64	伊斯兰文化
29	2	0.05	藏族	48	1	0.31	创拳叙事
30	2	0.05	现代性	49	1	0.31	查拳
31	2	0.05	少数民族大学生	50	1	0.3	深化拓展
32	2	0.04	交往交流交融	51	1	0.3	研究现状
33	2	0.04	民族融合	52	1	0.12	马克思主义“五观”
34	2	0.04	民族交往交流交融	53	1	0.1	反对两种民族主义
35	2	0.03	跨民族友谊	54	1	0.1	高质量发展
36	2	0.03	爱国主义	55	1	0.1	边疆
37	2	0.03	中国梦				

结合图 5-9 和表 5-7 可知，2020 年的研究热点主要包括“中华民族共同体意识”（出现 69 次）、“中华民族共同体”（出现 54 次）、“中华民族”（出现 19 次）、“铸牢中华民族共同体意识”（出现 11 次）、“民族团结”（出现 8 次）、“共同体意识”（出现 7 次）、“国家认同”（出现 6 次）、“人类命运共同体”（出现 6 次）、“民族地区”（出现 5 次）、“新时代”（出现 5 次）、“高等教育”（出现 5 次）、“民族院校”（出现 5 次）、“文化认同”（出现 4 次）、“西藏”（出现 4 次）、“民族工作”（出现 4 次）、“河西走廊”（出现 4 次）、“中华文化”（出现 3 次）、“共同体”（出现 3 次）、“高等学校”（出现 3 次）、“民族团结进步”（出现 3 次）、“民族理论”（出现 3 次）、“民族文学”（出现 3 次）、“民族团结进步教育”（出现 3 次）、“历史进程”（出现 3 次），等等。其中“中华民族”（中心度为 1.09）、“共同体意识”（中心度为 0.74）、“中华民族共同体”（中心度为 0.73）、“中华民族共同体意识”（中心度为 0.71）、“文化认同”（中心度为 0.7）、“铸牢中华民族共同体意识”（中心度为 0.69）、“国家认同”（中心度为 0.69）、“后现代”（中心度为 0.69）、“民族传统体育”（中心度为 0.64）、“伊斯兰文化”（中心度为 0.64）、“回族”（中心度为 0.63）、“多元一体”（中心度为 0.61）、“中华文化”（中心度为 0.34）、“共同体”（中心度为 0.34）、“创拳叙事”（中心度为 0.31）、“查拳”（中心度为 0.31）、“深化拓展”（中心度为 0.3）、“研究现状”（中心度为 0.3）、“民族地区”（中心度为 0.2）、“民族团结”（中心度为 0.18）、“新时代”（中心度为 0.14）、“高等学校”（中心度为 0.12）、“马克思主义‘五观’”（中心度为 0.12）、“人类命运共同体”（中心度为 0.1）、“反对两种民族主义”（中心度为 0.1）、“高质量发展”（中心度为 0.1）、“边疆”（中心度为 0.1）等在 2020 年铸牢中华民族共同体意识研究领域各关键词之间起到了十分重要的桥梁作用，也是 2020 年铸牢中华民族共同体意识研究领域的研究热点。

（7）2021 年研究热点分析

按照第一章第三节的内容对 CiteSpace 软件进行基本参数设置，然后分别将 Time Slicing（时间区间）设定为 2021 年 1 月至 2021 年 12 月，Node Types（节点类型）选择 Keyword（关键词）、Selection Criteria（节点筛选方式）选择 Top N%（100%）和 Pruning（视图裁剪）方式选择 Pathfinder（关键路径算法），然后点击软件界面的“GO!”按钮构建党的十八大以来铸牢中华民族共同体意识研究领域 2021 年的关键词共现知识图谱，如图 5-10 所示。表 5-8 为 2021 年关键词列表。

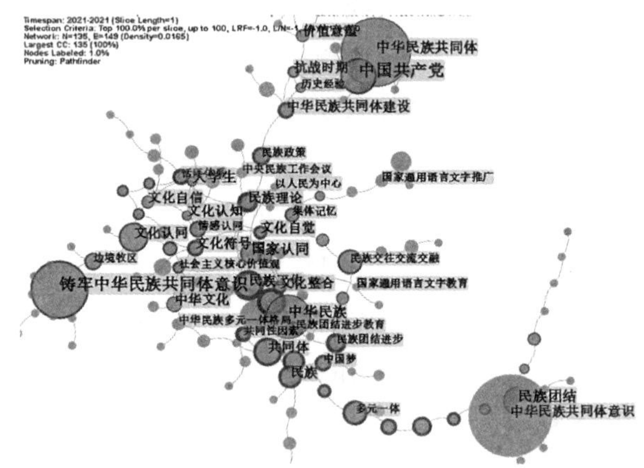

图 5-10　2021 年关键词共现知识图谱

表 5-8　2021 年关键词列表（出现频次≥ 3 次或中心度≥ 0.1）

序号	出现频次	中心度	关键词	序号	出现频次	中心度	关键词
1	162	0.09	中华民族共同体意识	5	26	0.26	中国共产党
2	111	0.12	中华民族共同体	6	25	0.03	共同体意识
3	73	0.23	铸牢中华民族共同体意识	7	17	0.37	民族团结
4	44	0.15	中华民族	8	17	0.35	文化认同

续表

序号	出现频次	中心度	关键词	序号	出现频次	中心度	关键词
9	13	0.55	共同体	32	4	0.13	历史记忆
10	11	0.88	民族工作	33	4	0.09	路径
11	11	0.62	新时代	34	4	0.06	国家通用语言文字推广
12	11	0.21	民族交往交流交融	35	4	0.06	新时代民族工作
13	10	0	民族地区	36	4	0.05	中华民族多元一体格局
14	9	0.49	多元一体	37	4	0.03	民族国家
15	8	0.53	民族	38	4	0.03	民族研究
16	8	0.31	国家认同	39	4	0	习近平
17	8	0.03	五个认同	40	3	0.51	中国梦
18	7	0.53	交往交流交融	41	3	0.5	中华民族共同体建设
19	6	0.03	共同性	42	3	0.45	民族复兴
20	5	0.42	人类命运共同体	43	3	0.42	文化符号
21	5	0.28	边境牧区	44	3	0.41	话语体系
22	5	0.16	中华文化	45	3	0.25	集体记忆
23	5	0.03	实践路径	46	3	0.24	政治认同
24	5	0.03	少数民族	47	3	0.19	文化自信
25	5	0	民族院校	48	3	0.18	互嵌式社会结构
26	5	0	西藏	49	3	0.16	民族关系
27	5	0	高等教育	50	3	0.12	价值意蕴
28	4	0.72	民族理论	51	3	0.12	意识
29	4	0.66	民族团结进步	52	3	0.09	语言治理
30	4	0.51	民族政策	53	3	0.08	文化润疆
31	4	0.27	情感认同	54	3	0.06	爱国主义

续表

序号	出现频次	中心度	关键词	序号	出现频次	中心度	关键词
55	3	0.06	话语	72	2	0.51	谷苞
56	3	0.03	中央民族工作会议	73	2	0.47	文化整合
57	3	0.03	中华民族认同	74	2	0.45	文化自觉
58	3	0.03	中华民族共同体教育	75	2	0.4	中华民族共同体精神
59	3	0	少数民族流动人口	76	2	0.38	守正创新
60	3	0	百年历程	77	2	0.36	视觉形象
61	3	0	民族教育	78	2	0.35	符号建构
62	3	0	新疆	79	2	0.35	文化基因
63	3	0	多民族国家建设	80	2	0.35	民族记忆
64	3	0	藏传佛教	81	2	0.28	抗战时期
65	3	0	中华文化认同	82	2	0.27	社会主义核心价值观
66	3	0	民族认同	83	2	0.14	法治
67	3	0	民族学	84	2	0.13	大学生
68	3	0	全面小康	85	2	0.13	历史经验
69	3	0	命运共同体	86	2	0.12	国家治理
70	2	0.64	民族团结进步教育	87	2	0.1	文化认知
71	2	0.6	共同性因素				

结合图 5–10 和表 5–8 可知，2021 年的研究热点主要包括“中华民族共同体意识”（出现 162 次）、“中华民族共同体”（出现 111 次）、“铸牢中华民族共同体意识”（出现 73 次）、“中华民族”（出现 44 次）、“中国共产党”（出现 26 次）、“共同体意识”（出现 25 次）、“民族团结”（出现 17 次）、“文化认同”（出现 17 次）、“共同体”（出

现13次）、“民族工作”（出现11次）、“新时代”（出现11次）、“民族交往交流交融”（出现11次）、“民族地区”（出现10次）、“多元一体”（出现9次）、“民族”（出现8次）、“国家认同”（出现8次）、“五个认同”（出现8次）、“交往交流交融”（出现7次）、“共同性”（出现6次）、“人类命运共同体”（出现5次）、“边境牧区”（出现5次）、“中华文化”（出现5次）、“实践路径”（出现5次）、“少数民族”（出现5次）、“民族院校”（出现5次）、“西藏”（出现5次）、“高等教育”（出现5次），等等。其中“民族工作”（中心度为0.88）、“民族理论”（中心度为0.72）、“民族团结进步”（中心度为0.66）、“民族团结进步教育”（中心度为0.64）、“新时代”（中心度为0.62）、“共同性因素”（中心度为0.6）、“共同体”（中心度为0.55）、“民族”（中心度为0.53）、“交往交流交融”（中心度为0.53）、“民族政策”（中心度为0.51）、“中国梦”（中心度为0.51）、“谷苞”（中心度为0.51）、“中华民族共同体建设”（中心度为0.5）、“多元一体”（中心度为0.49）、“文化整合”（中心度为0.47）、“民族复兴”（中心度为0.45）、“文化自觉”（中心度为0.45）、“人类命运共同体”（中心度为0.42）、“文化符号”（中心度为0.42）、“话语体系”（中心度为0.41）、“中华民族共同体精神”（中心度为0.4）、“守正创新”（中心度为0.38）、“民族团结”（中心度为0.37）、“视觉形象”（中心度为0.36）、“文化认同”（中心度为0.35）、“符号建构”（中心度为0.35）、“文化基因”（中心度为0.35）、“民族记忆”（中心度为0.35）、“国家认同”（中心度为0.31）、“边境牧区”（中心度为0.28）、“抗战时期”（中心度为0.28）、“情感认同”（中心度为0.27）、“社会主义核心价值观”（中心度为0.27）、“中国共产党”（中心度为0.26）、“集体记忆”（中心度为0.25）、“政治认同”（中心度为0.24）、“铸牢中华民族共同体意识”（中心度为0.23）、“民族交往交流交融”（中心度为0.21）等在2021年铸牢中华民族共同体意识研究领域各关键词之间起到了十分重要的桥梁作用，也是2021

年铸牢中华民族共同体意识研究领域的研究热点。

（8）2022年研究热点分析

按照第一章第三节的内容对CiteSpace软件进行基本参数设置，然后分别将Time Slicing（时间区间）设定为2022年1月至2022年12月，Node Types（节点类型）选择Keyword（关键词）、Selection Criteria（节点筛选方式）选择Top N%（100%）和Pruning（视图裁剪）方式选择Pathfinder（关键路径算法），然后点击软件界面的“GO!”按钮构建党的十八大以来铸牢中华民族共同体意识研究领域2022年的关键词共现知识图谱，如图5-11所示。表5-9为2022年关键词列表。

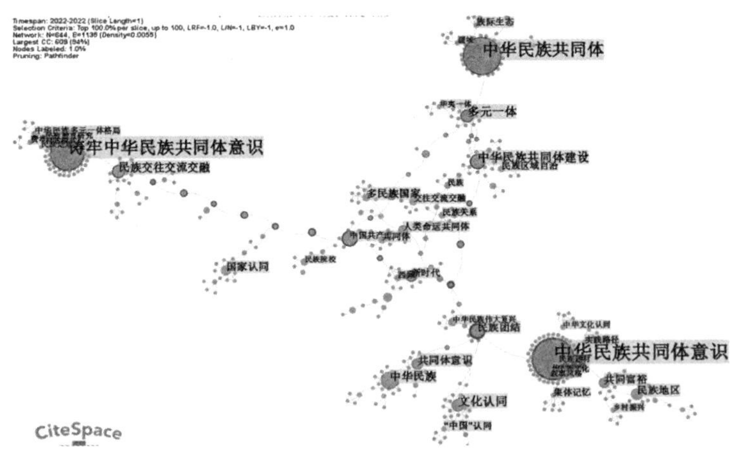

图5-11 2022年关键词共现知识图谱

表5-9 2022年关键词列表（出现频次≥2次或中心度≥0.1）

序号	出现频次	中心度	关键词	序号	出现频次	中心度	关键词
1	98	0.83	中华民族共同体意识	4	18	0.11	中华民族
2	81	0.46	中华民族共同体	5	11	0.71	中国共产党
3	63	0.48	铸牢中华民族共同体意识	6	11	0.49	中华民族共同体建设

续表

序号	出现频次	中心度	关键词	序号	出现频次	中心度	关键词
7	10	0.09	民族地区	30	3	0.01	中华民族认同
8	9	1.09	民族团结	31	3	0.01	话语
9	8	0.57	民族交往交流交融	32	2	0.64	抗日民族统一战线
10	8	0.53	多元一体	33	2	0.58	抗战时期
11	8	0.13	文化认同	34	2	0.56	文化自觉
12	7	0.18	共同体意识	35	2	0.47	国家治理
13	7	0.06	国家认同	36	2	0.18	中华文明
14	6	0.6	新时代	37	2	0.15	政治认同
15	6	0.18	共同富裕	38	2	0.1	民族共同体
16	6	0.04	民族工作	39	2	0.08	信任
17	5	0.15	人类命运共同体	40	2	0.08	国家民族
18	5	0.02	中华民族伟大复兴	41	2	0.04	集体记忆
19	4	0.06	多民族国家	42	2	0.04	族际生态
20	4	0.04	共同体	43	2	0.04	民族事务治理现代化
21	4	0.03	交往交流交融	44	2	0.03	实践路径
22	4	0.02	民族院校	45	2	0.03	中央民族工作会议
23	3	0.21	共同性	46	2	0.03	中华民族共同体意识教育
24	3	0.18	中华民族共同性	47	2	0.03	西南边疆
25	3	0.03	民族区域自治	48	2	0.03	中华文化
26	3	0.03	民族关系	49	2	0.03	国家通用语言文字
27	3	0.03	西藏	50	2	0.02	“中国”认同
28	3	0.02	民族	51	2	0.02	费孝通
29	3	0.01	五个认同	52	2	0.02	中华民族多元一体格局

续表

序号	出现频次	中心度	关键词	序号	出现频次	中心度	关键词
53	2	0.02	疆域	75	2	0.01	文化
54	2	0.02	乡村振兴	76	2	0.01	增进共同性
55	2	0.02	华夷一体	77	2	0.01	少数民族
56	2	0.02	中华文化认同	78	2	0	国家建设
57	2	0.02	民族交融	79	2	0	多元一体格局
58	2	0.02	民族团结进步教育	80	2	0	中华民族历史观
59	2	0.02	实践逻辑	81	2	0	民族问题
60	2	0.02	历史观	82	1	0.96	民族理论与政策
61	2	0.02	民族团结进步	83	1	0.66	进步期刊
62	2	0.02	民族认同	84	1	0.58	黄正清家族
63	2	0.02	创新	85	1	0.56	康区
64	2	0.02	马克思主义	86	1	0.52	文化路径
65	2	0.01	共同利益	87	1	0.48	国家与社会关系
66	2	0.01	法治化	88	1	0.2	差异性
67	2	0.01	清代	89	1	0.18	历史记忆
68	2	0.01	民族事务治理	90	1	0.18	共有精神家园
69	2	0.01	中国历史	91	1	0.17	治理体系
70	2	0.01	关系	92	1	0.17	国民意识
71	2	0.01	集体意识	93	1	0.17	凝聚机制
72	2	0.01	中华优秀传统文化	94	1	0.11	共富共享
73	2	0.01	主体间性	95	1	0.11	共建共治
74	2	0.01	汉藏民族	96	1	0.11	和合共生

结合图 5-11 和表 5-9 可知，2022 年的研究热点主要包括“中华民族共同体意识”（出现 98 次）、“中华民族共同体”（出现 81 次）、“铸牢中华民族共同体意识”（出现 63 次）、“中华民族”（出现 18 次）、“中国共产党”（出现 11 次）、“中华民族共同体建设”（出现 11 次）、“民族地区”（出现 10 次）、“民族团结”（出现 9 次）、“民族交往交流交融”（出现 8 次）、“多元一体”（出现 8 次）、“文化认同”（出现 8 次）、“共同体意识”（出现 7 次）、“国家认同”（出现 7 次）、“新时代”（出现 6 次）、“共同富裕”（出现 6 次）、“民族工作”（出现 6 次）、“人类命运共同体”（出现 5 次）、“中华民族伟大复兴”（出现 5 次）、“多民族国家”（出现 4 次）、“共同体”（出现 4 次）、“交往交流交融”（出现 4 次）、“民族院校”（出现 4 次）、“共同性”（出现 3 次）、“中华民族共同性”（出现 3 次）、“民族区域自治”（出现 3 次）、“民族关系”（出现 3 次）、“西藏”（出现 3 次）、“民族”（出现 3 次）、“五个认同”（出现 3 次）、“中华民族认同”（出现 3 次）、“话语”（出现 3 次），等等。其中“民族团结”（中心度为 1.09）、“民族理论与政策”（中心度为 0.96）、“中华民族共同体意识”（中心度为 0.83）、“中国共产党”（中心度为 0.71）、“进步期刊”（中心度为 0.66）、“抗日民族统一战线”（中心度为 0.64）、“新时代”（中心度为 0.6）、“抗战时期”（中心度为 0.58）、“黄正清家族”（中心度为 0.58）、“民族交往交流交融”（中心度为 0.57）、“文化自觉”（中心度为 0.56）、“康区”（中心度为 0.56）、“多元一体”（中心度为 0.53）、“文化路径”（中心度为 0.52）、“中华民族共同体建设”（中心度为 0.49）、“铸牢中华民族共同体意识”（中心度为 0.48）、“国家与社会关系”（中心度为 0.48）、“国家治理”（中心度为 0.47）、“中华民族共同体”（中心度为 0.46）、“共同性”（中心度为 0.21）、“差异性”（中心度为 0.2）、“共同体意识”（中心度为 0.18）、“共同富裕”（中心度为 0.18）、“中华民族共同性”（中心度为 0.18）、“中华文明”（中心度为 0.18）、“历史记忆”（中心度为 0.18）、“共有精神家园”

（中心度为 0.18）、“治理体系”（中心度为 0.17）、“国民意识”（中心度为 0.17）、“凝聚机制”（中心度为 0.17）、“人类命运共同体”（中心度为 0.15）、“政治认同”（中心度为 0.15）、“文化认同”（中心度为 0.13）、“中华民族”（中心度为 0.11）、“共富共享”（中心度为 0.11）、“共建共治”（中心度为 0.11）、“和合共生”（中心度为 0.11）、“民族共同体”（中心度为 0.1）等在 2022 年铸牢中华民族共同体意识研究领域各关键词之间起到了十分重要的桥梁作用，也是 2022 年铸牢中华民族共同体意识研究领域的研究热点。

第二节　研究前沿的知识图谱分析

为了展示和厘清党的十八大以来铸牢中华民族共同体意识研究领域的研究前沿，本节利用 CiteSpace 构建党的十八大以来铸牢中华民族共同体意识研究领域的研究前沿相关知识图谱。按照第一章第三节的内容对 CiteSpace 软件进行基本参数设置，然后分别将 Node Types（节点类型）设为 Keyword（关键词）、Pruning（视图裁剪）设为 Pathfinder（关键路径算法）、Selection Criteria（选择标准）设为 g-index（g 指数，k 值设为 25），其他参数默认，如图 5-12 所示。然后点击软件界面的“GO!”按钮构建党的十八大以来铸牢中华民族共同体意识研究领域的研究前沿聚类知识图谱，如图 5-13 所示。

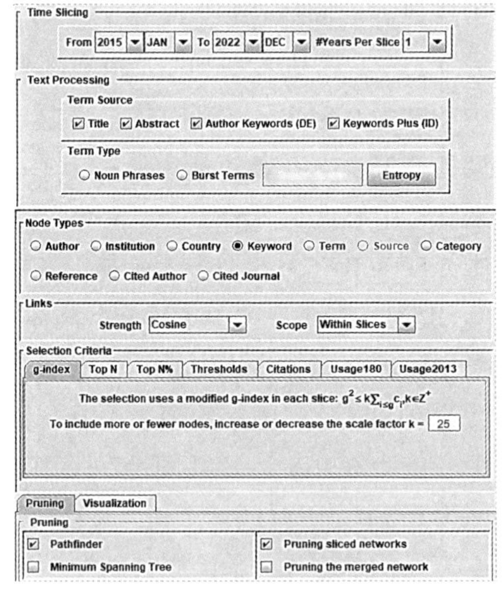

图 5-12　构建研究前沿时的 CiteSpace 参数设置

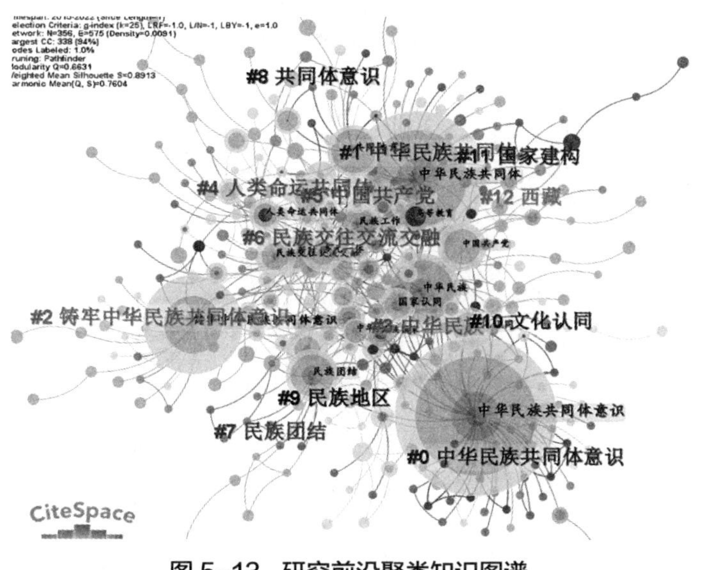

图 5-13 研究前沿聚类知识图谱

从研究主题出发，结合图 5-13 可知，党的十八大以来铸牢中华民族共同体意识研究领域的研究前沿主要分为十三大研究主题。这 13 大研究主题依次是“#0 中华民族共同体意识”“#1 中华民族共同体”“#2 铸牢中华民族共同体意识”“#3 中华民族”“#4 人类命运共同体”“#5 中国共产党”“#6 民族交往交流交融”“#7 民族团结”“#8 共同体意识”“#9 民族地区”“#10 文化认同”“# 11 国家建构”和“#12 西藏”等。

从关键词突变角度出发，结合图 5-14 和表 5-10 可知，2015 年开始的“高等教育”（突变值为 2.47）研究，直到 2019 年才成为研究前沿，并且该研究前沿一直持续到 2020 年；2016 年开始的研究前沿主要包括“多元一体”（突变值为 1.01），并且该研究前沿一直持续到 2017 年；2017 年开始的研究前沿主要包括多元一体格局（突变值为 1.86）、“民族国家”（突变值为 1.8）和“中华民族复兴”（突变值为 1.08），并且这些研究前沿一直持续到 2019 年；2018 年开始的研究前沿主要包括“习近平”（突变值为 1.67）和“多民族国家”（突变值为 1.67），并且这些研究前沿一直持续到 2019 年；2019 年

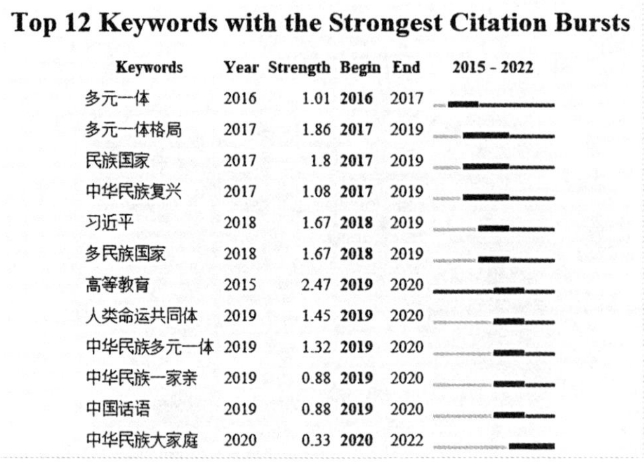

Top 12 Keywords with the Strongest Citation Bursts

Keywords	Year	Strength	Begin	End	2015 - 2022
多元一体	2016	1.01	**2016**	2017	
多元一体格局	2017	1.86	**2017**	2019	
民族国家	2017	1.8	**2017**	2019	
中华民族复兴	2017	1.08	**2017**	2019	
习近平	2018	1.67	**2018**	2019	
多民族国家	2018	1.67	**2018**	2019	
高等教育	2015	2.47	**2019**	2020	
人类命运共同体	2019	1.45	**2019**	2020	
中华民族多元一体	2019	1.32	**2019**	2020	
中华民族一家亲	2019	0.88	**2019**	2020	
中国话语	2019	0.88	**2019**	2020	
中华民族大家庭	2020	0.33	**2020**	2022	

图 5-14　研究前沿突变关键词知识图谱

开始的研究前沿主要包括“人类命运共同体”（突变值为 1.45）、“中华民族多元一体”（突变值为 1.32）、“中华民族一家亲”（突变值为 0.88）和“中国话语”（突变值为 0.88），这些研究前沿一直持续到 2020 年；2020 年开始的研究前沿主要包括“中华民族大家庭”（突变值为 0.33），该研究前沿一直持续到 2022 年。

表 5-10　突变关键词列表

序号	出现频次	突变度	突变起始年	突变结束年	关键词
1	15	2.47	2019	2020	高等教育
2	6	1.86	2017	2019	多元一体格局
3	11	1.8	2017	2019	民族国家
4	8	1.67	2018	2019	多民族国家
5	8	1.67	2018	2019	习近平
6	19	1.45	2019	2020	人类命运共同体
7	3	1.32	2019	2020	中华民族多元一体
8	2	1.08	2017	2019	中华民族复兴
9	23	1.01	2016	2017	多元一体

续表

序号	出现频次	突变度	突变起始年	突变结束年	关键词
10	2	0.88	2019	2020	中国话语
11	2	0.88	2019	2020	中华民族一家亲
12	3	0.33	2020	2022	中华民族大家庭

为了进一步展示和梳理党的十八大以来铸牢中华民族共同体意识研究领域的研究前沿演化情况，特构建了党的十八大以来铸牢中华民族共同体意识研究领域的研究前沿聚类时间线知识图谱，如图 5-15 所示。

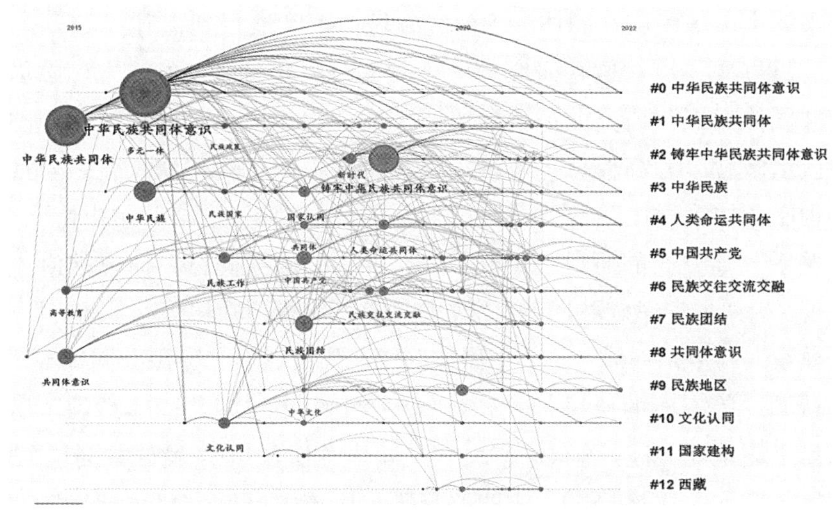

图 5-15　研究前沿聚类时间线知识图谱

从图 5-15 中可知，党的十八大以来铸牢中华民族共同体意识研究领域的研究前沿主要分为两个阶段：（1）第一阶段为 2015 年至 2019 年，主要涉及的研究前沿主题有“#0 中华民族共同体意识”“#1 中华民族共同体”“#2 铸牢中华民族共同体意识”“#3 中华民族”“#4 人类命运共同体”“#5 中国共产党”“#6 民族交往交流交融”“#7 民族团结”“#8 共同体意识”“#10 文化认同”“# 11 国家建构”；（2）第二阶段为 2020 年至 2022 年，主要涉及的研究前沿主题有“#9 民族地区”“#12 西藏”。然而通过对图中节点之间的连线发现，虽然第二阶段以“#9 民族地区”“#12 西藏”两个研究主题为主，但是第一阶段的所有研究主题还继续在第二阶段保持着十分旺盛的活力，其中第一阶段的“# 7 民族团结”和第二阶段的“#12 西藏”这两个研究主题到 2022 年时已经不再是该研究领域的研究前沿了，而“#0 中华民族共同体意识”“#1 中华民族共同体”“#2 铸牢中华民族共同体意识”“#3 中华民族”“#4 人类命运共同体”“#5 中国共产党”“#6 民族交往交流交融”“#8 共同体意识”和“#10 文化认同”等研究主题都贯穿于整个研究时间线，这说明了这些研究主题是党的十八大以来铸牢中华民族共同体意识研究领域一直关注和重视的研究对象，并且将继续在未来铸牢中华民族共同体意识研究领域中不断地得到提升。

通过进一步对这些研究前沿主题的分析可知：（1）“#0 中华民族共同体意识”研究前沿主题主要关注“中华民族共同体意识”“思想政治教育”“高校思想政治理论课”“中华优秀传统文化”“社会心理服务体系建设”“高等教育”“群际接触理论”“格萨尔史诗”“民族关系”等方面的研讨；（2）“#1 中华民族共同体”研究前沿主题主要关注“中华民族共同体”“改土归流”“民族发展”“世界历史”“民族政策”“多元一体”“中华民族”“现代民族”“国民共同体”“民族认同”等方面的研讨；（3）“#2 铸牢中华民族共同体意识”研究前沿主题主要关注“铸牢中华民族共同体意识”“中华民族共同体”“中华民族多元一体格局”“实践路径”“民族关系”“集体记忆”“国家认同”等方面的研讨；（4）“#3 中华民族”研究前沿主题主要关注“中华民族”“民族国家”“政治属性”“中华民族共同体”“‘和’的思想 ”“中华民族共同体意识”“国家认同”“民族认同”“学校教育”等方面的研讨；（5）“#4 人类命运共同体”研究前沿主题主要关注“中华民族共同体”“生命共同体”“个人理性”“共同体秩序”“文化整合”“人类命运共同体”“中华民族共同体精神”“中华民族凝聚力”“历史记忆”等方面的研讨；（6）“#5 中国共产党”研究前沿主题主要关注“中国共产党”“中华民族共同体建设”“政治符号”“中华民族共同体”“中国话语”“民族工作”“中华民族共同体意识”“民

族理论”“民族团结”等方面的研讨；（7）“#6 民族交往交流交融”研究前沿主题主要关注“中华民族共同体意识”“高等教育”“‘思想道德修养与法律基础’课”“少数民族大学生”“中华民族共同体教育”“民族团结进步”“民族社会结构”“人格形塑”等方面的研讨；（8）“#7 民族团结”研究前沿主题主要关注“民族团结”“中华民族共同体意识”“民族教育”“教育脱贫”“教育公平”“边境地区”“历史逻辑”“铸牢中华民族共同体意识”“国家统一”等方面的研讨；（9）“#8 共同体意识”研究前沿主题主要关注“共同体意识”“中华民族”“《民族区域自治法》”“地方性立法”“话语体系”“新时代民族工作”“民族团结”等方面的研讨；（10）“#9 民族地区”研究前沿主题主要关注“中华民族共同体意识”“中华文化”“民族区域自治”“民族团结”“民族身份 ”“民族地区”“共同富裕”“铸牢中华民族共同体意识”“职业教育”“爱国主义”等方面的研讨；（11）“#10 文化认同”研究前沿主题主要关注“文化认同”“中华民族共同体意识”“共有精神家园”“文化路径”“爱国主义”“社会主义核心价值观”“文化自信”等方面的研讨；（12）“#11 国家建构”研究前沿主题主要关注“国家建构”“中华民族共同体意识”“治理现代化”“民族精神共同体”“创拳叙事”“民族传统体育”“法权架构”“族群认同”等方面的研讨；（13）“#12 西藏”研究前沿主题主要关注“高等学校”“中华民族共同体”“高等教育”“中国特色社会主义大学”“价值意蕴 ”“铸牢中华民族共同体意识”“马克思主义‘五观’”等方面的研讨。

本章小结

本章从关键词角度对党的十八大以来铸牢中华民族共同体意识研究领域的研究热点和前沿趋势进行了梳理分析，发现：（1）党的十八大以来铸牢中华民族共同体意识研究领域的研究热点主要包括“中华民族共同体意识”“中华民族共同体”“铸牢中华民族共同体意识”“中华民族”“共同体意识”“民族团结”“中国共产党”“文化认同”“国家认同”“新时代”“民族地区”“民族交往交流交融”“民族工作”等，关键词包括“国家认同”“民族团结”“新时代”“中华民族”“民族工作”“多元一体”“高等教育”“中国共产党”“民族交往交流交融”“共同体意识”“民族国家”等，这些研究热点和关键词在党的十八大以来铸牢中华民族共同体意识研究领域各研究主题之间起到了非常重要的桥梁作用，并以此为中心不断地向外衍生出新的研究星团云，这不仅有利于党的十八大以来铸牢中华民族共同体意识研究领域的多角度、多层次研究实践，而且为未来该研究领域的广泛拓展和深入研究提供了一定的参考；（2）党的十八大以来铸牢中华民族共同体意识研究领域的研究前沿主题包括“#0 中华民族共同体意识”“#1 中华民族共同体”“#2 铸牢中华民族共同体意识”“#3 中华民族”“#4 人类命运共同体”“#5 中国共产党”“#6 民族交往交流交融”“#7 民族团结”“#8 共同体意识”“#9 民族地区”“#10 文化认同”“#11 国家建构”和“#12 西藏”13 个研究主题，这些研究主题不仅是党的十八大以来铸牢中华民族共同体意识研究领域的研究前沿，而且为未来铸牢中华民族共同体意识研究领域的深入发展提供了一定的前沿趋势参考。

第六章

总结与展望

第一节 总结

本书从关注度与传播度、合作网络、情报源、研究热点与前沿四方面对党的十八大以来铸牢中华民族共同体意识领域的研究文献进行科学计量分析和可视化研究，通过前面的梳理分析发现：

一、关注度高、传播度高

党的十八大以来铸牢中华民族共同体意识研究领域不仅得到了高质量学术期刊的青睐，也获得了大量的国家级（如国家社会科学基金一般项目、国家社会科学基金重大项目、国家社会科学基金重点项目等）、省部级（如教育部哲学社会科学研究重大课题攻关项目、教育部人文社会科学研究规划基金项目、工业和信息化部党的政治建设研究中心项目、陕西省社科基金项目、教育部人文社科研究基地重大项目、国家民委民族研究青年项目、教育部人文社会科学专项任务项目、新疆维吾尔自治区高校科研计划人文社会科学重点项目等）、厅局级（如烟台大学博士科研经费项目、宁夏社会主义学院课题、中央高校基本科研项目等）等项目的大力资助，这些不仅有利于党的十八大以来铸牢中华民族共同体意识研究领域大量的高质量学术成果的产出，也有利于党的十八大以来铸牢中华民族共同体意识研究领域的发展，更为铸牢中华民族共同体意识研究领域的可持续发展提供了强大的动力。

二、尚未形成核心作者群

党的十八大以来铸牢中华民族共同体意识研究领域虽然已经形成了以郝亚明、严庆、张淑娟、纳日碧力戈、高永久、青觉、王延中、詹小美、王文光、麻国庆、徐黎丽、徐欣顺、李静、孟凡丽、陈纪、田钒平、刘金林、雷振扬、马静等为代表的高产发文作者，但是还未形成核心作者群对其进行持续性的深入研究，这不利于铸牢中华民族共同体意识研究领域的可持续发展，因此未来应该继续扩大铸牢中华民族共同体意识研究领域的影响力，在保持现有研究者的基础上，继续吸引更多研究者的加入，以尽快形成一支具有一定影响力的核心作者队伍，从而为核心作者群的构建打下坚实的基础。

三、研究主体集中

党的十八大以来铸牢中华民族共同体意识研究领域的研究者主要集中于高校教师或研究员（如郝亚明、严庆、张淑娟、纳日碧力戈、高永久、青觉、王延中等），载文情报源［如《中南民族大学学报（人文社会科学版）》《广西民族研究》《西南民族大学学报（人文社会科学版）》《西北民族研究》《民族学刊》《民族研究》《贵州民族研究》《中央民族大学学报（哲学社会科学版）》等］和被引情报源［如《民族研究》《西南民族大学学报（人文社会科学版）》《中南民族大学学报（人文社会科学版）》《广西民族研究》《西北民族研究》《中央民族大学学报（哲学社会科学版）》《思想战线》《贵州民族研究》等］主要集中于民族类刊物、研究机构（如中央民族大学、中国社会科学院、云南大学、中南民族大学、兰州大学、南开大学、西南民族大学、广西民族大学、新疆大学、中国人民大学、贵州民族大学、中山大学、内蒙古师范大学、复旦大学等）主要集中于高等学校及其附属机构，这一定程度上表明了党的十八大以来铸牢中华民族共同体意识研究领域的研究主体比较集中。

四、尚未形成核心情报源

党的十八大以来铸牢中华民族共同体意识研究领域虽然已经形成了包括《中南民族大学学报（人文社会科学版）》《广西民族研究》《西

南民族大学学报（人文社会科学版）》《西北民族研究》《民族学刊》等在内的核心区载文情报源群，但是尚未形成核心载文情报源对党的十八大以来铸牢中华民族共同体意识研究领域的学术成果进行持续性的关注和重视。

五、研究主题较集中

党的十八大以来铸牢中华民族共同体意识研究领域的研究主题主要集中在“中华民族共同体意识”“中华民族共同体”“铸牢中华民族共同体意识”“中华民族”“共同体意识”“民族团结”“中国共产党”“文化认同”“国家认同”“新时代”“民族地区”“民族交往交流交融”“民族工作”等研究领域，以及与这些相关的研究领域，这一定程度上说明了党的十八大以来铸牢中华民族共同体意识研究领域已经被社会各界从不同视角和不同层面进行了十分全面深入的研讨，并不断地向外衍生壮大。

六、研究前沿较集中

党的十八大以来铸牢中华民族共同体意识研究领域的研究前沿主要分为两个阶段：（1）第一阶段为2015年至2019年，主要涉及的研究前沿主题有“中华民族共同体意识”“中华民族共同体”“铸牢中华民族共同体意识”“中华民族”“人类命运共同体”“中国共产党”“民族交往交流交融”“民族团结”“共同体意识”“文化认同”和“国家建构”；（2）第二阶段为2020年至2022年，主要涉及的研究前沿主题有“民族地区”“西藏”。虽然第二阶段以“民族地区”“西藏”两个研究主题为主，但是第一阶段的所有研究主题还继续在第二阶段保持着十分旺盛的活力，其中第一阶段的“民族团结”和第二阶段的“西藏”这两个研究主题到2022年时已经不再是该研究领域的研究前沿了，而“中华民族共同体意识”“中华民族共同体”“铸牢中华民族共同体意识”“中华民族”“人类命运共同体”“中国共产党”“民族交往交流交融”“共同体意识”和“文化认同”等研究主题都贯穿于整个研究时间线，这说明了这些研究主题是党的十八大以来铸牢中华民族共同体意识研究领域一直关注和重视的研究对象，并且将继续在未来铸牢中华民族共同体意识研究领域中不断地得到提升。

第二节　展望

前面通过运用文献资料法、科学知识图谱法等方法或技术对党的十八大以来铸牢中华民族共同体意识研究领域的研究现状进行了梳理分析，发现当前党的十八大以来铸牢中华民族共同体意识研究领域具有关注度高和传播度高、尚未形成核心作者群、研究主体集中、尚未形成核心情报源、研究主题较集中、研究前沿较集中等特点。虽然当前党的十八大以来铸牢中华民族共同体意识研究领域取得了很高的成就，但笔者认为还可以通过以下几点来开展未来铸牢中华民族共同体意识领域的研究，以进一步推进铸牢中华民族共同体意识研究领域的纵深发展。

一、以党的二十大精神为指引，促进新时代铸牢中华民族共同体意识研究得更深更实

党的二十大报告强调：“以铸牢中华民族共同体意识为主线，坚定不移走中国特色解决民族问题的正确道路，不断增强中华民族凝聚力，以中国式现代化全面推进中华民族伟大复兴。”这不仅为铸牢中华民族共同体意识研究领域注入了新的理论养分，也为新时代铸牢中华民族共同体意识的研究实践提出了新的要求和新的方向。未来应该深入理解和把握党的二十大精神内涵，深入挖掘铸牢中华民族共同体意识的理论源泉和知识基础，以促进新时代铸牢中华民族共同体意识研究得更深更实。

二、深挖铸牢中华民族共同体意识的历史内涵

中华民族拥有万年文化史和五千年文明史[①]，这为深度理解和把握铸牢中华民族共同体意识提供了大量的有价值的历史源泉。因此，未来应该加大对中华民族历史文化的深度挖掘，以从史学角度拓展铸牢中华民族共同体意识研究的深度和广度，为铸牢中华民族共同体意识提供强有力的理论支撑和历史解释，以从史学角度为新时代铸牢中华民族共同体意识研究打好坚实的理论基础。

三、加强交流与合作，以推进全学科铸牢中华民族共同体意识

党的十八大以来铸牢中华民族共同体意识研究领域的交流与合作还是比较深入的，但是跨学科领域的交流与合作还存在不足。因此，未来应该加大跨学科之间的交流与合作，以促进铸牢中华民族共同体意识在不同学科之间的深度融合，推进各学科更深更实地融入铸牢中华民族共同体意识的理论研究与实践运用中，实现全学科铸牢中华民族共同体意识。

四、构建铸牢中华民族共同体意识产学研联盟

虽然当前铸牢中华民族共同体意识研究领域已经有了一定的合作交流，但是交流的深度和广度还不够，因此未来可以通过构建铸牢中华民族共同体意识产学研联盟，促进产学研各领域的交流合作，加快铸牢中华民族共同体意识相关理论信息和实践经验的共建共享，以便于铸牢中华民族共同体意识领域的科研机构、实践部门、科研人员及

①「探源中华文明　砥砺民族之魂」中华民族的万年文化史与五千年文明史一脉相承[EB/OL]. [2023-3-17]. https://baijiahao.baidu.com/s?id=1734417475995512315&wfr=spider&for=pc.

政策制定部门等单位或人员之间的深度信息交流与合作，从而加快最新研究成果或政策的对外发布及实践应用，推进铸牢中华民族共同体意识领域问题的共建共享和共论共解决，从而促进未来铸牢中华民族共同体意识研究领域的纵深发展。

五、加强人才队伍建设

当前铸牢中华民族共同体意识研究领域虽然已有大量研究者的加入并对铸牢中华民族共同体意识相关问题进行了研讨，但是并没有形成一支具有一定影响力的核心作者队伍对铸牢中华民族共同体意识进行持续性的跟踪研讨。因此，为了推进铸牢中华民族共同体意识研究领域的深入，需要在现有基础上继续加大对铸牢中华民族共同体意识研究领域的宣传和投入，以进一步扩大铸牢中华民族共同体意识研究领域的影响力，从而吸引更多研究者的加入和研讨，以尽快形成一支具有一定影响力的核心作者队伍，从而为核心作者群的构建打下坚实的基础。

六、加强最佳实践的引荐

铸牢中华民族共同体意识不能只停留在理论层面的深入探讨，更应该在具体的实践中进行升华，并在实践中弄清楚“如何做”的问题，如“采取什么样的模式开展铸牢中华民族共同体意识”“如何结合实际工作开展铸牢中华民族共同体意识”“铸牢中华民族共同体意识如何更好地融入社会活动中”等。因此，未来在开展铸牢中华民族共同体意识领域的理论研究和实践应用时，应该加大对铸牢中华民族共同体意识相关实践工作的经验总结，并对已取得的经验总结进行升华，以形成可推广的最佳实践案例，从而进一步推进铸牢中华民族共同体意识的实践工作。

表目录

图目录

后　记

“梦想始于行动，行动成就梦想。”

本书从规划到最终成稿，再到正式出版，是人生许许多多梦中一个梦实现的缩影。虽然人生会经历无数的坡坡坎坎，但不能因前路未知而轻言放弃，而应“心存善意，莫问前程”地勇往直前。此书最终出版首先离不开西南民族大学铸牢中华民族共同体意识研究中心资助项目（23ZLZX0202）的资助，该资助为本书提供了充足的经费保障；其次离不开人生路上为我遮风挡雨、助我成长的良师益友、亲戚邻里，他们为我的人生路提供了“良方妙药”；也离不开人生路上的“妖魔鬼怪”，他们为我人生路的转型升级“增资添彩”；还离不开光明日报出版社领导的支持和编辑的辛勤工作，更离不开家人的支持和理解。在此谨表以诚挚的谢意，并将以此书献给我们至亲的家人和忠诚的朋友们！